조선시대 한일 표류민연구

한일관계사학회 편

國學資料院

발 간 사

우리 나라에서 한일관계사 분야에 대한 본격적인 연구가 진행된 것은 그리 오래 되지 않았습니다. 그럼에도 불구하고 이 방면의 연구에 종사하는 연구자들의 헌신 적인 노력에 힘입어 한일관계사 연구의 수준은 날로 향상되고 있습니다. 특히 1992 년 한일관계사학회가 발족된 이후 이 분야의 연구는 양적으로나 질적으로 눈부시 게 발전하고 있습니다. 한일관계사학회는 정기적으로 발행하는 학회지 이외에도 기획, 편집의 결과물인 몇 책의 단행본을 이미 간행하여 연구 성과의 심화와 확대 에 기여해 왔습니다.

이번에 간행하게 된『조선시대 한일 표류민연구』역시 한일관계사 분야의 기초 적 연구로서 한일간의 민중사, 외교사, 지역사 연구에 크게 공헌하게 될 것으로 기 대합니다. 특히 다양한 각도에서 접근이 가능한 표류민에 관한 연구가 극히 미진한 실정임을 고려한다면 금번 출간되는『조선시대 한일 표류민연구』가 지니는 학문 적 의의는 실로 높이 평가되어야 할 것입니다. 이 책의 간행을 위해 그 동안 개인적 일을 희생하면서 노고를 아끼지 않으신 손승철 교수님, 이훈 연구위원님, 정성일 교수님, 하우봉 교수님, 민덕기 교수님을 비롯하여, 원고 작성을 위해 여러모로 도 움을 주신 국내외 인사분들께 학회를 대표하여 심심한 사의를 표합니다.

다시 한번 이 책의 출간을 위해 애써주신 분들께 감사의 뜻을 전하며, 한일관계 사학회의 발전을 위해 많은 도움을 주고 계시는 국학자료원의 정찬용 사장님과 편 집부 여러분께 진심으로 고마운 말씀을 전합니다.

2001년 1월
한일관계사학회 회장 오 성

서 문

폭풍이 일고 파도가 배를 덮쳐 이제라도 바다 속으로 삼켜들어 갈 듯한 캄캄한 밤, 배에 탄 사람들은 쏟아지는 폭우 한가운데서 막 죽음의 그림자를 본다. 아우성치며 실신해 가며 가족의 이름들로 절규한다. 긴긴 밤이 지나고 고요한 아침이 오자 그들은 섬 하나 보이지 않는 망망대해에 떠 있는 자신들을 발견하고 한숨짓는다. 漂流가 시작된 것이다.

전근대시대 해안지역의 많은 사람들은 이렇게 바다에서 표류하다 죽어갔을 것이다. 그러나 더러는 異國에 표착하여 용케도 살아 돌아온다. 그리고 이것을 직접 또는 口述을 통해 기록한다.

표류민은 문자습득의 기회를 갖지 못한 서민일 경우가 많고 연안바다를 내 집 삼아 살아갔을 어민들일 경우가 많다. 그러므로 그런 무지랭이와의 만남인 표류민 연구는 民衆史다. 표류민은 異國을 견문·체험한 사람들이다. 그러므로 이에 대한 연구는 國際交流史다. 조선시대 표류민의 송환은 하나의 체제로서 정비되어 갔으므로 그에 대한 연구는 外交政策史가 되기도 하며, 동아시아세계에서 그 송환체제가 국가간에 일정한 시스템으로 작용하고 있었다면 國際法史가 되기도 한다. 나아가 표류발생지역과 표착지역을 중시한다면 地域史가 될 수도 있다.

그러나 이렇듯 다양한 측면을 가진 표류민에 대한 연구는, 오히려 그 이유 때문인지 아직 한국내에선 걸음마 단계라고 볼 수 있다. 그럼에도 불구하고 우리들이 표류민에 대한 공동연구를 시작하고 수행할 수 있었던 것은, 이미 韓·日間 표류민에 대해 깊은 연구를 진행하고 있었던 든든한 이훈 연구위원이 있었기 때문이요, '韓·日間 표류민'을 공동연구로서 발의하고 시종일관 구체화시킨 치밀한 정성일 교수가 있었기 때문이요, 끊임없이 연구의 진행을 독려하는 따뜻한 하우봉 교수가 있었기 때문이요, 에디슨 저리 가라고 일에 빠져드는 학회의 큰형님 손승철 교수가 있었기 때문이다.

우리들의 이 '韓·日間 표류민에 관한 연구'는 학술진흥재단의 1997년도 자유공모과제로 선택되어 그 해 10월부터 2년간 진행되었다. 그간 우리들은 기본적으로 매달처럼 만나 문제의식을 심화시키고 관련정보를 교환하거나 발표 등을 통해 연구를 진행시켜 나갔다.

때로는 연구과제와 관련된 외부 전공자를 찾아 직접 강의를 듣기도 했으니, 안산시의 해양연구소를 방문하여 한반도 해양에 정통한 김철호 박사로부터 동북아시아의 潮流와 海水의 흐름 및 바람의 영향 등에 대한 강의를(98. 4. 4), 제주교육대학교를 방문하여 海洋문학의 권위자인 윤치부 교수로부터 문학적 측면으로 본 표류민의 기록 등에 대한 강의를(98. 4. 24), 해군사관학교 박물관을 방문하여 고대 한반도 주변의 항해와 해양조건에 해박한 정진술 연구관으로부터 한반도 해역에서의 항해조건 등에 대한 강의를(98. 6. 12) 청강한 것이 그것이다.

우리들은 또한 표류지역을 직접 답사하여 관찰하는 귀중한 기회를 갖기도 했다. 예를 들어 표류·표착이 가장 많이 발생한 제주도 해안을 답사하여 그 지리적·환경적 조건을 관찰하고 자료를 수집했으며 '하멜표류기념비'가 서 있는 대정현을 조사하였다(98. 4. 23~25). 그리고 2차례에 걸쳐 표류가 빈번했던 경남 해안 지역의 지리적 조건을 답사하였고(98. 6. 11~13, 99. 1. 30~31), 울릉도와 독도지역을 답사하여 특히 숙종대 안용복과 관련한 울릉도에 대한 영토분쟁 문제를 재인식한 것(98. 7. 13~16) 등이 그것이다.

나아가 우리들은 일본의 주된 조선 표류민 표착지역인 규슈지역을 답사하기도 하였다(99. 8. 1~5). 즉 한반도와 규슈지역의 관문인 후쿠오카를 방문하여 박물관 등지를 견학하였다. 五島列島에서는 이 지역에 조선 표류민이 다수 발생할 수 있었던 지리적 요인을 관찰하고, 조선 표류민과 관련된 '高麗島'에 대한 전설에 대해 조사했으며, 後期倭寇의 두목으로 활약했던 王直과 그와 관련한 唐人町의 유적지를 답사하였다. 그리고 조선 표류인이 송환에 대비해 집결하였던 나가사키의 관련지역도 둘러보았다.

연구진행기간 우리들이 각각 분담하여 진행한 연구분야는 다음과 같다.

손승철 : 표류민 송환체제가 갖는 동아시아 국제질서상의 역사적 의의.
이 훈 : 표류민 송환체제의 형성과정과 변화.

정성일 : 표류·표착지의 분포와 표류민의 사회·경제적 배경.
하우봉 : 표류민을 통해서 본 상호인식의 형성과 변화.
민덕기 : 표류민을 통한 정보의 교류.

　우리들은 공동연구의 심화와 방향점검을 위해 99년 4월 29일부터 30일까지 강원대학교에서 '조선시대 표류민을 통해 본 韓日관계'라는 국제심포지움을 개최하였다. 여기서는 일본의 관련학자 荒野泰典 교수와 池內敏 교수 등도 참가하여 발표하였다.
　그후 연구결과는 「韓·日間 漂流民에 관한 연구」(한일관계사연구 12집, 2000년 3월)로 활자화되었으나 공동집필의 약술 형태였다. 그러므로 그간 각각 분담 연구한 분야를 개인의 이름으로 原文 그대로 세상에 내놓아야겠다는 생각에 이 단행본을 내기에 이르렀고, 위의 일본학자 두 교수의 논문과 국제심포지움에서의 종합토론도 함께 싣기로 했다. 그리고 이훈 연구위원의 연구성과인 표류민 연표도 첨가하기로 했다.
　이 책이 나오게 된 것은 연구책임자 대신 팔을 걷어붙인 손승철 교수 등 공동연구원은 물론이려니와, 일찍 이 분야의 연구에 큰 의미를 부여하여 시종일관 그 출간을 독려한 국학자료원 정찬용 사장의 도움에 의한 것이다. 그리고 연구수행과정에서 우리들의 연구시각 심화에 큰 도움을 준 해양연구소 김철호 박사, 제주교육대학교 윤치부 교수, 해군사관학교 박물관 정진술 연구관에게도 감사를 드린다. 또한 五島列島 답사때 후쿠에지마에서 며칠간 안내를 도맡아 준 西日本신문사 기자인 藤昭男씨에게 고마움을 표하는 바이다.
　이 책은 물론 미진한 면이 많을 것이다. 그렇기 때문에 비판을 받기 위해서도 세상에 내놓아져야 했다. 아무쪼록 독자 여러분의 많은 지적을 기대하는 바이다.

2000년 8월 21일
연구책임자 민 덕 기

목 차

제1부 표류민과 한일관계

조선전기 피로·표류민송환과 동아시아 국제질서

손 승 철

1. 문제제기

14세기말 동아시아 국제정세는 격동의 시기였다. 중국대륙에서는 明이 元을 멸하고 새로운 동아시아 國際秩序를 확립하려 했고, 한반도에서는 조선이 고려이후 신흥국가로서 국가체제를 정비하면서 대외관계를 새롭게 정비해가고 있었다. 일본에서도 南北朝時代를 통일한 室町幕府가 조선과 명에 대하여 새로운 대외관계를 모색하던 시기였다.

따라서 1392년, 새왕조를 건국한 조선이 대외적으로 해결해야 할 가장 시급한 과제는 명과 일본에 대한 새로운 국제관계를 도모하여 우호관계를 구축하는 것이었다. 그리하여 명과의 사이에는 1403년 事大·冊封關係를 수립했고, 일본에 대해서는 1404년 명의 책봉을 공통분모로 하는 交隣關係를 성립시켰다. 그러나 이와같이 事大·交隣關係가 성립했지만, 명과의 一元的인 관계와는 달리 일본과의 관계는 소위 多元的인 관계였기 때문에 통교체제가 정비되기까지는 더 많은 시간이 필요했다.[1]

그 이유는 다름아닌 14~5세기 동아시아 국제관계에서 가장 큰 외교적 현안이었던 倭寇때문이었다. 특히 조선의 경우 왜구에 의한 피해는 고려말 이후 극심하였기 때문에 모든 對日關係의 일차적인 목적은 倭寇禁壓이었으며, 이에 수반하는 외교적인 교섭이나 통상도 모두 그것을 이루기 위한 수단에 불과했다. 한 자료에 의하면 1392년부터 1450년까지 왜구의 침입건수는 185건이었고, 통교건수는 1,388건으로 제시되어 있을 만큼, 조선건국 후에도 왜구의 침입은 빈번하였다.[2] 그리고 이러한

---

1) 孫承喆, 『朝鮮時代 韓日關係史硏究』, 지성의샘, 1994, 51쪽 참조.

왜구의 침입에 의한 가장 큰 피해는 무엇보다도 人的인 被害로 왜구에게 강제로
붙잡혀간 피로인들이었다. 이들 피로인에 대한 연구는 이미 선학들에 의해 상당히
연구가 진척되어 있어, 그 피해현황이나 송환과정 등 대략적인 윤곽은 쉽게 파악할
수 있다.[3]

　그런데 이 시기 동아시아 국가간에 이루어진 피로인송환과　이어지는 표류인송
환문제를 고찰할 때, 조선의 경우 대외정책의 기본방침인 事大·交隣體制와 매우
밀접하게 관련되어 있음을 발견할 수 있다. 본고에서는 이같은 문제의식을 가지고
조선의 경우, 被虜人과 漂流人送還이 事大·交隣政策과 어떠한 상관관계 속에서 이
루어지고 있으며, 나아가 中國·朝鮮·日本·琉球간의 국제관계 내지는 東아시아
國際秩序속에서 어떻게 자리매김해 가는가를 고찰해 보고자 한다.

2. 조선과 중국

1) 중국으로부터 조선에의 被虜朝鮮人 송환.

　명으로부터 조선에 피로조선인이 송환된 경우는 모두 6차례인데, 고려에 송환된
1차례를 제외하면 5차례가 된다.

표1) 중국에서 송환된 피로조선인

번호	년월일	피로인수	송환자	인솔자	출전
1	1402. 2. 15	김철력등 3인	명황제	賀正使 閔德生	태종실록 권3
2	1409. 2. 19	김득정등 6인	명황제	明懿制 權綏	태종실록 권3
3	1409. 3. 26	이주장등 8인	명황제	賀正使 金輅	태종실록 권17
4	1409. 4. 12	김맹쇄	명황제	謝恩使 李良祐	태종실록 권17
5	1419. 9. 6	이원생등 3인	명황제	謝恩使 曹治	세종실록 권5

---

2) 韓文鐘,『朝鮮前期 對日外交政策研究 - 對馬島와의 關係를 중심으로 - 』,(全北大學校 博士學
位論文) 14쪽.
3) 倭寇에 관한 연구로는 한국에서는 李鉉淙, 羅鐘宇, 李在範(倭寇討伐史)등의 일본에는 秋山
謙藏, 荒野泰典, 有井智德, 石原道博, 關周一, 高橋公明, 田中健夫, 田村洋幸, 中村榮孝, 東恩
納寬惇, 村井章介등의 논문·저서등이 있다(구체적인 내용은 關周一,「14~16世紀 東アジ
アにおける「人」をめぐる交流」의 참고문헌 일람에 자세히 소개되어 있다).

즉 명으로부터 송환된 이들 피로조선인들은 모두 조선을 습격한 왜구에게 잡혔던 사람들이었는데, 왜구가 다시 명을 습격하였을 때, 그곳에서 탈주하여 중국관리에게 보호되었던 조선인들이었다. 그리고 이들은 모두 조선에서 명에 파견되었던 조선사절단에 인계되어 본국으로 송환되었다.

이들 피로조선인의 송환경위를 보면, 1402년 2월 金鐵力등 3명은 요동도사가 황제에게 상주하여 賀正通事 閔德生의 편에 돌아왔고, 1409년 2월 金得正등 6명은 명의 사신 摠制 權緩편에 송환되었는데, 禮部의 咨文을 가지고 왔다. 당시의 휴대한 자문의 내용은 다음과 같았다.

"영락 6년 12월 초4일 아침에 本部관원이 奉天門에서 삼가 聖旨를 받들었는데, '倭賊이 조선에서 약탈하다가 이곳에 왔는데, 그곳에서 사로잡은 여섯사람을 데리고 왔다. 그들이 해변을 약탈할 때, 저들 여섯사람이 도망하여 방어하는 관원에게 잡혀 왔기에, 심문하여 보니 조선사람이다. 너희 예부에서는 저들에게 옷과 모자 노자를 주어서 도착한 조선사신에게 데리고 돌아가게 하라.'고 하였습니다. 欽遵하여 김득정등 6명을 사신 權緩에게 交付하여 데리고 돌아가게 하는 외에, 본국에 자문을 보내는 바이니, 왕은 알아서 시행할 것입니다."[4]

또 1409년 3월 李注莊 등 8명은 賀正使 金輅에 의해 송환되었다. 그리고 1409년 4월 金孟碎가 謝恩使 李良祐편에, 그리고 1419년 9월에는 李元生등 3인은 謝恩使 曹洽편에 돌아왔다. 뿐만 아니라 이원생의 송환때에는 전에 千秋使 편에 요동지방에 왜적의 침입이 있을 것을 미리 알려주어 소탕을 했다고 하면서 송환을 시켜주었다.[5] 조선에서는 이들이 송환되자 1년 동안 조세와 부역을 면제해 주기도 했다.

이와같이 조선초기 명으로부터의 피로조선인은 皇帝의 명에 의하여 명정부가 직접 관여하였고, 인솔자는 모두 양국의 공식적인 외교사절인 謝恩使나 賀正使 또는 명사절이었다. 그리고 양국사절이 피로인을 송환할 때에는 명과 조선사이의 공식적인 외교문서인 禮部의 「咨文」을 휴대하였다. 이상의 내용을 통해볼 때, 조선과 명간의 피로인송환은 기본적으로 양국의 외교적인 관계인 事大·册封의 틀속에서 처음부터 짜임새있게 이루어지고 있음을 볼 수 있다.[6]

---

4) 『太宗實錄』 권17, 9년 2월 임진.
5) 『世宗實錄』 권5, 1년 9월 무신.

2) 조선으로부터 명에 被虜中國人 송환

조선에서 피로중국인을 중국에 송환한 경우이다. 조선에서 피로중국인이 발생하는 경우에 관해서도 이미 여러 연구가 있는데, 기존의 연구에 의하면 대개 다섯 가지의 경우를 들고 있다. 즉 피로중국인이 일본 또는 왜구의 배에서 도망친 경우, 조선군이 왜구를 토벌할 때 왜구로부터 탈환하는 경우(對馬島 征伐), 일본으로부터 조선에 송환되는 경우, 일본에 도항한 조선사절이 사오는 경우, 왜구에 피랍되었다가 버려졌던 피로인을 발견하여 송환하는 경우 등이다.[7]

『朝鮮王朝實錄』에 기록된 피로중국인의 송환사실은 1392년 11월 병술부터 비롯하여 1466년 4월 갑진에 이르기까지 총 48회에 밝혀진 숫자만도 372인에 달한다. 이중 조선에 당도하게된 경위가 분명한 것은 38회인데, 도망쳐 온 경우가 27회로 가장 많고, 탈환이 3회, 일본으로부터 송환이 5회, 조선사절을 통한 경우가 2회, 발견된 경우가 1회이다.

그 사례를 도표화하면 다음 표와 같다.

조선의 피로중국인 송환의 특징을 보면, 조선정부는 피로인을 획득하는 즉시 司譯院 관리로 하여금 요동에 송환하는 것을 원칙으로 했다. 즉 피로조선인의 경우는 정례적인 사절단에 의해 조선으로 송환되었지만, 피로중국인은 그때 그때 곧바로 송환

표 2) 피로중국인 송환표

연도	송환횟수	송환피로인수
1392(태조 원)~1400(정종 2)	3	24
1401(태종 1) ~1410(태종10)	2	6
1411(태종11) ~1420(세종 2)	26	287
1421(세종 3) ~1430(세종12)	9	29
1431(세종13) ~1440(세종22)	2	4
1441(세종23) ~1450(세종32)	5	21
1451(문종 1) ~1460(세조 5)	0	0
1461(세조 6) ~1470(성종 2)	1	1
1392~1470(79년간)	48	372

6) 조선에서 명으로부터 誥命과 印信을 받은 것은 1401년 3월이지만, 당시는 명이 내란상태이었으므로 成祖에 의해서 다시 책봉을 받는 것은 1403년 4월이다.(孫承喆, 『朝鮮時代 韓日關係史研究』 제1장 동아시아 국제질서와 교린체제. 47쪽.

7) 關周一, 「14~16世紀 東アジアにおける<人>をめぐる交流」, 筑波大學大學院 歷史・人類學研究科 博士學位論文.

되었는데, 이것은 조선이 책봉국의 입장에서 적극성을 가졌기 때문이라고 생각한다. 그 예로 1419년(세종 즉위년)에 피로중국인의 송환을 둘러싼 논의에서, 「사람을 보내어 몰래 빼앗아 중국으로 보내는 것은 오직 事大의 정성이다」[8]라고 했듯이, 이미 조선에서는 事大政策의 원칙에 의해 피로중국인을 송환하고 있음을 알 수 있다.

한편 일본측으로부터 직접 피로중국인이 조선에 인도되는 경우, 이들이 중국에 송환될 경우, 피로중국인을 통하여 조선이 일본과 통교하고 있다는 사실이 중국에 알려질 가능성을 조선에서는 매우 우려하고 있다. 그 이유는 조선은 당시 일본과의 관계를 독자적으로 전개하고 있었기 때문이었다. 따라서 일본으로부터 인도된 피로중국인의 송환여부를 놓고 논의를 거듭하였고, 때에 따라서는 송환되지 않은 경우도 여러 차례 있었다.[9] 그러한 이유에서인지 『朝鮮王朝實錄』에 의하면 1397년부터 1487년까지 피로중국인이 일본에서 조선에 온 기록은 총 13건에 달하는데, 이중 8건만이 중국에 송환되었다는 기록이 있고, 나머지 5건에 대해서는 기록이 없어 송환여부를 알 수 없다.

그렇다면 일본에서는 왜 직접 중국에 피로중국인을 송환하지 않았을까.

물론 일본에서 직접 중국에 피로중국인을 송환한 사실이 전연 없지는 않았다. 『明太祖實錄』이나 『善隣國宝記』에 의하면 총 4차례의 기사가 있으나 조선시대 들어와서는 1401년과 1402년의 단 두 번 있을 뿐이다.[10] 이는 중국의 대외정책의 기조가 명과 事大關係를 맺은 冊封國의 國王使節이 아니면 명에의 入國이 허락되지 않았기 때문에, 결국 책봉국인 조선을 경유하지 않으면 안되었기 때문이 아닐까. 이것을 추측하게 하는 기사가 『朝鮮王朝實錄』의 1447년(세종29)에 다음과 같이 나

---

8) 『世宗實錄』 권2, 12월 임인. 「遣人潛奪解送中國者 專以事大之誠也」
9) 『太宗實錄』 권25, 13년 정월 정미. 『世宗實錄』 권98, 24년 12월 경인. '……좌찬성 하연과 예조 판서 김종서가 아뢰기를, "지금 중국 사람이 倭人과 더불어 배를 같이 타고 왔는데, 지금 만약 잡아서 上國에 보낸다면, 상국에서 반드시 倭國과 교통한 정상을 알게 될 것이니, 後患이 있지 않겠습니까. 또 이 중국 사람이 중국말은 알지 못하므로 오로지 倭人과 같으며, 그 繼母와 妻子도 모두 倭國에 있어 支派가 명백하지 않사오니, 청하옵건대, 잡아 보내지 마소서."하니, 임금이 말하기를, "太宗 때에도 또한 이와 같은 사람이 있었는데, 大臣들이 모두 잡아 보내지 말기를 청하였으나, 태종께서 特命하여 잡아 보내게 하였으니, 지금 비록 잡아 보내지 않더라도, 후일에 만약 자주 이와 같은 사람이 있게 되면, 上國에서 반드시 이를 알게 될 것이다. 나는 잡아 보내기로 뜻을 결정하고자 하니, 의정부와 더불어 다시 의논하여 아뢰라." 하였다. 마침내 對馬島로 돌려보냈다.'

표 3) 일본측으로부터 송환된 피로중국인의 중국송환표

순번	연월일	피로인수	일본측송환자	송환여부	출처
1	1397. 8.23	唐 2인	日本	부	태조6/8/임인
2	1418.12.27	漢女	對馬島倭有溫	송환	세종즉/12/임인
3	1423. 6. 4	唐人藍三等 4인	對馬島和知難酒無	부	세종5/6/계축
4	1424. 5.12	張淸	回禮使 朴熙中	송환	세종5/5/병술
5	1426. 7.23	漢人4인	對馬島倭人沙斤古羅	송환	세종8/7/갑인
6	1429. 6.11	吾郭而老等	馬多時知等 3인	송환	세종11/6/병술
7	1430. 4. 5	唐男女2인		송환	세종12/4/갑술
8	1442.12. 4	唐人		부	세종24/12/경인
9	1443.11. 1	徐成	對馬島主 宗貞盛	송환	세종25/11/임자
10	1447. 5.26	唐人觀音保	宗金	송환	세종29/5/병진
11	1456. 4.14	童浩眞		부	세조2/4/계축
12	1466. 3.28	楊吉	肥前州上松浦賴永	송환	세조12/3/기사
13	1473. 5.28	潛嚴	對馬州太守宗貞國	부	성종4/5/무오

와있다. 즉 「日本國王에게 주는 물건을 탁자 36개에 진열해 놓고 말하기를, '너는 마땅히 도적을 금하고, 또 백성으로서 잡혀가서 너의 나라에 있는 자가 매우 많으니, 또한 모두 다 추심하여 보내되 朝鮮과 琉球國으로 보내라.'」[11]고 되어 있어 피로중국인의 송환을 조선과 유구국을 통하여 보내도록 했다. 이 기록이 나오는 1447년 조선과 유구는 명의 책봉을 받고 있었지만, 일본은 책봉국이 아니었다.[12]

3. 조선과 일본

1) 일본으로부터 被虜朝鮮人의 송환

일본으로부터 피로조선인의 송환은 1392년 10월 정묘부터 1443년 10월 갑오까지

---

10) 1401년(應永 8) 5월 13일과 1402년 2월 6일의 기사가 있음(『善隣國宝記』 中).
11) 『世宗實錄』 권116, 29년 5월 병진.
12) 일본의 冊封에 관해서는 高橋公明, 「外交儀禮よりみた室町時代の日朝關係」 『史學雜誌』 91~98, 1982 참조.

총 79회에 달하고, 확인된 인원은 2,309인에 달한다. 그것을 도표화하면 다음과 같다.

표 4) 일본으로부터 송환된 피로조선인

연도	송환횟수	송환인수	왜구침입	통교건수	비고
1392(태조 원)~1400(정종 2)	12	1,488	62	41	삼포개항(1407)
1401(태종 1)~1410(태종10)	39	751	66	145	도서발급(1418)
1411(태종11)~1420(세종 2)	12	26	18	275	
1421(세종 3)~1430(세종12)	13	35	21	327	문인제도(1438)
1431(세종13)~1440(세종22)	2	2	13	366	고초도조약(1441)
1441(세종23)~1443(세종25)	1	7	5	234	계해약조(1443)
1392년~1443년(52년간)	79	2,309	185	1,388	

이들 피로조선인들은 대부분이 조선에서 일본에 사절을 파견하거나 아니면 幕府나 西日本의 영주들이 조선에 사절을 파견하는 형식으로 피로조선인을 대동하여 송환했다. 따라서 기본적으로는 조선정부와 幕府 또는 서일본의 영주들(九州, 壹岐, 對馬)과의 외교적인 교섭에 의해 이루어지고 있지만, 조선과 명사이 국가간에 이루어진 一元的인 송환방식과는 달리 교섭루트와 송환경위는 매우 多元的이었다. 그리고 이 시기는 비고란에 제시된 바와 같이 조선과 일본의 통교체제가 정비되어 가는 과정 중에 있었음을 알 수 있다.

그렇다면 왜구에 의해서 피로인이 되었거나 또는 전매된 피로인을 일본측 송환자들은 왜 어떠한 의도를 가지고 송환했을까. 일부 송환자들은 피로인송환이 인도적인 조치라고 강변하지만, 그러나 그들의 의도는 조선의 왜구금압책이 강화되고, 피로인 송환에 대한 조선정부의 강력한 의지에 따라, 피로조선인의 송환을 통해서 스스로를 평화적인 통교자로 인정받고 싶어했고, 그 대가로 경제적인 반대급부를 받음으로써 통교자로 전환하려 했기 때문이다. 따라서 1443년 癸亥約條에 의하여 조선과 일본사이에 대마도를 매개로 통교체제가 어느정도 정비되게 되면, 왜구의 출현도 일단락되며, 그에 따라 피로인도 자취를 감추게 되고, 이후는 표류인송환으로 바뀌어지는 현상을 볼 수 있다.

2) 일본으로부터 漂流朝鮮人의 송환

일본으로부터 표류조선인의 송환사례는 고려시대는 단 한건만 있을 뿐, 모두 조

선시대에 이루어지는데, 1408년부터 1500년까지 총 25건에 기록상의 인원은 170인
이다. 그것을 도표화하면 다음과 같다.

표5) 일본으로부터 표류조선인 송환

연도	송환횟수	송환자수	비고
1408(태종 8)~1410(태종10)	1	1	
1411(태종11)~1420(세종 2)	0	0	
1421(세종 3)~1430(세종12)	2	22	
1431(세종13)~1440(세종22)	0	0	
1441(세종23)~1450(세종32)	2	2	계해약조(1443년)
1451(문종 1)~1460(세조 5)	10	11	해동제국기(1470년)
1461(세조 6)~1470(성종 1)	8	6	
1471(성종 2)~1480(성종11)	5	38	
1481(성종12)~1490(성종21)	2	90	
1491(성종22)~1500(연산 6)	0	0	
1408년~1500년(92년간)	30	170	

이 표에서 알 수 있는 바와 같이 표류인송환이 두드러지는 것은 통교체제가 정
비되는 시기인 1450년대부터이다. 물론 그 이전에도 세 차례 이루어지지만 피로인
송환이 일단락된 후부터 표류인송환이 정착된다고 볼 수 있다.

그리고 표류인송환자와 송환형식을 보면, 초기에는 피로인송환 때와 마찬가지로
조선과의 통교관계를 맺고 있던 西日本의 영주층이 담당하지만, 1443년 계해약조
이후 조선에의 통교무역이 對馬宗氏에게 집약되면, 표류민송환도 대부분 對馬宗氏
를 경유하거나 그에 의해서 이루어진다.[13)]

그렇다면 일본측의 표류인송환자의 의도는 무엇이었을까. 이점에 있어서도 피로
인송환의 경우와 마찬가지로, 조선의 통교체제 확립에 따라, 통교를 원하는 송환자
가 표류인송환을 통해 조선정부와의 우호관계를 표명하고, 그 대가로 통교의 기회
를 얻어 경제적인 목적을 달성하는 것이었다. 즉 圖書發給(1418년)·歲遣船定約
(1424년)·文引制度의 확립(1436년)·계해약조(1443년) 등에 의해 통교체제가 정비
되자, 표류인송환은 조·일간의 통교체제에 새로이 편입되는 유효한 수단으로 작
용되었던 것이다.

---

13) 荒野泰典,「近世日本の漂流民送還體制と東アジア」,『近世日本と東アジア』, 東京大學出版
部, 1983, 121쪽.

3) 조선으로부터 漂流日本人의 송환

일본에서 조선에 표류한 일본인의 송환사례는 1436년대부터 나타나기 시작하는데, 1500년까지『朝鮮王朝實錄』에는 모두 8차례의 기록이 있다. 그것을 도표화하면 다음과 같다.

표 6) 조선으로부터 표류일본인송환

번호	연월일	표류인수	비고
1	1436(세종18) 5월 기축	太郎左衛門 등 15인(대마인)	일본본토에 장사하러 가다가 울산에 표착
2	1440(세종22) 12월 임진	表溫古老 등 6인(대마인)	어로를 하다가 전라도 장흥에 표착
3	1443(세종25) 7월 정묘	왜인 9인(일기인)	노략질하다 표착한 것이 판명되어 분치함
4	1454(단종 2) 7월 정묘	미상(?)	중국에 朝見하러 갔다가 돌아가는 길에 전라도 內禮浦에 표착
5	1463(세조 9) 윤7월 신미	왜선 6척 49인(대마인)	어로를 하다 추자도에 표착
6	1469(예종 1) 3월 정유	望古羅 등 7인(대마인)	대마도에서 칡뿌리를 캐기위해 다른 곳으로 항해하다가 전라도에 표착
7	1478(성종 9) 7월 을유	妙茂 등 300인(遣明船)	명으로부터 귀국도중 제주도에 표착
8	1497(연산 3) 6월 병신	미상(遣明船)	명으로부터 귀국도중 제주도에 표착

이상의 표에서 보는 바와 같이, 조선에 표착한 일본인은 크게 두종류로 구분되는데, 하나는 어로행위 등을 위해 바다에 나왔다가 표류한 경우와 다른 하나는 일본에서 중국에 가던 배가 표류하여 조선에 표착한 경우이다. 이들 표류인은 표착지의 지방관이 조사를 한 후, 그 원인이 왜구행위가 아닌 순수한 표착으로 판명되면, 모두 대마도를 경위하여 송환되고 있으며, 특히 중국과 관련된 경우는 후한 접대와 함께 지체없이 송환되는 것을 볼 수 있다. 이들 조선표착 일본인의 경우는 시기적으로 보아도 역시 대일통교체제가 정비되어 가는 단계이며, 본격적인인 송환사례도 1443년 이후에 나타난다. 따라서 이 경우도 조선의 대일교린정책의 틀 속에서 이루어지고 있음을 알 수 있다.

4. 조선과 유구

1) 유구로부터 被虜朝鮮人의 송환

유구로부터 피로조선인의 송환은 1392년부터 1437년까지 총 7회에 확인되는 숫자는 96인이었다. 말할 것도 없이 유구로부터 송환되는 피로조선인은 대부분 왜구에 의해 붙잡혔다가 轉賣된 사람들이다.[14] 그런데 유구로부터의 송환은 5회가 琉球國王使가 조선에 오면서 대동한 것이었고, 1회는 조선에서 파견한 回禮使 李藝와 1회는 본국인 김원진에 의해서였다. 그것을 도표화하면 다음과 같다.

표 7) 유구로부터 피로조선인 송환

번호	연월일	송환자수	송환자	비 고
1	1392(태조 1) 시년조	남녀 8	中山王察道	
2	1394(태조 3) 9월 병오	남녀 12	中山王察道	
3	1397(태조 6) 8월 을유	9	中山王察道	
4	1409(태종 9) 9월 경인	부녀 3	中山王思紹	
5	1410(태종10) 10월 임자	14	中山王思紹	
6	1416(태종16) 7월 임자	44		回禮使 李藝
7	1437(세종19) 7월 무신	6	金元珍	
		96		

이렇게 볼 때, 결국 유구와의 피로인송환은 처음부터 琉球國王과 朝鮮國王간의 관계에서 이루어졌음을 알 수 있다. 물론 유구로부터의 피로인송환도 기본적으로는 통교를 목적으로 이루어진 것이다. 그러나 송환자가 琉球國王이었다는 점과 그에 대응한 것이 朝鮮國王이라는 형식을 통해서 볼 때, 양국간에는 기본적으로 국가 대 국가의 交隣關係의 틀 속에서 이루어졌다고 보아야 할 것이다. 이러한 경향은 표류민의 송환을 볼 때, 더욱 자명해진다.

2) 유구로부터 漂流朝鮮人의 송환

유구로부터 표류조선인의 송환은 『朝鮮王朝實錄』에는 총 10건이 보인다. 1397년

---

14) 田中健夫, 「倭寇と東アジア通交圈」, 『日本の社會史』 第1卷, 列島內外の交通と國家, 岩波書店, 1987. 156쪽.

을 제외하면, 시기적으로 모두 피로인송환이 끝난 후인 1450년에서 80년에 집중되어 있다. 특히 1455년에서 1468년사이에는 琉球國王使의 명의로 파견된 유구사절이 11회에 달하는데, 이중 7회에 걸쳐 조선표류인이 송환되었다. 이것을 도표화하면 다음과 같다.

표 8) 유구로부터 표류조선인의 송환

번호	연월일	송환자수	송환자	비고
1	1397(태조 6) 8월 경진	9	琉球國王察道	
2	1453(단종 1) 5월 정묘	2	琉球國中山王	道安
3	1455(세조 1) 8월 무진	미상	琉球國王尙泰久	道安
4	1457(세조 3) 7월 을해	5	琉球國王	道安
5	1458(세조 4) 2월 을묘	3	琉球國王	吾羅沙也文
6	3월 병신	1	琉球國王	友仲僧
7	1461(세조 7) 5월 기사	2	琉球國王	德源
8	12월 무진	8	琉球國王	普須古
9	1462(세조 8) 1월 신해	미상	琉球國王	普須古
10	1479(성종10) 5월 신미	3	琉球國王	新時羅

위의 표에서 알 수 있는 바와 같이, 조선표류인의 송환도 모두 琉球國王使의 명의로 파견된 사절에 의해 송환되었다. 따라서 적어도 표류인송환도 기본적으로는 「國家 對 國家」 차원의 교린관계속에서 이루어졌다고 해도 무리가 없다고 보며, 이들도 모두 송환의 기회를 이용하여 통교를 했으므로 송환목적도 기본적으로는 경제적인 것이었다고 볼 수 있다.

그러나 1423년(세종 5)부터는 이미 유구와의 사이에 僞使問題가 제기되고 있는 만큼, 송환자가 정말로 琉球國王使였는지는 의심의 여지가 많다. 이점은 표류조선인의 송환자가 琉球國王使이지만 인솔자가 博多의 상인이나 승려들이었다는 점을 감안하면 쉽게 수긍이 간다.

3) 조선으로부터 표류유구인의 송환

유구인이 조선에 표착한 사례는 1418년부터 모두 두 차례 등장한다. 표로 만들어 보면 다음과 같다.

『朝鮮王朝實錄』의 기록에 의하면, 표류유구인에 대한 대우는 일본인에 비하여 후대하고 있음을 알 수 있는데, 예를 들면 1418년 8월 조선에 표착한 유구인은 유구국 사절로 이들의 표착사실에 대하여, 당시 경상도 관찰사는 보고하기를, "琉球國에서 우리 나라에 親善使節을 보냈는데, 오는 길에서 풍랑을 만나 배가 깨어져 예물을 잃고 물에 빠져 죽은 자가 70여인이며, 살아 남은 자들도 또한 병들고 다친 사람이 많은데, 閑山島에 와서 머물고 있습니다."하여, "임금이 명하여 의복과 음식을 주고 傳遞하여 서울로 올려보내라고 하였다."고 기록하고 있다.15) 이것은 유구가 조선의 교린상대국이라는 우호적인 입장에서 이루어졌기 때문일 것이다.

표 9) 조선으로부터 표류유구인의 송환

번호	연월일	표류인수	비고
1	1418(세종즉위) 8월 무술	미상	조선에 오던 유구국사절로 한산도에 표착
2	1429(세종 11) 8월 기축	包蒙古羅 등 15인	강원도 울진에 표류, 島津貴久편에 호송을 의뢰함

그러나 1429년 표류유구인의 경우는 조·유관계가 이미 對馬島와 九州의 영향을 받아서인지, 서일본지역의 영주인 日向·大隅·薩摩太守인 島津貴久에게 호송을 의뢰하고 있다.16) 이러한 사실은 이 시기가 되면 이미 僞使問題가 제기되고 있는 만큼, 그러한 시대적 배경을 바탕으로 이해해야 할 것이다.17)

15) 『世宗實錄』 권1, 즉위년 8월 무술.
16) 『세종실록』권45, 11년 9월 임신. '琉球國 사람 包蒙古羅 등 14인이 하직하니, 명하여 음식을 대접하게 하였다. 예조에서 琉球國王府 執禮官에게 書狀을 보내기를, "우리 나라가 貴邦과 더불어 바다를 사이에 두고 있으면서 일찍이 音信을 통하지 못하였더니, 이번에 귀국인 包蒙古羅 등이 배를 타고 바람을 만나 우리 나라의 해안에 표류하여 왔으므로, 삼가 우리 전하께 보고하였더니, 우리 전하께서 매우 가엾이 여기시어 구휼하시고 攸司로 하여금 객관을 주어 머물도록 후대하고, 이어 의복과 양식 등의 물품을 주어 돌려보내는 바이다."하고, 西海道의 日向·大隅·薩摩의 세 고을 太守 藤貴久에게 서신을 보내기를, "바람에 표류한 유구국의 사람 包蒙古羅 등 14명을 본국으로 돌려 보내매 貴境을 경유하게 되었으니 배를 내어 護送하기 바란다."하였다.(당초 표착인은 15인이었으나, 유구국에 송환된 인원은 14명으로 기록되어있다. 1명은 理馬加羅인데 9월 6일 죽자 예조에서는 후하게 장사지내 주었다. 『세종실록』 권45, 11년 9월 기유)
17) 僞使問題에 관해서는 孫承喆『近世朝鮮의 韓日關係研究』제3편 제1장 조·유 교린체제의 구조와 특징. 174~183쪽(1999, 국학자료원) 참조

4) 북경을 우회하는 조·유 표류인의 송환

한편 僞使에 의해 조·유간의 직접교류가 종말을 고하면서 1497년(중종 25)부터 1638년(인조 16)까지 조·유간의 표류인 송환은 북경을 통하여 우회하는 방법에 의하여 이루어진다. 이에 관한 최초의 기록은 1497년 10월 제주에 표착한 유구인 10인을 聖節使 편에 송환시키자는 논의부터이다. 즉 표류유구인의 경우는 유구가 交隣國이기 때문에 당연히 송환시켜야 하며, 그 방법으로 조선에서 명에 가는 聖節使 편에 송환시킬 것을 논하였고, 그 이유로 조선이 유구와 단순히 「私交」를 하지 않는다는 사실을 명에 알리고자 했다.[18] 이점에서 적어도 조선은 유구표류인 송환에 동아시아 국제질서의 규범을 좇았던 것으로 판단된다.

이 기간동안 조·유간의 접촉사실이 『朝鮮王朝實錄』에 14건, 『歷代宝案』에 13건이 기록되어 있는데, 이중 표류인송환이 직접 언급된 기록은 8건이다. 그 내용을 도표화하면 다음과 같다.

표 10) 북경우회의 양국간 표류인송환

번호	연월일	기사	국적	출전
1	1497(연산3) 10월	배를 타고 나왔다가 제주도에 표착함. 성절사편에 귀국논의함	유구인	연산3/10/임오
2	1530(중종25) 10월	유구표착인 7인을 정조사편에 귀국시킴	유구인	중종25/10/을축
3	1546(명종2) 2월	제주도인 박송등이 동지사편에 귀국함	조선인	명종원/2/무자
4	1589(선조22) 8월	유구국표착상인 37인을 명으로 호송함	유구인	선조22/8/무진
5	1597(선조30) 8월	유구국왕 표류민송환에 감사함		역대보안 권39
6	1607(광해원) 12월	유구국왕 조경사편에 표민송환을 감사함		광해즉위/12월/무진
7	1612(광해4) 9월	표착유구인 동지사편에 귀국시킴	유구인	광해4/9/계묘
8	1628(인조6) 7월	표착유구인 송환에 감사함		역대보안 권39

---

18) 『燕山君日記』 권28, 3년 10월 병술. '尹孝孫·李陸은 의논드리기를, "祖宗朝에 유구국에서 두 번이나 우리 漂流人을 돌려보냈으니, 지금 이 사람들이 바로 그 나라 관하의 사람인즉, 交隣의 도리에 불가불 刷還해야 합니다. 어찌 그 바다를 건너갈 식량 걱정과 인정을 쓰는 폐단을 따지겠습니까. 지금 四郎과 三郎에게 부탁해서 호송하는 것이 예의로 보아 당연하옵니다."하고, 鄭眉壽·李昌臣은 의논드리기를, "유구국에서도 대대로 중국의 正朔을 받들고 있다 하오니, 지금 표류되어 온 사람들도 명년 聖節使가 갈 때에 奏狀을 갖추어 함께 보낸다면, 비단 보내는 데 편리할 뿐만 아니라, 중국 조정에서 우리 나라가 일찍이 私交를 않는 義를 알게 될 것입니다."하였는데, 弼商 등의 의논을 좇았다.'

그후, 1530년 8월 제주도에 표착한 유구인 7인을 송환시킬 때도 명으로 떠나는 正朝使 편에 북경을 경유하여 귀국시켰는데, 표착유구인을 북경을 우회하여 송환시키는 데는 여러 차례 논의 끝에 이루어졌다. 당시 토의된 내용을 검토해 보면, 조정에서는 이들을 처음에는 對馬島와 薩摩州를 거쳐 송환하도록 결정하였다. 그러나 표착유구인들이 이 소식을 듣고는 송환도중 왜인에게 해를 입을까 두려워하여 밤새 통곡하였다고 한다. 그러자 조정에서는 유구국이 중국에 조공하고, 또 조선사람도 전에 유구국에 표류했다가 중국을 거쳐서 돌아온 일이 있으므로 正朝使 편에 돌려보내도록 결정하였다.[19] 이후 조·유 외교관계가 완전히 단절되는 1638년까지의 양국의 표류인은 모두 북경을 경유하게 된다.

이상의 내용을 통해 북경우회의 표류인송환의 특징을 보아도 역시 기본적으로는 册封國間의 交隣이 전제가 된 송환이 이루어졌다고 보아야 할 것이다. 즉「國家對 國家」의 관계에서 조선국왕과 유구국왕이 송환자가 되어, 교린국 상호간의 왕복문서인「咨文」을 교환하면서 표류인 송환을 지속해갔던 것이다.

5. 맺음말

이상에서 조선전기 東아시아 三國간의 피로인과 표류인송환에 관해 살펴보았다. 주지하는 바와 같이, 14~5세기 동아시아 해역, 특히 중국과 조선의 연안해에서는 왜구에 의한 피해가 극심하였고, 그로 인한 인적피해는 가장 큰 골칫거리였다. 따라서 명이나 조선 모두가 왜구의 금압과 왜구를 평화적인 통교자로 전환시키려는 노력이 경주되었고, 그것은 곧 양국 대외정책의 가장 큰 잇슈가 되었던 것이다. 뿐만 아니라 왜구로 인한 피로인의 송환은 자국민 보호의 차원에서 매우 중요한 문제였고, 이점에서 조선은 매우 적극적이었다.

그런데 피로인의 송환에 관해서 보면, 조선과 중국, 조선과 유구사이에는 기본적으로 事大·册封이라는 國際關係의 一元的인 틀 속에서 이루어지고 있는 반면, 일본과의 관계는 역시 복잡했다. 그것은 이미 다른 연구들에서 언급되고 있는 바와 같이 多元的인 關係라고 하는 조선전기 조·일관계의 構造的인 問題 때문이다. 즉

---

19)『中宗實錄』권69, 25년 10월 정사, 무오, 기미, 신유, 계해, 갑자.

조선에서는 왜구를 평화적인 통교자로 전환시켜, 모든 통교자들을 대마도주를 대리인으로 설정하는 羈縻秩序에 편입시켜 가는데, 피로인과 표류인의 송환방식도 크게는 이 틀 속에서 이루어져가고 있다. 예를 들면 1443년 계해약조를 전후로 왜구가 일단락되고, 피로인의 송환도 자취를 감추게 되며, 이후 표류인송환이 등장하게 되는 데, 이것은 표류인송환이 일본측 송환자들에게는 조·일간의 통교체제에 새로이 편입되는 유효한 수단이었기 때문이다. 따라서 조선의 입장에서 피로인과 표류인송환은 당시 설정한 事大·交隣의 東아시아 國際秩序의 틀 속에서 이루고자 했으며, 이러한 의미에서 조선시대 표류인 송환체제의 정착과정이 좀더 실증적으로 논증되어야 할 것이다.

한편 이와 관련하여 최근 일본에서는 倭寇와 왜구로 발생한 被虜人의 송환문제를 다룸에 있어 「地域史」 또는 「海域史」의 관점에서 「人」을 둘러싼 교류라고 하는 애매한 표현을 하고 있는 연구들이 많이 등장하고 있다. 그러나 이것 또한 역사를 왜곡시키며, 미화하려는 매우 경계해야할 태도이다. 왜냐하면 역사사실은 그것이 발생했던 시점에서부터 평가를 시작해야하기 때문이다. 즉 20세기의 관점에서 倭寇가 日本의 民일지는 몰라도, 적어도 14~5세기 왜구는 동아시아해역에서 海賊이었고 掠奪者였다. 따라서 그들에게 약탈되었다가 구사일생으로 송환된 중국인이나 조선인들과 왜구의 만남을 어떻게 단순하게 인적 교류라고 볼 수 있겠는가. 이점에서 倭寇에 의한 被虜人과 海難에 의한 漂流人은 구별되어져야 하며, 동시기 국가간의 人的交流는 이러한 성격규명이 선행된 후에 언급되어야 할 것이다.

조선전기 조·일간 표류민 송환과 교린

이 훈

1. 머리말

지금까지 전근대 조선인의 일본 표착이나, 일본인의 조선 표착에 대해서는 시기적으로 조선후기, 즉 임진왜란 이후부터 개항전(17세기 초~19세기 중엽)에 관한 연구가 많았다. 내용적으로는 주로 표착과 송환사례를 둘러싼 조선·일본간의 통교체제나 의례에 관한 검토가 이루어졌으며, 일본과의 우호를 유지하기 위한 틀로 이해되어 왔다.

그러나 진근대라 할 경우, 조선긴국 직후부터 임진왜란 이전까지도 포함하며, 이 시기에도 왜구 종식 이후에는 실제로 표류민의 송환 사례가 많이 축적되어 되어 있다. 흔히 일본과의 관계를 말할 때 조선시대를 통틀어 '交隣'이라는 말을 사용하고 있으나, 우호의 내용을 알기 위해서는 먼저 조선전기의 표류·표착을 둘러싼 여러 상황을 고찰해 볼 필요가 있다.

표류·표착 문제를 조선건국 직후로 거슬러 올라가 보게되면 임진왜란 이후보다도 훨씬 복잡한 양상을 띠고 있다. 조선의 역대 왕들은 조선인이 중국이나 일본, 유구 등, 외국에 표착한 경우, 표착지에 송환을 의뢰할 정도로 표류민의 송환에 관심을 가지고 있었다. 표류·표착 문제는 안으로는 연안 지방에서의 호구 안정이라는 측면에서 볼 수 있지만, 밖으로는 사대관계에 있는 중국을 비롯하여, 일본, 유구 등, 조선을 둘러싼 복잡한 국제환경 속에서 송환자들과의 관계를 어떻게 설정할 지를 고민해야 하는 외교문제이기도 했다. 특히 16세기 중엽 이후 조선에 표착한 일본 배에는 중국인들이 함께 타고 있는 경우가 더러 있었다. 조선은 일본과 통교를 꺼리는 중국을 의식하여 조·일간에 발생한 표류·표착이라 해도 단순히 조·일간의 문제로 다루지 못하는 측면이 있었다. 게다가 중종대 이후에는 후기왜구의 발호로 대외경계가 강화되면서 조선정부 내에서도 비변사 중심의 정국운영으로 인해 표류민 송환을 둘러싸고 논란이 계속되었다. 표류민 문제는 이와 같이 임란 이전의 경우, 복잡한 대내외적 환경 속에서 조선의 대응이 오히려 적나라하게 드러나 있기 때문에 조선이 표류·표착 문제를 통해 대일관계를 어떻게 구축하려 했는지를 잘 알 수 있다.

이장에서는 조선 건국직후부터 임란 이전을 대상으로, 제 1절에서는 조선정부가 조·일 간에 일어난 표류·표착 문제를 어떻게 인식하고 있었는가를, 제 2절에서는 그로 인한 조·일간 표류민 송환상의 특징을, 제 3절에서는 송환자에 대한 접응을 검토함으로써 조선 전기 교린의 정도를 살피려 한다.

2. 표류·표착에 대한 조선의 인식

1) 호구의 안정과 조선인 표류민

조일간의 표류민 송환에 관한 연구를 보면, 주로 일본측의 송환 의도나 절차가 강조되어 왔다. 즉 일본의 통교자들이 조선과 통교관계를 새로 개설하거나 기왕에 얻어 낸 특혜를 더 확대하기 위한 의도로 조선인을 송환해 오면, 조선은 그 대가로 경제적 특혜를 약속해 주었다는 것이다. 실제로 일본이 조선으로부터 圖書나 歲遣船 증액, 求請 등 여러가지 특혜를 얻어 간 사례들이 축적되어 있으므로 사실임이 확인되지만, 조선의 표류민 송환에 대한 관심이나 대응은 소극적으로 서술되어 온 경향이 있다. 조선왕조실록을 보면 조선이 먼저 일본측에 조선인 표류민의 송환을 요청하고, 또 일본측의 표류민 송환을 지속적으로 유도하기 위해 노력한 기사들이 눈에 뜨인다. 여기에서는 조선이 어떠한 필요에서 일본측의 송환을 유도하게 되었는지 주로 대내적 계기에 주목해 보려 한다.

(1) 연안지역

조선이 일본에 표류민 송환을 요청하는 최초의 사례는, 1420년 일본사절에 대한 답례로 송희경을 일본에 보내면서 雲州(出雲州, 이즈모) 安木에 표착하여 정착한 조

선인 70여호를 찾아서 송환해 주도록 요청한 것이 처음으로 보인다.[1] 물론 이 요청
은 일본측이 사전에 정보를 제공했기 때문에 가능한 것이었지만, 요청 시기가 1419
년의 대마도 토벌 바로 다음해라는 점에 주목하고 싶다.

　소위 '己亥東征'[2]이라 불리우는 대마도에의 대규모 파병은 왜구의 본거지이자
경유지였던 대마도에 대해 직접 무력을 행사하여 왜구에게 결정적인 타격을 가함
으로써, 왜구를 근절시키는 한편, 대마도가 조선에 臣從을 약속해 옴으로써 세종대
에 일본에 대한 각종 통교제한 정책의 실시를 가능케 하였다.[3] 지금까지는 이와
같은 외교적 측면에서의 성과가 강조되어 왔다. 그러나 관점을 바꾸어 보면 이것이
계기가 되어 왜구 종식을 배경으로 조선건국 이후의 현안이었던 호구 안정에 관심
을 기울일 수 있게 되었다고 생각된다.

　연안 지역은 고려말이래 주민들의 일탈이 잠재되어 있던 지역이었다. 왜구의 노
략질을 비롯하여, 권세가·지방관·군관의 사적 지배로 인해 내륙지방 보다 피폐
의 정도가 심했고, 군역 등을 피해 달아나는 避役民들이 유입하기 쉬운 지역이었다.
뿐만 아니라 지방의 세곡을 해로를 따라 한양으로 운송하는 도중에 일어난 대규모
해난사고 및 왜구에 의한 노략질 은 조운군으로 편성된 연안 주민의 행방불명에
한몫을 하였다. 이에 실제로 대마도 토벌이 단행되기 이전부터 거제도 등 연안 및
도서지방에 量田 및 군적 작성을 시행하려는 시도가 있었으며, 태조 이후 역대 왕
들은 재원 확보를 위해 조창의 복구와 조운군의 확보 등, 조운제도의 재정비에 노
력하였다. 대마도 토벌은 연안 지역에서의 대마도인 등 외부와의 접촉을 억제하려
는 의도도 있었으나, 조선이 처음 대마도를 공도화하려 했던 것을 감안할 때 연안
및 도서지방에까지 조선 정부의 의지를 관철시켜 가는 과정에서 필연적으로 일어
난 대규모 파병이었다는 지적이 있다.[4]

---

1) 『世宗實錄』권7, 2년 윤 1월 15일 갑신.
2) 일본에서는 '應永의 外寇'라고 불리우는 대마도 토벌은 당시 대일강경책을 취하였던 상
　왕(태종)의 명에 따라, 1419(세종 즉위)년 6월 군사 17,000명을 병선 227척에 태우고 거제
　도를 출발하여 대마도로 출병한 조선군(삼군도체찰사 李從茂)은 아소완(淺茅灣)을 공격하
　여 적선 130여척을 나포하는 등 대승을 거두었다.
3) 하우봉, 「조선초기의 대외관계 - 일본과의 관계」(『신편한국사』22, 377~379쪽, 국사편찬
　위원회, 1995).
4) 최근 1419년 대마도 토벌 단행시, 조선이 대마도를 공도화하려 했던 것에 주목하여 이를

따라서 대마도 토벌 직후 이미 일본의 雲州에 정착해 살고 있는 70여호 등, 조선에서 일탈해 간 사람을 그들의 귀국 의사와는 상관없이 새삼 표류민으로 인식하여 송환대상으로 삼았다는 것은, 왜구 종식 이후 더 이상 연안 주민들의 일탈을 막아보겠다는 조선 정부의 의지가 반영된 것으로 생각된다. 특히 연안에서의 해난사고에 대한 구제 지침이 정비되어 가던 시기에 조선이 몇 차례에 걸쳐 일본에 표류민의 송환을 요청하고 있었다는 것은 표류민 송환 요청문제를 국내 문제와 연동적으로 파악할 필요성이 있음을 느끼게 한다.

다음의 <표 1>은 임란 이전까지 연안에서 일어났던 해난사고를 정리한 것이다. 건국 이후 조선의 최대 관심은 하루라도 빨리 재원을 마련하여 왕권을 안정시키는 일이었다. 태조 이후 역대 왕들이 재원확보의 수단으로 관심을 가졌던 것은 조운을 재정비함으로써 전국에서 거두어들이는 세곡을 한양으로 운송하는 일이었다.

대마도 토벌 이후 연안 주민들의 일탈은 왜구의 노략질이나 어업활동 보다는 조운 도중에 일어난 해난사고 때문에 행방불명되는 경우가 많았다. 임란 이전 연안에서 일어난 커다란 해난사고 가운데 서해 연안 주민의 표류·표착사고는 주로 조운과 관련이 있었다. 1443년에는 조운선 파선으로 인한 상심 때문에 의정부·육조의 동지연을 정지할 정도였다.[5] 조운 도중에 일어나는 해난사고는 선박의 파선은 물론 조운군의 익사·실종으로 이어졌으며, 조운군의 확보가 어려운 상황에서 군적 작성에 생긴 차질은 경제적 기반 마련을 어렵게 했다. 따라서 15세기 중엽에는 우선 조운선의 해난사고에 대한 구제 지침부터 제시되기에 이르렀다. 1444년 윤7월 병선 1척과 군졸 11인이 실종되었을 때 조난 선박 수색에 대한 지시가,[6] 1447년

조선건국 이후 연안지배의 전개과정에서 필연적으로 발생한 대규모 파병으로 보는 藤田明良씨의 견해가 주목된다. 씨에 따르면 연안 도서는 고려말 이래 권세가·지방관·군관의 사적 지배로 인해 피폐의 정도가 내륙지방보다 심했으며, 군역 등을 피해 달아나는 避役民들이 유입하기 쉬운 지역으로 이러한 곳에까지 공적 지배를 확대하는 것이 건국 이후의 현안문제였다고 본다. 조선의 공도화 정책은 연안 지역에서의 대마도인 등 외부와의 접촉을 억제하기 위한 의도도 있었으나, 내부적으로는 거제도 등 연안 도서지방에 量田 및 군적 작성을 시행하는 등, 조선 정부의 국가의지를 관철시켜 가는 과정에서 필연적으로 일어난 대규모 파병이었다고 보는 것이다. 씨의 견해는 외교문제를 국내문제와 연동적으로 파악하는데 시사하는 바가 크다고 본다(藤田明良, 「東アジアにおける海域と國家」(『歷史評論』575, 1998)).

5) 『世宗實錄』 권102, 25년 11월 18일 기사.

<표 1> 조선측의 송환 요청

서력	조운 관련 사항	송환 관련 사항	비 고
1395	경상도 조운선 16척 침몰		太祖 4.5.17 기유
1403	경상도 조운선 34척 침몰		太宗 3.5.5 신사
1414	전라도 조선 66척 파선		太宗 14.8.4 강진
1420		雲州 安木 표착 조선인 70호 송환 요청	世宗 2. 윤1.15 갑신
1443	漕轉도중 표착선박 66척 서강 도착, 16척 甲串 도착		世宗 25. 6. 9 임진
1443	평안도로 향하던 조전선박 39척 파선, 조니포 표착		世宗 25.11. 2 계축
1444	충청도 병선 1척 조난	肥前州에 표착한 제주인의 송환 요청	世宗 26.윤7.22 기해/26.8.13 기미
1444	전라도 미곡의 조운선박 4명 조난		世宗 26. 9. 1 병자
1447	황해도 덕적도로 가던 선박 1척 29명 파선 및 익사		世宗 29. 9.16 을사
1448	전라도 조운선 6척, 충청도 조운선 2척 파선		世宗 30. 4. 6 신유
1449		조업도중 실종된 경주인 원봉 등 12명, 대마도에 송환 요청	世宗 31. 5.12 신묘
1450		전라도 순천인 정득희 등 5명, 대마도에 송환 요청	世宗 32, 2. 9 갑신
1452		제주인 고봉 등, 대마도에 송환 요청	端宗 원, 7.14 을사
1455	전라도 조운선 55척 파선		世祖 1. 9. 10 임오
1458	경기·충청·전라 관찰사에게 표류 어선 구제 지시	·	世祖 4. 4. 2 기미
1460		일본으로 가던 중 해난사고로 실종된 통신사 일행의 수색을 대마도에 요청	世祖 6, 2.30 정축
1469	조전 선박 51척, 태안군 길항 앞에서 표류		睿宗 1.11. 5 을유
1472	제도 관찰사에게 물가에 집 짓지 말도록 지시		成宗 3. 5.23 기미
1473		五島 玉浦에 표착한 전라도 임피현 수심사 승려 29명의 송환을 대마도에 요청	成宗 5, 1.20 병오
1488	전라도 법성창 조운선 31척 파선 및 익사		成宗 19. 4.18 신해
1525	전라도 조운선 19척 파선		中宗 20. 6.22 경술

(『朝鮮王朝實錄』)

9월에는 연변의 포구나 섬에 표류한 백성의 수색과 익사체의 매장에 대한 지시가 있었다.7) 그 이듬해인 1448년에는 公私선을 막론하고 조운선의 파선시 표착지 수

---

6) 『世宗實錄』 권105, 26년 윤7월 22일 기해.
7) 『世宗實錄』 권117, 29년 9월 16일 을사.

령이 파선 상황을 살펴 옷과 양식으로 구제할 것과 이를 어기는 지방관은 처벌할 것임을 밝힘으로써 조운으로 인한 해난사고 방지에 노력하였다.[8] 해난사고에 대한 지침이 조운선에 대한 것부터 마련된 것만 보아도 그 당시 연안 주민의 일탈을 초래하는 요인을 조운으로 인식하고 있었음을 말해 준다. 조업활동 중 사고를 당한 표류어선에 대해서는 1458년에야 경기·충청·전라관찰사에게 구제를 지시하였다. 따라서 일찍이 15세기 중엽에는 조운선 뿐만 아니라 어선 등, 여러 가지 경우의 수를 포함하는 해난사고에 대한 지침을 마련함으로써 주민의 확보에 노력하였다고 본다.[9]

전근대는 어떤 배이건 동력장치 없이 전적으로 바람에 의해 항해하던 시대인 만큼, 조그마한 기상이변에도 연안 주민들이 대마도나 일본 本州, 琉球, 中國 등, 외국에 표착하는 일은 얼마든지 있을 수 있었다. 조선정부가 주민들의 실종신고나 외국 사자들이 전하는 조선인의 일본 표착에 관한 정보를 바탕으로 송환을 요청했던 것은, 해난사고로 인한 주민의 일탈을 현안으로 인식한 이상 당연한 일이었다고 생각된다. 앞의 <표 1>에서 1420년 이후 몇 차례에 걸친 조선 정부의 표류민 송환 요청은 세종대에 4건, 단종대 1건, 세조대에 1건, 성종대에 1건 등, 주로 15세기 중엽으로 확인되는데, 1444년 8월 肥前州에 표착한 제주인의 송환 요청은 바로 1444년 윤 7월 병선의 표류 파선시에 대한 지시 직후에 있었다.[10] 그리고 1449(세종 31)년 조업 도중 실종된 경주인 원봉 등 12명의 송환을 대마도에 요청한 것도 바로 1448년 조운선에 대한 지침이 제시된 이후에 있었다.[11] 이렇게 일본에의 표류민 송환 요청이 연안에서의 해난사고 구제 지침 정비 시기와 전후하여 이루어졌던 것은, 조선정부가 해난사고로 인한 연안 주민의 일탈을 국내 현안의 하나로 인식하게 되면서 표류·표착에 대한 관심이 해외에까지 연장되었기 때문으로 보인다.

조선은 1479(성종 10)년 일본에 통신사를 파견할 당시, 통신사가 일본에서 수행해야 할 임무중의 하나로 조선인 표류민의 쇄환을 제시하기에 이르렀다. 송환조건은 표착 조선인 가운데 일본에 정착해서 살고 있는 경우 쇄환 비용(선박 차용 등,

---

8) 『世宗實錄』 권120, 30년 4월 8일 계해.
9) 『世祖實錄』 권12, 4년 4월 2일 기미.
10) 『世宗實錄』 권105, 26년 8월 13일 기미.
11) 『世宗實錄』 권124, 31년 5월 12일 신묘.

송환 경비)을 조선이 부담하겠다는 것과 송환자에는 응분의 보상을 제시한 것이었다.[12] 조선이 송환에 드는 비용의 일부를 부담하고 일본에 경제적 보상까지를 약속하면서까지 표류민의 송환을 유도한 것은,[13] 호구 안정에 대한 관심이 반영된 것에 다름 아니다.

　단, 조선인 표류민의 송환 요청시기를 보면 1440년대 이후로 주로 대마도에 송환을 의뢰하고 있다. 1449년 조업 도중 실종된 경상도 경주인 원봉 등, 12명에 대해서는 대마도에의 표착 가능성과 명단·나이를 적어 송환을 요청했고, 1450년에는 전라도 순천인 정득희 등, 5명의 송환을, 1452년에도 제주인 고봉 등, 9명의 송환을 대마도에 요청하였다. 그리고 1460년 1월 통신사 일행이 일본으로 가던 도중 해난 사고로 수백명이 실종되었을 때에는 대마도는 물론 대마도 근처에 표착한 경우까지도 표류민의 수색 및 송환을 대마도에 의뢰하였다. 또 1474년에는 대마도 宗貞國과 五島 宇久守 源勝의 서계를 통해 1473년 전라도 임피현 수심사 승려 39명이 제주에 장사차 갔다가 五島(玉浦)에 표착했으며, 표착지에서 이들을 송환할 의사가 있다는 것을 알게된 조선은 대마도에 이들의 송환을 의뢰했다. 이와 같은 대마도에의 송환 요청은 1438(세종 20)년 문인제도 정착과 1443(세종 25)년 대마도와의 계해약조 체결이후라야 현실적으로 송환 요청이 가능했기 때문이라고 생각된다.

(2) 제주의 안정

　한편 조선 정부는 왜구종식 이후 남해 해역의 안정을 배경으로 제주 통치에 많은 노력을 기울였는데, 제주 지배 관철을 위해서도 표류민 송환에 대한 관심을 늦추지 않았다. 제주는 1416(태종 16)년에 大靜과 旌義의 2곳에 縣監(수령)의 파견을 비롯하여 제주 지배를 위한 제도 등이 입안되었지만, 실제로 제주 통제를 위한 기반이 마련된 것은 세종대에 이르러서였다. 세종대에는 육지 각도의 기준을 고려한 토지측량을 비롯하여, 군적, 조세수취의 기준 마련, 법률, 감찰제, 주자가례의 보급

---

12) 『成宗實錄』 권102, 10년 3월 25일 신사.
13) 실록을 보면 중국이나 유구에 표착했다가 돌아온 경우에는 해외정보에 대한 관심에서 표류기 작성에 대한 지시가 있었다. 이에 비해 일본에서 송환된 사람들에게는 표류기를 작성하도록 했다는 요청이나 지시가 없다. 일본에 대해서는 사자들이 전해오는 정보로 이미 정보가 축적된 상태이며, 왜구문제가 어느 정도 해결된 이상 표류민을 통해 일본측 정보를 수집한다는 것에는 별 의미가 없었던 것으로 보인다.

등이 시행됨으로써 실질적인 제주통치가 가능해졌다. 따라서 그 동안 왜구활동 때문에 단절되었던 항로, 즉 추자도를 중간 거점으로 하는 제주와 육지(전라도)를 잇는 항로도 부활되게 되었다.[14]

그러나 제주는 전통적으로 토호들에 의한 착취가 여전하여 1445년까지만 해도 여전히 조선정부 문서와 더불어 토호들이 발급한 印信에 의한 양민의 사역이 자행되고 있었기 때문에 명실상부한 중앙정부의 권위는 정착되지 못한 상태였다. 게다가 성종대에 들어 제주에 파견된 지방관의 진상 등, 조세 수취를 빙자한 양민 수탈, 탈세, 밀무역을 통한 축재 등의 비리로 인해 제주 주민들은 이중적인 수탈에 시달렸다. 그 결과 1467년경에는 晉州·泗川·固城·興陽·困陽 등, 제주를 떠나 경상도의 해안 지역으로 이주해 가는 제주인의 항해가 늘어났다.[15] 한편 전복을 채취하기 위해 제주로 잠입해 들어오는 전라도·경상도인도 많았다.[16] 즉, 조선정부의 제주 지배 정착은 어떤 이유로든 제주인 및 제주와 연고관계에 있는 지역 주민에게 항해할 수 있는 많은 요인을 제공했다고 볼 수 있는데, 이는 정부 입장에서 보면 일본에의 표착 가능성 증가와 자의이던 타의이던 주민 일탈로 인한 호구 불안으로 이어지고 있었다.[17]

뒤의 <표 2>에서 임진왜란 이전 조선인 표류민을 송환해 온 사례 45건을 지역별로 보면, 경상도가 3건, 전라도가 1건인 것에 비해, 원인은 불분명하지만 제주가 출항지로 되어 있는 것이 11건으로 압도적으로 많다.

---

14) 전라도에서 제주로 갈 때는 추자도가 중간 거점이었던 것 같다. 나주에서 출발하는 경우 務安(大堀浦)·靈岩(火無只 와도)·海珍(於蘭梁)을 거쳐 楸子島까지 7일이 걸렸으며, 해진 또는 강진에서 출발할 경우 각각 추자도까지 3일이 걸렸다. 제주에서 육지로 갈 때는 정의현에서 출발하는 경우, 정남풍이 불 때 조천관 또는 화북포를 출발하여 화탈섬과 사서도 사이를 지나 보길도·광아도를 거쳐 어란에 닿으면 영암, 이진과 가리포에 닿으면 강진, 또 관두량과 완도이면 해남이었다. 그런데 혹 바람의 영향으로 항로를 벗어날 경우 추자도나 진도에 정박하였다. 이밖에 대정에서 출발할 경우에는 동풍을 타고 가면 곧바로 추자도에 닿을 수 있었다(李衡祥『南宦博物』(『續耽羅錄』소수, 제주문화방송주식회사, 1994, 303~304쪽)).
15) 『成宗實錄』권85, 8년 10월 25일 기미.
16) 『成宗實錄』권161, 14년 12월 6일 을축.
17) 제주인들은 남자아이가 태어나면 고래밥이라 여겨 좋아하지 않았는데, 매년 많은 배가 파선되어 남자들이 바다에서 많이 죽었기 때문이다. 그 결과 인구 구성상 여성이 많았다 (李衡祥, 『南宦博物』(『續耽羅錄』소수, 제주문화방송주식회사, 1994), 330쪽).

　그런 만큼 조선은 16세기 중엽 이후 왜란이 빈발하는 가운데 일본에 표착한 제주인의 송환에 우려를 나타내고 있다. 삼포왜란 이후 대마도와의 사이에 긴장이 발생하여 교역이 단절된 이후 1525년 고토(五島)에 표착한 조선인 9명을 일본국왕사가 송환해 왔을 때에도 대마도가 파견한 위사라는 혐의를 갖고 있었지만 송환을 유도하기 위해 접응하였다.[18]

　을묘왜변 이후 1557년 후기 왜구가 극성을 부리는 가운데 조선에 표착한 일본인의 송환 지침이 마련되는 것도, 제주 항해와 관련된 주민의 일본 표착 증대가 예상되는 상황에서 조선인의 송환을 유도 및 보장받기 위해서였다.

　외국에 표착했다가 송환되어 온 표류민에 대해서는 일단 고향으로 돌려 보내 경제적으로 안정될 때까지 당분간은 복호(면세)조치를 취했다. 1479년 유구에 표착했던 제주인 金非衣 일행이 귀국했을 때, 조선은 이들을 고향으로 돌려보낸 후 2년간 役使를 면제하고 반년간의 祿料를 지급하여 생활이 안정될 때까지 복호조치를 취했다.[19] 그리고 1542년 8월에는 중국에 표착한 제주인 50여명 가운데 표착지에서 사망한 사람을 제외하고 일부만 송환되어 왔다. 제주인들은 조선주민 가운데 표착 사고를 가장 많이 당해 남자 숫자가 적어졌기 때문에, 제주의 호구를 안정시키는 의미에서 표류 백성에 대해 복호조치를 취했다.[20] 이러한 복호조치는 일본에 표착했다가 귀국한 경우에도 마찬가지였다고 생각된다.

　주민들의 표류 사실을 알고도 신고하지 않은 지방관에 대해서는 책임을 추궁함으로써 호구의 안정을 꾀하려 했다. 조선의 지방관들은 연해 백성의 표류 사실을 알고도 문책이 두려워 표류사실을 은폐하는 경우가 허다했다. 1458년 2월 제주인 복산이 유구에 표착했을 때 제주는 전라도 관찰사에게 이 사실을 알리지 않았던 것 같으며, 조사를 받았다.[21] 1471년 1월, 제주에서 서울에 공물을 바치고 돌아가는 길에 중국에 표류한 김배회 일행에 대해 신고 조차도 하지 않은 지방관에 대한 경위 조사를 전라도 관찰사에게 지시한 바 있다.[22] 조선의 표류민 송환에 대한 관심

---

18) 『中宗實錄』 권54, 20년 7월 3일 경신.
19) 『成宗實錄』 권105, 10년 6월 20일 을사.
20) 『中宗實錄』 권98, 37년 6월 13일 임진.
21) 『世祖實錄』 권11, 4년 2월 26일 을묘.
22) 『成宗實錄』 권9, 2년 1월 8일 신사. 이밖에도 1460년 일본통신사 송처검의 표류사실을 신고하지 않은 지방관에 대해 처벌을 지시한 바 있다(『世宗實錄』 권23, 6년 1월 14·15

은 지방관에 대한 책임추궁을 요구할 정도로 적극적인 것이었으며, 성종조에는 수령의 호구 관리가 그들에 대한 상벌 및 인사 기준으로까지 논의될 정도였다.[23]

요컨대 조선은 일본에 표착한 조선인을 연안 주민의 안정이라는 차원에서 끊임없이 관심을 가지고 송환을 유도함으로써 16세기에 들어 잦은 왜란에도 불구하고 표류민의 송환은 안정적으로 이루어졌다고 볼 수 있다.

2) 왜구문제와 일본인 표류민

조선의 연안 포구에 나타나는 일본인을 표류 내지는 표착으로 인식하는 것은 왜구에 대한 위협이 사라지면서부터이다. 1436년 경상도 울산에 왜인 太郎左衛門 등 15명이 표착했을 때, 경상감사는 그들이 이와미(石見州)에 장사하러 가다가 바람 때문에 표류했다고 하지만, 대마도가 발행한 文引도 없을 뿐 아니라 병기를 가지고 있다는 점을 들어 억류를 요청하였다. 그러나 세종은 변방을 침입할 의사가 보이지 않는다는 이유로 송환을 지시하였다.[24] 이와 비슷한 예는 1440년에도 있었다. 대마도인 表溫古老 등 6명이 전라도 장흥에 표착했을 때, 예조는 이들이 대마도주의 문인도 없이 경계를 넘었다는 것을 문제삼았지만, 세종은 이들을 억류하지 않고 양식을 지급하도록 하였다.[25]

여기서 조선은 일본 선박에 대해 대마도에서 발행하는 문인이 없거나, 1419년 기해동정 이후 조선이 최일선 해역으로 인식한 거제도 안쪽으로 넘어온 일본인에 대해서는 일단 해적이나 왜구라는 혐의를 두었음을 알 수 있다.[26] 그러나 왜구가 종식된 시점에서는 문인이 없다 하더라도, 또 경계를 넘었다 하더라도 조선 변방을 침입할 의사가 없는 경우에는 표류·표착 등, 해난사고의 가능성을 충분히 인식하

일).
26) 지방에 파견되는 수령이 해야할 가장 중요한 일은 임기 만료시 호구수를 증가시키는 것이었다. 그러나 호구파악은 주민들의 이동과 토호들의 비협력, 지방관 자체의 탈세 등으로 좀처럼 어려웠던 것 같으며, 세종대 제주도에 왜구가 침구했을 때에는 호구파악이 제대로 안되어 주민들의 피해상황을 모를 정도였다. 조선이 호구수를 파악하기 위해 실시한 호패제는 세조대에 이르러서야 안정될 정도였다.
24)『世宗實錄』권72, 18년 5월 24일 기축·윤6월 15일 기묘.
25)『世宗實錄』권91, 22년 12월 23일 임진.
26) 藤田明良,「東アジアにおける海域と國家」(『歷史評論』575, 1998).

고 있었다. 즉 조선의 어디에 표착하건 침입의사(무기 소지 및 침탈행위)의 여부가
표류·표착을 가리는 결정적인 기준이 되었다고 볼 수 있다.

　이렇게 왜적과 표류민을 구분하는 기준이 생기면서 1443년에는 조선 근처 해역
에서 파선 당하거나 익사한 일본인들에게는 장사를 지내주고, 생존자에 대해서는
송환해 줄 것을 지시하였다.[27] 그리하여 1454년 병조의 보고로 일본 선박 1척이 중
국에 조공차 갔다가 귀국하는 길에 전라도(內禮浦)에 표착한 사실을 알게 된 조선
은, 문인이 없었음에도 불구하고 전라도 관찰사로 하여금 경상도 제포(웅천)로 예
인할 것을 지시하는 한편, 경상도 관찰사에게는 요구가 있을 경우 양식도 지급하여
송환하도록 지시하였다.[28] 따라서 15세기 중엽 이후에는 비록 국내 연안포구의 지
방관을 대상으로 한 것이지만 상호 송환의 계기가 마련되었다고 보아진다.

　그러나 삼포왜란(1510년) 이후 왜적의 침탈에 대한 경계가 강화되면서 조선 연안
포구에 표착하는 일본인을 해난사고가 아니라 왜적으로 취급하게 된다. 삼포왜란
이후 일본인의 첫 표착 사고는 1523년에 있었다. 이는 1522년 왜구의 전라도 및 제
주 침구 바로 다음해에 있었던 표착인 만큼, 조선정부의 표류 일본인에 대한 인식
변화와 그로 인한 신병 처리에 새로운 사례를 제시했다는 점에서 주목할만 하다.[29]
이 사건은 결론을 볼 때까지 광범위한 의견 수렴을 거치느라 무려 6개월이나 걸린
중대 사건이었으나 간단히 소개하면 다음과 같다. 1523년 6월 황해도 연해에 나타
난 왜선 10척 가운데 中林이라는 일본인만이 포로로 붙잡혔고 나머지 왜선은 달아
났다. 몇 척의 왜선이 서남해안을 따라 이동하는 과정에서 조사가 이루어졌기 때문
에 조사가 장기화되는 한편, 이동 과정에서는 일본인이 연안 포구에 상륙하여 조선
인과 마찰도 일으켰다. 때문에 이를 표류로 봐야 할 것인지, 또는 왜적으로 판단해
야 할 것인지 혼란이 많았다. 중림은 중국에 조공차 가다가 표류한 것이라 진술했
지만, 중림을 중국배 및 관원 2명을 탈취한 해적으로 최종 결론을 내리고 죄인으로
취급하여 명에 그의 신병을 인도했다.[30] 중국에서 도둑질을 하고 중국관리를 해친

---

27) 『世宗實錄』 권99, 25년 2월 11일 정유.
28) 『端宗實錄』 권11, 2년 7월 18일 정묘. 권12, 2년 9월 2일 경술·9월 3일 신해.
29) 1522년에는 왜인들이 전라도 연안 도서를 침입하고 제주인을 살해한 사건이 있었다. 이
　를 계기로 국가의 정식 기구는 아니지만 삼포왜란 이후 변사가 있을 때마다 임시적으로
　설치되었던 비변사가 없어서는 안될 중요한 기구로 인식되게 되는 등, 비변사의 위상이
　강화되었다.

이상 明을 사대하는 조선으로서 중국에 이 사실을 주달하는 것은 물론 중림의 신병을 넘기지 않을 수 없다는 것이 의정부·병조·비변사의 견해였다. 중림은 큐슈 오우치(大內)씨에 소속되어 있는 일본인이었음에도 불구하고, 중국에서의 해적행위 때문에 왜적으로 취급되어 일본으로 송환되지 못하는 전례가 되었다.

이 사건은 1522년 전라도 침구 직후에 일어난 만큼, 중종은 결론의 도출과정에서 여태까지 표착문제를 처리하던 '표착지 수령 — 관찰사 — 병조와 원로대신'이라는 의결라인 이외에 邊事와 兵事를 잘 아는 관리 및 비변사에도 중림의 신병 처리를 문의하였다. 이 사건 자체만을 보면 변사의 전담기구로서의 비변사 자체의 영향력 행사가 크게 눈에 띄지는 않는다.[31] 그렇지만 이를 계기로 변경 및 군사 문제에 밝은 관리와 기구가 대외관계에서 발생하는 현안문제에 영향력을 증대하게 되며, 그들이 표류 일본인을 중국으로 넘기기 위해 주장하는 사대우선론이 일본인의 신병 처리를 왜곡시키게 되었다. 그 결과 조선은 삼포왜란 이전 조선에 표착한 일본인의 송환을 통신사 파견에 버금가는 교린으로 인식하고 있었음에도 불구하고,[32] 표류 일본인의 송환은 불안정 상태에 놓이게 된다는 점을 지적할 수 있다.

3. 조일 양국 표류민 송환의 특징

조일간의 표류민이 본국으로 송환되는 양태를 보면, 앞서 보았듯이 인식의 차로 말미암아 삼포왜란을 계기로 불균형 상태에 이르고 있다. 게다가 삼포왜란 이후 일본과의 관계를 보면 사량진해변, 을묘왜변 등 잦은 왜란으로 인해 일본 및 대마도와의의 사이에는 긴장이 고조되어 가고 있었던 반면, 한편으로는 명의 약체화가 진행되던 시기였다. 이러한 복잡한 시대상황 속에서 비변사의 영향력 강화로 특히 표류 일본인의 송환에 많은 굴곡이 있었다. 여기서는 먼저 조선인의 송환에 대해 개관한 다음 표류 일본인에 대한 송환의 특징을 삼포왜란 이후의 정국 운영과 관련

---

30) 『中宗實錄』 권49, 18년 12월 13일 기유. 『中宗實錄』권51, 19년 8월 12일 갑진.
31) 물론 이당시 3공 대신이 비변사의 도제조를 겸임하고 있었다면 비변사의 영향력으로 볼 수도 있지만 확인하기 어렵다. 아마도 1522년 왜인의 전라도 침구 바로 직후 상황에서 3공이나 병조의 의견이 비변사의 그것과 그다지 다르지 않았을 것이라 생각된다.
32) 『明宗實錄』 권17, 9년 7월 18일 병진·7월 19일 정사·7월 24일 임술.

시켜서 살펴보고자 한다.

1) 일본 표착 조선인의 송환

일본에 표착한 조선인은 15세기 중엽 이후 대마도의 송환 대행이라는 안정된 송환 루트, 조선 정부의 적극적인 송환 유도 등에 힘입어 비교적 안정적으로 송환되어 왔다. 즉 조선 초기 얼마간은 표착지 영주가 직접 조선으로 표류민을 송환해 왔으나, 15세기 중엽 이후 대마도의 협력을 얻어 일본과의 간접 통교루트가 차츰 정착되면서부터 대마도가 표류민의 송환을 대행하였다.[33] 단 임진왜란 직전 대마도는 표류민 송환에 드는 비용을 절감하기 위해 조선인 송환을 방기한 적도 있어서 아주 순탄하지만은 않았다.[34] 그러나 대마도를 통한 이러한 송환 방식은 임진왜란으로 인해 잠시 단절된 적을 제외하고는 메이지(明治)유신으로 전근대 통교 체제가 단절될 때까지 기본적으로 지속되었다.

뿐만 아니라 조선은 표류민의 송환을 안정적으로 유도하기 위해 일본측 송환자에게는 여러 종류의 특혜를 인정하였다. 1479년의 통신사 사목을 보면, 조선은 일본에 표착한 조선인을 송환해오는 대가로 일본측 송환자에 대해 조선과 통교 실적이 있건 없건 경제적 보상을 제시한 바 있다. 경제적 보상이란 구체적으로 조선의 職·印을 송환자들에게 부여하는 것이었는데, 표류민 송환자들에게 인직을 수여하는 것에 대해 별다른 거부감은 없었던 것 같다. 즉 여태까지 일본의 통교자들에 대해 별 이유가 없이도 저들이 원하면 職·印을 주어왔는데, 일본에 표착하여 어려운 처지에 있는 조선인 표류민을 구매해서 송환해 오는 경우는 표류민 송환이라는 정당한 이유가 있기 때문에 職·印을 거절할 이유가 없다는 것이다.[35] 職·印이란 도

---

33) 조선이 대마도에 표류민의 송환을 요청한 것은 1~2월중 서풍이 불어 배가 동쪽으로 떠밀려가 대략 대마도 근처의 해역에 표착할 확률이 높은 것으로 추측했기 때문이며, 이런 경우 대마도에 직접 송환을 요청하였다. 단 이때도 1451년과 같이 일본국 大內씨 사자의 제보를 통해 薩摩에 표착 조선인이 있다는 것을 알게된 조선은 薩摩州 태수에게 문서를 보내 송환을 요청하고 있다(『文宗實錄』권7, 1년 4월 5일 계유). 이를 보면 대마도가 유일한 송환루트는 아니었으며, 대마도가 차츰 중요한 송환 루트의 하나로 파악되는 가운데 薩摩·五島·山陰 등의 서브 루트가 존재하고 있었다.

34) 米谷均, 「漂流民送還と情報傳達からみた16世紀の日朝關係」(『歷史評論』572, 1997).

35) 『成宗實錄』권190, 17년 4월 21일 병신.

서 및 수직왜인으로, 무역선을 파견할 수 있는 경제적 특혜를 의미하며, 한번 획득
하면 자자손손 기득권이 세습되는 대단한 특혜였다. 16세기 중엽 조선의 일부 관리
들은 일본인들이 가지고 있는 도서를 거의 조선인 표류민을 송환해 온 공로로 받
은 것으로 인식하고 있었다.[36] 이밖에도 求請 및 각종 예물이 있었다. 따라서 표류
민 송환에 대한 職·印의 수여를 비롯한 각종의 경제적 특혜는 일본측에 대단한
매력으로 부각되었으며, 결과적으로 일본에 표착한 조선인들의 송환을 안정적으로
유도하는 계기가 되었다. 조선의 경제적 부담이 결코 적지 않았으나 왜구 종식 이
후 표류민 송환에 대한 보상을 일본과의 교린을 유지할 수 있는 방법으로 인식하
고 있었기 때문이다.

　그런데 16세기 들어 잦은 왜란으로 대마도와의 사이에 긴장이 생기게 되자, 조선
은 대마도와의 통교를 단절해 버렸다. 경제적으로 곤경에 빠진 대마도는 일본국왕
사를 사칭하면서까지 표류민을 송환해 왔다. 조선은 이들이 대마도가 내세운 僞使
라는 혐의를 두었으나 송환을 유도하기 위해 접대 및 특혜를 인정하였다. 뿐만 아
니라 16세기 들어 제주를 왕래하는 항해인구 및 어업인구가 증가하게 되자 이들의
송환을 계속적으로 유도하기 위해 조선에 표착한 일본인의 송환을 약속하기도 했
다. 조선의 이러한 노력에 의해 일본에 표착한 조선인의 송환은 상대적으로 안정적
으로 이루어졌다고 볼 수 있다.

2) 조선 표착한 일본인의 송환

　일본에 표착한 조선인이 잦은 왜란에도 불구하고 비교적 안정적으로 송환되어
왔던 것에 비해, 조선에 표착한 일본인의 송환은 그렇지 못했다.

　15세기 중엽 송환의 계기가 마련되기는 했지만 송환 절차나 구체적인 접응 기준
이 정비되지 못했다. 1454년에 송환 지침이 정해지기는 하지만 표선에 타고 있던
일본인에 대해 양식의 지급 등 접대만 허락했을 뿐, 육지에 상륙하는 것은 금지한
수준이었다.[37] 즉 放還이 기본으로 배가 파손되지 않는 한 자력으로 귀국하도록 하

　『明宗實錄』 권19, 10년 12월 7일 정유.
36) 『明宗實錄』 권19, 10년 12월 7일 정유.
37) 『端宗實錄』 권12, 2년 9월 3일 신해.

되,38) 연해 포구의 지방관을 대상으로 송환 지침을 제시한 것이었다. 이 시기 표착
문제는 표착지 수령의 보고를 토대로 관찰사가 중앙에 보고하면 병조나 원로대신
이 취급하였는데, 일본인을 참획하는 일은 없었다. 신숙주나 이예와 같은 대일전문
가가 아직 생존해 있었기 때문에 표류민의 송환 자체를 교린으로 여기던 시기였다.

그러나 이러한 방환 수준의 송환마저도 삼포왜란 이후 대일경계가 강화되어 일
본을 교린의 대상이 아니라 변경 문제로 인식하게 되면서 표류민의 신병을 일본으
로 인도하는 것이 어려워졌다. 1523년 황해도에 표착한 일본인 중림을 중국을 침탈
한 왜적으로 취급하여 신병을 중국으로 인도했음은 이미 지적한 바로, 당시 정국을
주도하던 변사 및 병사에 밝은 관리 및 기구가 사대외교를 명분으로 내세웠기 때
문이었다.

사량진왜변(1544) 이후에는 3포왜란 이후 높아가던 대마도와의 긴장이 더욱 심
해졌다. 그러나 한편에서는 명의 禁法이 해이해진 틈을 타서 중국 연안 상인들과
일본 큐슈(九州) 상인들의 본격적인 교역활동을 계기로, 조선 연안 해역을 항해하
는 중국 및 일본 선박이 증가하게 되었다.39) 조선은 이들 상선의 표착이 속출할 것
으로 예견하여 1546(명종 1)년 7월 비변사의 건의로 식수 공급을 허락하고 육로로
송환할 것까지를 논의하게 되었으며,40) 일본측의 송환 요구도 있었다.41) 특히 이당
시 일본 표선에는 중국인이 함께 타고 있는 경우가 더러 있어 중국인 및 일본인의
신병처리가 문제가 되었다.42) 중국을 사대하는 조선으로서는 이 중국인의 신병 처

---

38) 일단 육지에 상륙하게 되면 주민들과의 접촉도 있을 것이며, 극도의 불안 및 언어불통으
로 인해 마찰도 있을 수 있었다. 뿐만 아니라 호송인원이나 장비에 드는 비용문제 및
송환절차가 복잡해지는 것을 피하기 위해서였다고 생각된다.

39) 중국으로 항해하던 일본선박은 제주에 표착한 경우가 많으며, 표류 등의 해난사고를 당
한 곳은 추자도 근처의 해역으로 보인다. 대마도의 위 아래에서 나온 조수는 청산도와
추자도의 앞뒤를 경유하여 전라도와 충청도로 들어가는데, 화탈섬 안팎을 경유하여 흐
르는 바닷물은 중국 산동(청제)으로 흘러간다. 이곳은 양쪽 조수가 마주치는 곳으로 높
은 물결이 이는데 중국으로 가는 일본 선박이 표류해 들어오면 전복되어 침몰하는 수가
많았으며, 순풍이 불지 않으면 며칠을 그곳에서 맴돌다 표착했다고 한다(李衡祥『南宦
博物』(『續耽羅錄』 소수, 제주문화방송주식회사, 1994), 304~305쪽).

40) 『明宗實錄』 권4, 1년 7월 17일 신미.

41) 1550(명종 5)년 7월 구주의 少貳씨가 사행선의 조선 표착시 구제 및 접대를 요청해왔지만
여전히 송환은 불안정했다(『明宗實錄』 권10, 5년 7월 11일 임인).

42) 『明宗實錄』 권17, 9년 7월 6일 갑진.

리 때문에 일본인의 송환이 쉽지 않았다. 그러나 이시기 대세는 아니었으나 명종과 비변사의 무력 중심의 정국운영에 대해 사헌부·사간원의 견제로 1554년에는 일본의 일본 상선의 조선 표착시 보호에 대한 요청과 명종의 전교가 있었다. 이에 1554년 제주에 표착한 일본들은 비로소 일본으로 귀국할 수 있었다. 즉 사헌부는 선왕대에도 신사를 교환함으로써 남방 수천리가 평화로웠다는 인식을 바탕으로 중국인과 일본인을 함께 중국으로 주달하지 않고, 중국인은 중국에, 일본인은 일본으로 각각 송환할 것을 주장하였다. 사대도 하면서 교린(權道)도 소홀히 할 수 없다는 사헌부의 주장이 대세를 이루어 일본인을 일본으로 송환할 수 있게 된 것이다.[43] 일본인 표류민의 송환은 명의 기강이 무너져가는 상황에서 제기된 사대외교 비판을 배경으로 한 것이었다. 따라서 사량진왜변 이후 표류·표착과 같은 변사에 비변사의 영향력이 증대되는 것은 사실이지만, 사헌부나 사간원의 견제로 비변사가 변사를 독점적으로 처리하던 단계는 아니었으며, 사대와 교린이라는 건국이래의 외교이념이 지켜지는 선에서 불완전하나마 일본인 표류민을 중국인으로부터 떼어내어 분리 송환할 수 있게 되었다.

즉 16세기 중엽 명의 약체화를 계기로 사헌부·사간원 관리들의 사대외교 비판을 배경으로 일본인 표류민 문제를 중국과 분리해서 취급하면서 일본인 표류민의 항구적인 송환 계기가 마련되는 한편 교린의 틀을 유지할 수 있었다고 본다.

그러나 을묘왜변 이후에는 사정이 많이 달라진다. 1555년(명종 10) 5월 11일 중국 海商 王直 등이 왜선 70여척을 이끌고 전라도의 달량포(전남 해남군 북평면)를 습격한 대규모의 침구 이후, 조선은 대마도를 통해 왜구 활동에 관한 정보를 입수하는 등, 대일경계를 강화하였다. 그러나 명종 말년까지도 왜구의 조선 침구는 끊이지 않았으며, 대일경계가 강화되는 가운데 중국을 왕래하는 일본선들의 조선 표착에 대해서도 송환 방침이 잘 지켜지지 않았다.

1555년 10월에는 명에 가서 무역하고 돌아오는 길에 조선에 표착한 일본인을 포획하여 추국한 것을 비롯하여,[44] 1556년 6월에도 중국에서 해적활동을 하다 제주에 표착한 왜선 5척을 제주목사 김수문과 판관 이선원이 포획하였다. 사헌부에서

43) 『明宗實錄』 권17, 9년 7월 18일 병진·7월 19 정사·7월 24 임술.
44) 『明宗實錄』 권19, 10년 8월 12일 갑술.

는 이미 표착 왜선에 대해 송환을 약속했고, 또 지침이 마련된 만큼, 이들 지방관 (김수문·이선원)을 승진시키지 않도록 건의했으나, 명종은 제주목사가 잡은 배가 일반적인 왜선의 모습과 틀리고 병기를 실은 적선으로 간주하여 포상할 뜻을 비추고 이를 비변사에 논의케 하였다.45) 또 같은 해 9월 울산에 표착한 왜선 3척을 경상 좌변사 방호지가 통째로 포획했을 때도 명종은 사간원의 반대에도 불구하고 공을 인정하여 포상을 허락했다.46) 명종은 그 자신이 표착 일본선을 송환하도록 전교를 내린 적이 있었는데도 불구하고 포상 쪽으로 기울었다. 이는 아마도 1555년 왜인 源勝이 일본 해적의 명에서의 대규모의 해적행위 및 조선 약탈에 대한 정보를 전해 옴에 따라, 일본인들이 비록 표류했다 하더라도 조선 해변 지역이 약탈당할지도 모 른다는 위기의식이 고조된 때문인 것으로 생각된다.

그런데 1557(명종 12)년 4월에는 명종이 전교를 내려, 표류 일본선에 대해 무기를 가지고 변방에 침범한 배는 섬멸하되, 화물만 싣고 무기가 없으면 육지에 오르지 못하게 할 뿐, 조정의 지시를 기다려 조치할 것을 지시하였다.47) 조선이 일본인 표 류민에 대해 끝까지 추격하여 사로잡지 말라는 쪽으로 가닥을 잡고 보호 방침을 서둘러 재확인하게 된 것은 표류민 참살에 대한 일본측의 항의를 의식한 것이 직 접적인 이유였다. 1557년 1월 일본 사자가 조선에 건의한 10개조 가운데는 24년전 인 1523년 일본인 중림이 황해도에 표착했을 때 그의 신병을 명에 넘긴 것을 비롯 하여, 표선의 적재물(銀)을 조선이 점취한 것, 또 일본인들이 중국과의 교역활동 중 조선에 표착한 것을 참살한 것에 대한 항의가 들어있었다.48) 그렇지만 중국의 요구 를 사전에 방어하자는 의도도 있었다. 중국에서는 적왜의 중국 침구가 많아질 경 우, 조선으로 하여금 중국으로 가는 적왜를 죽이도록 요청하는 한편, 일본에 칙서 를 내리되 조선으로 하여금 일본을 타이르도록 하자는 논의가 대두되고 있었다. 이 는 명의 예부와 병부에서 검토한 결과 무산되고 말았지만, 만약 적왜의 중국 침구 가 폭증할 경우 다시 논의될 가능성도 있었다.49) 이렇게 될 경우, 조선은 명의 대리

---

45) 『明宗實錄』 권20, 11년 6월 17일 갑진. 권21, 11년 7월 15 신미.
46) 『明宗實錄』 권21, 11년 9월 25일 경진·9월 26일 신사.
47) 『明宗實錄』 권22, 12년 4월 21일 갑진.
48) 『明宗實錄』 권22, 12년 1월 15일 기사.
49) 『明宗實錄』 권22, 12년 4월 19일 임인.

전을 치름으로써 조선측의 인명 피해나 경제적 손실은 물론, 일찌기 武衛殿에 대해 일본인 표류민의 보호를 약속했던 만큼, 일본에 대해 외교적으로 큰 부담을 질 수 있었기 때문이다.

다시 말해 표류 왜선을 사로잡고 일본인을 참살하는 일이 빈발하는 가운데, 함께 타고 있던 중국인 마저 살해당할 경우, 표류민에 대한 지나친 참살로 조선이 武威를 중시한다는 인상을 명에게 주지 않을까라는 우려가 있었다. 만약 명이 조선의 무위를 빌미로 명을 대신하여 왜적 소탕을 위해 일본과 대리전쟁을 치르도록 요구할 경우 일본과의 교린관계를 해칠 수도 있으므로 강경대응을 피한 것이라 여겨진다. 즉 명을 자극하는 일을 피함으로써 일본과의 관계에서 외교적 부담을 덜고, 명의 간섭을 초래하지 않는 범위에서 일본과의 교린을 유지하려는 전략이었다고 보아진다.

그러나 명종의 전교도 비변사가 반대의 목소리를 높임에 따라 퇴색되고 만다. 비변사는 "왜선이 접대하는 곳이 아닌 곳에 와서 정박하는 경우 '적왜'로 취급한 것은 선왕대부터 있었던 일이다. 최근 5~6년전 부터 중국을 노략질하며 극성을 부리는 일본의 적왜는 상선이 아니며 조선을 약탈한 적도 있다. 또 이들이 비록 표류했다 하더라도 해변 촌락이 약탈당할 염려가 있고 상왜인지 적왜인지 구분이 안가기 때문에 표류왜인에 대한 접대는 아직은 금물임"을 주장하였다.[50] 그리하여 1557년 10월에는 사헌부의 반대에도 불구하고 일본인 표류민을 사로잡은 전라우도 수사 오흡에 대한 포상이 이루어졌다.[51]

사간원은 강경일변도인 대신과 비변사의 표민대책을 계속해서 반대하였다. 이유는 삼포왜란 이후 일시적으로 대마도와 통교는 단절되었으나, 일본이 사자를 파견하여 화친을 요청한 바 있으며, 적왜는 일본국왕도 어찌지 못하는 해적들로 대마도와는 별개의 집단으로 인식하고 있었기 때문이다. 사간원이 표류 선박을 쫓아가 참획하는 변방 관리들의 포상을 반대한 것은 일본 물화 및 포상을 노린 행위로 인식하고 있었다.[52]

비변사의 강경노선과 사헌부·사간원의 견제가 계속되는 가운데, 1559년 6월에

---

50) 『明宗實錄』 권22, 12년 4월 21일 갑진.
51) 『明宗實錄』 권23, 12년 10월 23일 임인.
52) 『明宗實錄』 권24, 13년 7월 2일 정미.

는 전라·경상·황해도에 표류왜선이 나타났는데 승선 인원이 무려 200명이나 되었다.[53] 조선은 왜선이 대마도의 정보대로 적선인 경우에는 비변사의 건의로 참획할 것을 지시하였다.[54] 그리고 같은 해 7월에는 황해도에서 붙잡힌 왜선에 중국인이 250여명이나 타고 있었는데, 예조의 건의로 중국인만 따로 요동을 통해 육로로 송환하여 사대의 예를 지키기로 했을 뿐, 일본인에 대해서는 여전히 참획이 행해졌다.[55] 아마도 같은 해 7월 원산도에 표착한 일본인이 조선통사를 살해함으로 말미암아 비변사의 영향력이 더 작용한 것 같다.[56] 이에 연경연사 尙震은 명종에게 1559년의 武衛殿에 대한 명종의 답변을 상기시키면서 표류민의 송환을 건의하였으며,[57] 표류 일본인에 참획 여부를 둘러싸고 관리들 사이에 논의가 더 계속되었으나, 여전히 참획쪽이 대세였다.[58] 그리하여 결국 1560(명종 15)년 6월 명종은 중국에서 도적질하다가 귀국길에 조선국경에 나타나는 표류왜선을 붙잡도록 전교를 내렸다.[59] 사헌부는 일관되게 반대의사를 밝혔으나 명종은 거절하였다.[60] 사헌부는 1573년(선조 9) 표류왜선 1척을 나포했다 하여 승진하게 된 가리포첨사에 대해서도 반대의사를 밝혔으나 선조가 이를 반대하였다.[61]

요컨대 을묘왜변 이후부터 임진왜란이 일어나기 직전까지 표류 왜선에 대해 조선정부가 취한 조치는 언제 해적으로 변할지 모른다는 비변사의 강경노선에 따라 참획으로 기울게 되며, 사헌부의 견제에도 불구하고 표류 일본인의 송환을 통한 교린의 의미는 수그러들고 만다고 할 수 있다.

---

53) 『明宗實錄』 권25, 14년 6월 6일 병오.
54) 『明宗實錄』 권25, 14년 6월 6일 병오.
55) 『明宗實錄』 권25, 14년 7월 2일 신미.
56) 『明宗實錄』 권25, 14년 7월 14일 계미.
57) 『明宗實錄』 권25, 14년 9월 11일 무신.
58) 『明宗實錄』 권25, 14년 8월 5일 갑진.
59) 『明宗實錄』 권26, 15년 6월 6일 신축.
60) 『明宗實錄』 권27, 16년 2월 13일 계묘.
61) 『宣祖實錄』 권10, 9년 6월 15일 병자.

4. 표류민 송환자에 대한 접응

조선이 표류민을 송환해오는 대가로 일본측 송환자에게 보장해 주었던 각종의 특혜가 교역에 대한 일본측의 경제적인 욕구 충족과 관련이 있었음은 이미 지적된 바 있다. 그런데 조선측 사료를 보면 일본측 통교자들이 '使者' '使人'으로 표현되고 있듯이, 어떤 목적을 갖고 어디로 들어왔건 일단은 상경해서 조선국왕에게 외교적인 의례를 치르고 나서야 그들이 원하는 경제적 특혜를 보장해 주었다. 일본측 송환자들이 조선인 표류민을 송환해 오면서 요구하는 경제적 특혜에 대해서도 마찬가지였다. 여태까지 별 이유가 없이도 원하면 職·印을 주어왔는데, 일본에 표착하여 어려운 처지에 있는 조선인 표류민을 구매해서 송환해 오는 경우는 정당한 이유가 있기 때문에 특혜를 거절할 이유가 없다는 것이 15세기 후반 이후 조선 관리의 인식이었다.[62] 송환자들이 조선인 표류민을 데리고 상경하여 의례를 치른 후에야 여러 가지 접응 및 경제적 특혜를 받았을 것으로 생각된다. 일본과의 관계에서 '上京來朝'라는 의례적 측면을 중시한 것은 일본과의 교린관계를 유지하는데 유효하게 작용하였으므로 조선전기에 마련된 통교의 틀로 봐도 무리는 없을 것이다. 따라서 일본측 송환자들이 조선에 와서 받던 여러 가지 접응 가운데 의례에 주목해 봄으로써 교린의 의미를 검토해 보려 한다.

먼저 조선인 표류민을 송환해오는 송환자들의 상경은 어떻게 이루어졌을까? 『海東諸國紀』를 보면, 조선은 일본에서 국왕사가 오면 선위사(3품관)가 한성의 통사를 데리고 3포(개항장: 제포·부산포·염포)까지 마중을 나가 상경을 안내하였으며, 상경 후 의례일정에 대해서도 안내를 맡았다. 巨酋使의 경우 京通事, 대마도주 특송과 九州절도사에 대해서는 鄕通事가 3포로 마중을 나가 귀국할 때는 朝官이 호송하였다.[63] 그러나 표류민을 데리고 온 사자들이 개항장에 입항한 경우, 이들에 대한 응대 기준이 어떠했는지 기록으로 확인할 방법은 없으나, "나머지 제추가 일이 있어서 래조 또는 사자를 파견하는 경우, 국왕의 지시에 따라 응접한다"는 규정이 있다.[64] 이것으로 볼 때 중앙의 지시를 받은 후 아마도 향통사의 안내를 받아 상경했

---

62) 『成宗實錄』 권190, 17년 4월 21일 병신.
　　 『明宗實錄』 권19, 10년 12월 7일 정유.
63) 『海東諸國紀』, 諸使迎送.

을 것으로 생각된다. 상경한 후에는 일본인 객관(東平館)에 머물렀던 것 같으며, 동평관에 체재하는 동안 의례나 접대 등에 대해서는 통사의 안내가 있었을 것으로 생각된다.

그런데『實錄』을 보면 '상경래조'의 골자라 할 수 있는 肅拜式, 즉 1일과 16일에 조선의 정전(경복궁의 근정전, 인정전) 뜰에서 백관의 참석하에 일본인 사자가 조선국왕에 대해 올리는 4拜禮에 대한 기사는 주로 일본국왕사·거추·구주절도사 및 대마도주 특송에 한정되어 있을 뿐,[65] 표류민을 송환해온 사자들이 국왕에 대해 숙배식을 올렸다는 기록은 찾기 힘들다. 오로지 1474(성종 5)년 대마도 승려 其小只가 五島 玉浦에 표착한 전라도 임피현 수심사 승려 39명 가운데 2명을 대마도주 宗貞國의 명에 따라 데리고 왔을 때 성종이 선정전에서 인솔자를 인견하였다는 기사와, 1591년 대마도에 표착한 울산인 9명을 송환해온 자에게 상경후 접대를 지시했다는 기사가 있을 뿐이다. 전자의 경우 송환자는 오도의 宇久守(源勝)와 鳴州守(源繁)이지만 표류민의 인솔자는 대마도였다. 우구수는 이미 1455년에 조선으로부터 세견선 3척을 허락받은 적이 있으나 1척이 줄어들어 이를 다시 증액해 받고자 대마도를 통해 표류민을 송환해 온 것이었다. 또 명주수는 표류민 송환에 대한 대가로 세견선 파견을 허락받고자 하였다. 오도의 송환자들은 이미 도서나 세견선 파견을 통해 조선과 통교관계가 있는 데다, 대마도를 통해 조선인을 송환해 오는 만큼, 숙배식은 생략되지 않았을까라고 생각된다. 어느 단계에서의 접견인지 분명하지는 않지만 정전이 아니었던 것으로 보아 숙배식으로 보이지는 않으며 대마도의 인솔자에 대한 가벼운 음식과 술자리에서의 접견으로 생각된다. 즉 15세기 중엽 이후 대마도라는 안정된 표류민의 송환루트가 정착된 만큼, 인솔자에게는 예조의 답서와 선물을 주기 위해 국왕을 인견하는 기회는 있었다고 보아진다. 그러나 백관이 참가해야 하는 숙배식을 치르기 위해서는 동평관에 장기간 체재해야 하며 그에 따라 접대비용도 증대되는 만큼, 숙배식은 생략되었다고 생각된다. 더구나 대마도의

---

64)『海東諸國紀』, 使船定數.
65) 대마도특송은 삼포왜란이후 임신약조(1512년)에서 세견선으로 대치시킴으로 해서 1564년까지 상경래조가 불가능했던 것으로 보인다. 단 일본국 사자를 호송한다는 명분으로 상경한 예외도 있어서 대마도 특송에 대한 접대 여부가 논의되기도 했지만, 이 경우에도 입경시의 동평관과 출선시 한강에서 치르는 연회는 생략되었다(『中宗實錄』권44, 17년 3월 24일 신미·권54, 20년 4월 14일 계묘,『明宗實錄』권30, 19년 8월 25일 갑오).

요청으로 표류민 송환자들이 일단 수도서인이 되거나 세견선을 증액받게 되면 송환자들이 굳이 상경내조할 필요는 없었기 때문에 표류민 송환을 빌미로 송환자는 물론 대마도의 인솔자에게도 특별한 의례를 요구하지는 않았다고 본다.

표류민 송환자 가운데 조선 벼슬을 받아 '수직왜인'이 된 자는 상경래조시 세견선을 파견할 수 있었으나, 세견선을 정약하지 않은 경우에는 조선이 접대를 거부하였다.[66]

이것으로 볼 때 대마도가 일본 각지의 송환자들을 대신하여 조선인 표류민을 인솔해 오는 경우, 조선측의 응대란, 조선국왕에의 4배례를 골자로 하는 복속의례 보다는 그들이 원하는 무역적 요구를 들어줌으로써 접대 비용을 절감하는 한편, 표류민 송환에 사의를 표했다고 보아진다. 그렇지만 이 이상의 사의 표현, 즉 일본에 별도의 사자를 파견하여 사의를 표하는 일은 없었다.[67] 이는 명이 사자편에 조선인 표류민을 송환해오게 되면 조선국왕이 한성 근처까지 나아가 명의 칙사를 맞이해야 했으며, 그들의 귀국후 사은사를 보냄으로써 비용이 들더라도 의례적 측면을 중시했던 것과는 사뭇 대조를 이룬다고 할 수 있겠다.[68]

---

66) 단 수직왜인 가운데 시위를 지시받은 경우는 조참시 다른 수직왜인보다 우대를 받은 적도 있다. 1456(세조 10)년 대마도 종성직·종정국의 명으로 조선인을 송환해온 信沙也文은 송환에 대한 대가로 司職을 제수받아 세조가 근정문에 조참시 반열에 따라 侍位한 바 있다(『世祖實錄』권5, 2년 10월 21일 정사). 이들에게는 수직왜인에게 주어지는 통교상의 특권 이외에도 시위에 필요한 집기·노비·말 등이 하사되었으며, 내조시기에 제한이 없었기 때문에 많은 교역의 기회를 가질 수 있었다(韓文鍾, 『朝鮮前期 對日外交政策 硏究 - 對馬島의 關係를 중심으로 - 』전북대학교 대학원 사학과 박사학위논문, 105쪽).

67) 조선이 일본의 송환자에 대해 사은하는 의미에서 별도의 사자를 보낸 것은 1425년의 단 1번을 제외하고는 없다. 1425(세종 7)년 경상도 평해인 장을부 등 10명이 石見州 長濱에 표착한 것을 대마도의 舟越의 도만호 (早田)左衛門太郎이 송환해 왔다. 조선은 이때 李藝를 石見州·대마도에 대한 賜物관압사로 정하여 대마도에 보내 서계와 예물을 보낸 바 있다. 이때는 울릉도 조사차 나갔던 관리의 송환이었기 때문에 예외적으로 취한 조치였다.

68) 중국이 중국에 표착한 조선인을 송환해 오는 방법은 세 가지였다. 하나는 중국 사자가 조선인 표류민을 직접 한성까지 데려오는 방법이며, 다른 하나는 중국에서 義州까지 데려와 의주에서 조선인 표류민의 신병을 조선에 인계하는 것이었다. 나머지는 성절사나 동지사 등 중국에 사자가 귀국하는 편에 붙여 송환하는 것이었다. 이 가운데 중국에서 직접 사자를 보내 표류민을 송환해 오는 경우는 절차가 아주 정중하였다. 조선인을 인솔해 오는 사자는 명 황제의 칙사인 만큼 한성 근처까지 들어오면 조선국왕이 직접 나가 맞이해야 했으며, 연향을 베풀었다(『明宗實錄』권2, 즉위년 11월 12일 신미). 그리고 귀국

5. 맺음말

지금까지 표류·표착문제를 연안지방에서의 호구 안정 및 왜구문제와 관련시켜서 살펴보았다. 그리하여 삼포왜란을 계기로 비변사 중심의 정국 운영에 따른 표착 일본인에 대한 인식 변화가 상대적으로 일본인의 송환을 불안정하게 하였으며, 을묘왜변 이후 더욱 왜곡됨에 따라 교린의 의미가 쇠퇴해졌음을 지적하였다. 뿐만 아니라 기존 연구에서 이미 밝혀졌듯이, 전근대 표착지에서의 점취관행 때문에 1479년 통신사 파견시 조목에서와 같이 조선은 일본에 표착한 조선인들을 송환해 오기 위해 송환 비용, 즉 표류민들의 속환 비용 및 배삯 등의 경비 지출까지도 감수해야 했다. 따라서 조일 양국 표류민 송환의 특징은 조일 양국인이 서로 안정적으로 송환되었느냐라는 점에서 본다면, 조선인의 송환이 안정되는 것은 15세기 중엽인데 비해, 일본인의 송환은 16세기 중엽에야 송환의 계기가 마련되게 되므로 상호 불균형적인 것이었다고 할 수 있다. 또 비용면에서 보아도 아직 무상송환단계에는 이르지 못한 불완전한 것이었다. 게다가 의례적 측면에서 볼 때도 대마도를 통한 간접 송환 체제 속에서 표류민 송환자 내지 인솔자들에 대해서는 접대비용 등을 고려하여 그들의 무역적 요구를 들어줌으로써 사의를 표했을 뿐, 소위 전근대 조일관계를 특징짓는 상경래조, 즉 복속의례를 요구하는 관계는 아니었다. 따라서 조선전기는 조선후기와 같은 안정된 교린관계는 아니었다고 할 수 있다.

그러나 간과해서 안될 것은 16세기 중엽 명의 약체화를 계기로 사헌부·사간원 관리들의 사대외교 비판을 배경으로 일본인 표류민 문제를 중국과 분리해서 취급

후에는 별도로 중국에 사은사를 보내거나 동지·성절사가 중국에 가는 길에 송환에 관한 감사의 뜻을 전해야 했다(『明宗實錄』 권13, 7년 1월 3일 병술). 사은한다는 것은 감사하다는 국왕의 표문 및 왕세자의 전문 작성에서부터 예물까지를 준비해야 하는 번거롭고 비용이 드는 일이었지만 거의 항례에 가까웠으며, 명이 귀찮게 여기더라도 해야 했다. 이에 비해 의주에서 표류민의 신병을 인수받는 경우에는 굳이 사은사를 파견할 필요는 없었다. 승문원으로 하여금 의주목사의 답신을 작성하여 서로 문서를 교환한 후에는 조선인 표류민의 신병을 인도받을 수 있었다(『明宗實錄』 권2, 즉위년 10월 21일 경술). 이 경우 의례와 비용절감 효과가 있었기 때문에 조선에서는 오히려 이를 선호하는 경향이 있었다. 명과의 경우 조선은 사대관계에 있었기 때문에 표류민을 송환해 올 때 사은사를 파견해야 하는 등, 조선측의 경비가 많이 들어가는 부분이 있더라도 儀禮 차원에서 대응이 문제가 되었다고 생각된다.

하면서 일본인 표류민의 항구적인 송환 계기가 마련되었다는 것이다. 물론 비변사의 정국 주도로 왜곡 운영됨으로써 조선후기에 비해 불안정한 것이었지만, 임진왜란에도 불구하고 표류민의 상호 송환이 교린의 방법으로 자리잡을 수 있었던 것은 조선전기에 송환을 서로 약조로서 조인한 적은 없으나 이미 이러한 송환관행이 존재했었기 때문이라고 생각된다.

<표 2> 조선전기 조선인의 일본 표착과 송환

번호	송환년도	표류민 및 출신지	표착지	송 환 자	인솔자 및 사자	기타
1	1408(태종 8)	통신부사 李藝		大內殿(盛見)		
2	1424(세종 6)	민 12명		肥州田平寓鎭海州太守 源省後室融仙	熟使 (金)源珍	
3	1425(세종 7)	張乙夫 등, 평해인 10명		石見州長浜因幡守		
4	1444(세종 26)	金目		肥前州太守源義	牛丹都老	
5	1448(세종 30)	莫金, 제주인	五島	五島宇久守源勝	사역원판관 皮尙宜	
6	1451(문종 1)	万年·丁祿, 제주인				
7	1453(단종 1)	조선국 인민	琉球	琉球國中山王尙金福	使 道安	
8	1453(단종 1)	李金金 등 7명 제주인		關西路薩隅日三州太守 源(島津)貴久	人	
9	1455(단종 3)	朴元生		對馬島主 宗成職	對馬島敬差官僉知中 樞院事元孝然	
10	1455(세조 1)	我漂流人		司直 源茂崎		
11	1456(세조 2)	본국 표류인구		對馬島主 宗成職·宗貞國		
12	1457(세조 3)	표류인	五島	五島 宇久守源勝		
13	1460(세조 6)	통신사 宋處儉의 선군 韓乙		對馬州太守宗成職守護代官 宗右馬助盛直	皮古汝文	
14	1460(세조 6)	표류인		對馬州上津郡迫浦平朝臣 宗伯耆守茂次	宗伯耆守茂次	
15	1460(세조 6)	표류인		豊後州日田郡太守源朝臣國光		
16	1463(세조 9)	표류인, 제주		왜인 三未而老等	왜인 三未而老等	
17	1464(세조 10)	표류인 4, 김해		宗伯耆守茂次		
18	1467(세조 13)	金石伊·僧性淡		京極京兆尹江岐雲三州刺史住 京極佐佐木氏兼大膳大夫源生道	人	
19	1467(세조 13)	표류인		筑前州筥崎津寄住臣 藤原孫右衛門尉安直	使	
20	1467(세조 13)	표류인		筑前州筥崎津寄住臣 藤原兵衛大郎直吉		
21	1467(세조 13)	표류인		冷泉津布永臣平与三郎重家		
22	1467(세조 13)	표류인		肥後州大將軍大橋源朝臣政重		
23	1468(세조 14)	표류인		(周防州)富田津代官源朝臣盛祥	使	
24	1471(성종 2)	표류인		長門州赤間關鎭守高石藤原忠秀	使	
25	1474(성종 5)	귀국 僧 등 39명		對馬州太守宗貞國 長門州三島尉田原貞成	僧 其小只 使 要溫而老	
		僧徒 20명		肥前州下松浦 五島宇久守源勝	人	
		僧徒 5명		五島鳴州源繁	人	
26	1475(성종 5)	표류인 3명		倭中樞信重	使 新衛門	
27	1486(성종 17)	제주 상선 僧 斯湜 등, 9명		一岐州居住本城源一 大智賀島守護兼尾州太守源幡		
28	1487(성종 18)	金自貞, 10여명		(대마도주)	(平茂續)	

	송환년도	표류민 및 출신지	표착지	송환자	인솔자 및 사자	기타
29	1501(연산군7)	內贍寺노비 張廻伊, 제주		平順治	使 送而羅多羅	
30	1514(영정 11)	東萊 3명 梁山 2명 大丘3명 (唐人 8)			使 四郎右衛門尉 (經實)	
31	1514(중종 9)	표류자			酒文愁戒	
32	1515(영정 12)	唐人			いなのえびね治部尉	
33	1515(중종 10)	표류인		對馬島主宗盛順		
34	1515(중종 10)	표류인		豊崎守盛俊		
35	1525(중종 20)	조선인 9명	五島	일본국 사자	대마도	僞使
36	1525(중종 20)	조선인	平戸			
37	1534(중종 29)	표류 조선인		왜인 平成允		
38	1536(중종 31)	어부 김공 등 14명, 제주	一岐			도망
39	1536(중종 31)	11명, 제주인		日本古東島太守親忠	사자	
40	1540(중종 35)	裵万代 등, 보성인	一岐		(대마도)	
41	1540(중종 35)	강연공 등, 4명 제주인	五島	五島	五島	
42	1557(명종 12)	조선여성 福藏		대마도주 宗盛長		
43	1587(선조 20)	4명, 제주도민	대마도	대마도주		
44	1587(선조 20)	제주도민		대마도주		
45	1591(선조 24)	9명, 울산인	대마도			

* 위의 표는 關周一씨의 「15世紀における朝鮮人漂流民送還體制の形成」(『歷史學研究』 617, 1991)의 <표 1 : 日本からの朝鮮人漂流民の送還>을 바탕으로 1515년 이후의 사례를 보충하여 가공한 것임.

<표 3> 조선전기 일본인의 조선 표착과 송환

번호	송환년도	표류민 및 출신지	표착지	송환여부	기 타
1	1436(세종 18)	왜인 태랑좌위문 등, 15명	울산		송환을 결정했으나 행방 불명
2	1440(세종 22)	대마도인 표온고로 등, 6명	장흥 (전라도)	○	
3	1443(세종 25)	一岐인	제주		왜적 행위
4	1443(세종 25)	왜인 파선익사		○	생존자 송환 결정
5	1454(단종 2)	중국 경유 왜선 1척	내예표	○	
6	1469(예종 1)	대마도 왜인, 7명	전라도		
7	1478(성종 9)	명에서 귀국하는 일본선	제주 대정현	○	
8	1554(명종 9)	왜인	제주		송환 논의
9	1559(명종 14)	왜인	원산도		왜선의 송환 약속

* 『朝鮮王朝實錄』

近世 國際關係論과 漂流民送還體制

荒野泰典

1. 근세 표류민 송환체제의 시점

필자가 표류민에 관해「近世日本の漂流民送還體制と東アジア」라는 논문을 썼던 것은 1983년의 일이었다(荒野, 1983 b). 그 논문에서 나는 종래의 시점이었던 해외 정보 창구로서의 표류민 체험에서 벗어나, 표류민이 동아시아 諸國 상호간에 송환 되는 체제, 그 자체에 관심을 가지고 있었다. 즉, 근세의 표류민이 어떠한 수속을 거쳐 송환되고 있었으며, 그 배후에는 어떤 체제가 국내적·국제적으로 성립하고 있었는가라는 시점에서 日朝·日琉·日中의 삼국관계에 대해 검토한 것이었다.

이 논문에 대한 일본에서의 평가는 다음과 같은 藪田貫씨의 문장이 가장 솔직하 고 우호적인 것으로 생각된다. 藪田씨는 大阪과 畿內를 필드로 하여 근세 지역사와 여성사 등의 연구에 의욕적인 성과를 발표하고 있는 것으로 널리 알려져 있으며, 關西大學의 동서학술연구소의 멤버로서 표착 唐船의 자료집간행에도 참여하고 있 다. 同氏가 江戸時代의 표착선에 관심을 갖게 된 최초의 계기가 필자의 논문이었다 라고 한다(藪田, 1997). 이 논문은 同氏에게 일종의 컬쳐 쇼크였다. 왜냐하면 同氏는 표류라는 것은 죤 萬次郎과 大黑屋 光大夫와 같이 예외적인 사건이라고만 생각하고 있었기 때문이다. 그런데, 실제로 표류라는 것은 일상적으로 일어나고 있는 사건이 었으며, 일본과 국제관계를 맺고 있던 여러 국가들 사이에는 항상적으로 표류민을 송환할 수 있는 체제가 성립하고 있었다. 일본과 조선 중국의 많은 표류민들이 그 시스템을 통해 상호 송환되고 있었던 것이다. 萬次郎과 光大夫가 귀국하기 위해 체 험한 고통은 당시의 일본이 외교관계를 가지고 있지 않았던 국가와 지역에 표착하 였기 때문이며, 안정된 송환체제가 형성되고 있지 않았기 때문이다. 이러한 史實로부터 同氏는 근세 일본을 「鎖國」이라고 하는 종래의 통념은 재검토되지 않으면 안된다고 필자의 제언에 찬성하고 있다(藪田, 1990).

1960년대 말에 朝尾直弘씨가 "근세 일본의 구조적인 특질은 兵農分離・石高制・鎖國의 세 가지 요소로부터 형성되고 있다"라고 이론적으로 정리하였는데, 그것이 근세사 연구자들 사이에는 넓게 수용되어 왔다. 藪田씨가 "농촌관계를 연구하고 있던, 도시를 연구하고 있던, 대외관계를 연구하고 있던, 이 세 가지를 정리해 두면 전체적으로 근세라는 사회와 국가를 고찰할 수 있다고 생각하였습니다" 라고 말한 바와 같이, 필자도 「鎖國」이 근세사 연구 속에서 그러한 위치를 부여받고 있는 것에 용기를 얻어, 대외관계사 연구를 계속해 왔다. 그러나, 근세 대외관계의 실태를 점점 알게 될수록 종래의 「鎖國」이라는 말에는 정리될 수 없는 사항들이 많지 않은 가라고 생각하게 되었다. 표류민 송환체제도 그러한 史實중의 하나였다. 말할 것도 없는 것이지만, 시대가 변하면서 역사 연구자들의 문제의식도 변하여 역사도 그 이전과는 다른 시점에서 보게 되었다. 새로운 문제점도 깨닫게 되었다. 이러한 문제는 당연한 것이지만, 종래의 틀 속에서는 전혀 해결할 수 없다. 때문에 우리들은 종래와는 다른 근세사의 틀을 만들어 가고 있는 것이다. 이것은 藪田씨의 논지이기도 하다. 환언한다면, 필자의 「鎖國」에 대한 再考論도 80년대에서부터 90년대 사이에 걸쳐 큰 변화를 보이고 있는 근세사 연구동향의 일부분이었다라고 본다.

그러나, 이러한 호의적인 의견이 있는 반면, 표류민 송환도 「鎖國」 개념에 이미 포함되어 있는 것으로 파악해, 「鎖國」 개념의 유효성을 변함없이 주장하는 사람들도 있다. 예를 들면, 佐々木潤之介씨는 「鎖國制」하에, 長崎 이외에도 對馬・松前・薩摩에서의 대외관계가 있었으며, 표류민 송환과 난파선 원조 등에 의한 교류 등이 있었다는 것은 "이전부터 명확히 설명되고 있었던 것으로, 이러한 의미에서 鎖國이라는 것은 江戸時代의 일본 고유의 세계사적인 위치 부여를 총칭하는 용어" 이므로 그 어떤 문제도 없다 라고 한다(佐々木, 1996). 佐々木씨는 확실하게 존재하고 있던 대외관계와 그 속에서의 교류를 포함해 「鎖國」이라고 부른다라고 한다. 그러나, 이것은 흑색을 백색이라고 설득하려는 것은 아닌가? 필자는 「鎖國」이라는 말에 위와 같은 실태를 포함시키는 것에 무리가 있다고 판단하여 「華夷秩序」와 「海禁」이라는 對概念으로 근세 일본의 대외관계에 대한 재구성을 제안한 것이며(荒野, 1983), 도저히 이러한 주장에는 찬성할 수 없다. 말에는 그 말 본래의 의미와 내용, 어감이 갖추어져 있는데, 그것이 이제는 일개 연구자의 자의적인 定議마저도 넘어서고 있다. 아직까지도「鎖國」은 말 그대로 나라를 폐쇄하는 것이라고 생각하는 일본인이 많다(아마 한국도 사정은 같지 않을까 라고 생각함). 당시의 실태가「鎖國」이라는 말 그대로의 의미가 아니라는 것을 알고 있는 것은 근세사 전문가와 그 주변의 극히 소수의 사람들에 지나지 않는다. 실태를 파악한 위에, 그것을 보다 정확하게 전달할 수 있는 용어를 준비하는 것이 연구자의 사회적 책임일 것이다.

지면관계상「鎖國」개념의 문제점에 대해 더 이상 언급을 하지는 않겠지만, 우선 여기에서는 표류민의 송환체제에 대해서 생각해 보도록 하겠다. 이것을 통해서 우리는 근세 동아시아 국제관계의 일상적인 모습을 볼 수 있는데, 이에 본고도 藪田씨가 명확하게 위치를 부여한 바와 같이, 새로운 근세사상을 구축하기 위한 시도의 일환이라는 측면에서 그것을 확인하는 것에 그치도록 하겠다.

2. 근세 국제관계론과 표류민 송환체제

「鎖國」개념에 대응하여「海禁・華夷秩序」라는 對概念의 사용을 제안하기 시작했을 무렵 필자는「鎖國」개념의 문제점에 몰두하고 있어,「海禁・華夷秩序」론의 가능성을 충분히 자각하고 있지 못했다. 그 점을 명확하게 하지 못한 것이「海禁」은「鎖國」의 단순한 환언에 불과하다라는 오해(山本, 1987)를 일으킨 큰 원인이 되었다. 본장에서는 우선「海禁・華夷秩序」론이 무엇을 의도하고 있는가라는 문제부터 출발해 보겠다.

우선 첫째로,「海禁・華夷秩序」論은 종래의「鎖國」이라는 호칭하에 행해지고 있었던 議論를 보다 정밀하게 전개하기 위한 작업의 한 가설이다. 따라서 이것은 근세 일본이 개방되어 있었는가, 폐쇄되어 있었는가 라는 議論이 아니다. 만약,「開・鎖」라는 관점에 치중한다라면, 이 체제에 의해 무엇이 개방되어 있고, 무엇이 폐쇄되어 있었는가, 또 그것은 어떠한 논리에 근거하고 있는가, 라는 사정에 대해서 보다 구체적이고 논리적으로 살피기 위한 가설이라는 것이 된다. 朝尾씨의 논리적인 정리 이후,「鎖國」이라는 용어는 덕천막부에 의한 대외관계의 편성과 제한이라는 두 개의 상반된 요소를 지니게 되었다. 朝尾씨의「鎖國」論의 특징은 종래의 대외관계의 제한이라는 견해에 대외관계의 편성이라는 요소를 가미한 점에 있다. 그것은 분명히 근세 대외관계의 연구에 새로운 가능성을 열어 주었으며, 앞에서도 언급하였지만, 필자도 그 은혜를 받은 사람중의 한 명이다. 그런데, 그것은 동시에 「鎖國」이라는 말에 새로운 혼란을 불러일으키게 되었다. 본래는 '관계를 닫는다'라는 의미의 말에 전혀 정반대인 '관계가 있다', 또는 '편성한다'라는 내용을 포함시키고 있기 때문이다. 용어에 대한 의미의 자의적인 확장이라는 田中씨의 비판도 빗나간 것은 아니다(田中, 1976). 그러나, 이 「鎖國」이라는 체제의 특징중의 하나는 일견 상반되는 두 개의 요소가 조합되어 편성되고 있다는 것에 있다. 두 개의 요소중에서 제한에는 「海禁」, 편성에는 「華夷秩序」라는 호칭을 부여해, 각기의 요소와 그것들의 조합방법에 대해 엄밀한 고찰을 해보려는 것이 필자의 입장이다.

둘째로, 각자의 요소에 호칭을 부여할 때, 동아시아라는 「공간」의 규정성을 염두에 두고 동아시아 諸國간의 비교를 생각해 본다는 것이다. 「鎖國」論의 또 다른 특징의 하나는 근세 일본의 구조적 특질을 구성하고 있다는 점에 있다. 다시 말하면, 그것은 다른 어느 곳에서도 볼 수 없는 일본 독자적인 것이다라는 견해에 근거하고 있다. 그러나, 사실이 정말 그러한가? 대외관계의 제한이라는 방법에 대해서는 그 이전부터 田中健夫씨가 주장하고 있는 바와 같이 德川幕府의 독자적인 것이 아니라, 동아시아 국제사회의 전통에 준거한 것이었다(田中, 1975). 그것에 대해서는 필자도 구체적으로 검토해 본 적이 있다(荒野, 1987). 소위 「鎖國」정책의 특징으로서 들 수 있는 것은 거의 예외없이 중국 · 조선에서도 볼 수 있다. 예를 들면, 山本博文씨는 엄중한 연안경비체제를 근세 일본 「鎖國」에 대한 특징의 하나로 보고 있는데(山本, 1995), 그 체제가 형성된 동기와 엄중한 정도, 담당자들 각자에 특징이 있기는 하지만, 연안경비체제 그 자체는 동아시아 국가들에서도 보편적으로 보여지고 있는 것이다.

대외관계의 편성에 대해서도 마찬가지이다. 자기를 중심으로 해서 대외관계를 位階制的으로 편성하는 것을 필자는 「華夷秩序」라고 부른다. 그것은 중국의 왕조, 예를 들면 명왕조에 전형적으로 보여지는 것인데, 그러한 志向은 일본 · 조선 등에게도 공통적으로 보이고 있다. 그것을 他文化보다 자기의 문화가 우월하다라고 믿어 버리는 것(에스노센트리즘)에 근거하는 것이라고 생각한다면, 그것은 국가를 형성하는 데까지 이르지 못한 소수민족까지도 마찬가지로 가지고 있는 의식이라고 볼 수 있다. 에스노센트리즘을 모체로 해서 성장한 국가의식이 華夷意識, 또는 華夷主義이며, 그것에 근거해 대외관계를 편성하여 완성된 것이 華夷秩序이다. 그것이 어떠한 형태를 취하고 있던 尊大한 자존의식이라는 점에서는 공통하고 있다. 따라서 대민족의 우월성 앞에 엎드려 있는 것 같이 보이는 소수민족에게도 스스로의 존엄을 자부하는 의식은 있다. 그것을 전제로 새롭고, 또 다른 역사적 국면이 있을 것이라고 필자는 생각하고 있다(荒野, 1987). 또 다른 하나는 실용주의적인 설명 원리의 측면이 있다. 국가와 민족은 각기 「華夷意識」을 가지고 있지만, 그것에 근거한 「華夷秩序」를 자유롭게 설정할 수 있다는 의미는 아니다. 각기의 국가가 처해진 국제적인 조건과 스스로의 華夷意識을 調整해 가며, 각자가 모순되지 않는 관계를 설정해 나간다. 보다 현실적으로는 제3자를 매개하여 간접적으로 관계를 유지하고, 국가권력이 개입하지 않은 민간 레벨의 관계라는 것이다. 어느 경우에라도 그것에 부응해 설명되어질 수 있다는 점에 「華夷秩序」의 또 다른 성격의 하나를 볼 수 있다. 「華夷秩序」는 일원적인 통치원리라고 하기보다는 間接的, 朝貢的, 나아가서는 對等的인 통치원리 등을 포함한 복합적이고 추상적인 통치원리이며, 「中華主義」는 정책의 목적이라기보다는 오히려 결과를 정당화하는 논리로서의 기능을 가지고 있기 때문이다(浜下, 1987). 필자가 상정하고 있는 日本型 華夷秩序에 이 두 가지의 요소가 갖추어져 있다는 것은 말할 것도 없는 것이다.

　이렇게 「鎖國」이라고 불려져 일본적 특질의 하나로 간주되었던 것을 해체시켜 각기를 동아시아 국제사회 속에 두고 보면, 근세 일본의 경우도 「海禁・華夷秩序」에 의한 국가의 상태라는 점에서는 공통하고 있다는 것을 알 수 있다. 그러나, 각 국가의 「海禁」과 「華夷秩序」는 조금씩 차가 있는데, 예를 들어 같은 海禁이라도 세부적인 면을 본다면 각기 차이를 보이고 있다. 이것을 비유적으로 말한다면 형제가 같은 핏줄이면서도 각자가 개성을 가지고 있는 것이라 할 수 있다. 필자는 각기의 「海禁」과 「華夷秩序」의 비교연구가 필요하다고 생각하고 있는데, 이러한 작업에 의해 유럽, 이슬람세계 등과의 공통성과 차이를 파악할 수 있으며, 나아가서는 국가와 민족 그 자체도 인류사라는 차원에서 파악할 수 있지 않을까 생각한다.

　셋째는, 근세 일본(근세뿐만이 아니라 일본사 전체라고 볼 수 있지만)의 역사를 一國史的인 관점에서 벗어나 동아시아라는 지역을 매개로 지구 규모의 세계와의 관계성에서 전개해 왔다고 보는 것이다. 일찍이 「鎖國」이라고 불려져 왔던 근세도

해외를 향한 「4개의 창구」가 열려져 있었으며, 그 창구를 통해 물건과 정보는 일상적으로 출입되고 있었고, 시간이 지남에 따라 사람들도 왕래하게 되었다. 海禁에 의해 그러한 관계는 국가의 감시와 통제하게 있었지만, 물건과 정보의 유통에 의해 일본 사회는 변화하고, 해외와의 관계·유통도 변화해 갔다. 물론, 그 변화가 근대만큼 급격한 것은 아니었지만, 확실히 변하고 있었으며, 그 의미에서 일본열도는 분명히 동아시아와 그 주위를 둘러싸고 있는 세계와의 관련성 속에서 발전할 수 있었다. 그러한 상태가 근세만이 아니었다는 것은 말할 것도 없는 것이다. 전근대 일본열도의 역사는 아시아, 특히 동아시아라는 지역에 매개되어 지면서 세계의 역사와 상호 규정적으로 전개되어져 왔던 것이다. 필자는 시리즈 『アジアのなかの日本史』(Ⅰ~Ⅵ)를 편집했을 때, 같은 편집위원이었던 石井正敏·村井章介 양씨와 함께 그 양상을 역사적으로 개관한 적이 있다(荒野·石井·村井, 1992). 그 작업을 통해서 새롭게 확인된 것은 일본열도와 세계와의 일상적인 관련성을 부각시켜야 된다는 필요성과 그것을 방법론의 축으로 하는 국제관계론의 필요성이다. 근대 이후에는 국제관계론이 있는 것과 같이 근세에는 근세의 국제관계론이 필요하다.

　근세 동아시아 국제관계론의 기본적인 시점은 다음의 두 가지가 있다. 첫째는 동아시아 국제체계이다. 이것은 근대 유럽이 탄생하여 현대의 국제사회에서도 지배적인 서양적인 국제체계와는 커다란 양상의 차이를 보이고 있다. 서양의 국제체계는 일반적으로 國家主權·國際法·勢力均衡이라는 세 가지 점을 기초로 하고 있다고 말해지고 있다(齋藤, 1987). 그것에 대해 동아시아의 국제체계는 중국과 주변제국에서 형성되는 「華夷秩序」(메인 시스템), 그리고 주변제국 상호관계(서브 시스템)의 복합으로 이루어지고 있다. 이 주변 諸國이 나아가서는 독자의 「華夷秩序」를 설정하는 경우도 있다. 그 구성원이 반드시 국가에 한정된 것은 아닌데, 국가를 형성하고 있지 않은 존재, 예를 들면 소수민족간 대우의 차이는 뚜렷하게 남아있다. 또 지역과 국가에 의해 복수의 「華夷秩序」에 포섭되는 경우도 있는데, 바로 日中간의 琉球와 日朝간의 對馬 등의 경우이다. 조약 내지는 관습법과 같은 것이 있었지만, 국제법이라 할 수 있을 정도로 성숙되지는 못했다. 그러나, 이 문제를 생각해 볼 때, "일정의 역사적인 조건하에서는 東西洋를 구분하지 않더라도 어느 한 지역의 국제관계는 극히 유사하게 구성되어 있다."라는 浜下씨의 지적(浜下, 1989)은 명기해 두고 싶다. 또 이들의 복합적인 시스템이 전체적으로 이 지역의 질서와 평화를 유지하기 위한 집단적인 안전보장의 시스템으로서 기능하는 것을 구성원이 기대하고 있는 것은 거의 틀림없는 것일 것이다(荒野, 1994a). 그 구심성을 바쳐주고 있는 것은 중국의 압도적인 경제적·문화적인 우위였지만, 주변제국의 경제적·정치적인 성장과 자립화에 동반되어 그 구심성이 약화되어 가는 것이 근세 동아시아 국제관계에서 중요한 주류의 하나였다고 말할 수 있다(荒野, 1988).

또 다른 하나의 요소는 지역의 일반인들과 국가를 형성치 못한 사람들(소수민족) 등에 의해 구성된 국가를 매개하지 않는 넷트웍의 존재이다. 이것은 지역간 교류라고 환언해도 좋을 것이다. 국가 성립 이전부터 지역간의 교류는 존재하고 있었다. 그러나, 국가가 성립되면서 그 이전에 존재하고 있던 지역간의 교류를 분단시키거나, 또는 그들을 범주에 포함시켜 영역 밖과의 관계(대외관계)를 독점하게 되었다. 이 때에 대외관계를 둘러싼 국가와 지역(지역민을 포함해)과의 관계는 역전된다. 그리고, 이 역전을 정당화하기 위해 국가는 "人臣에게 외교는 없다" 라는, 다시 말하면 외교권은 국왕에게만 소유된다라고 선언한다. 그러나, 이 역전은 반드시 폭력적으로 행해진 것은 아니며, 어떠한 형태로든 「人臣」(지역민들)의 합의를 수용하면서 행해졌다고 본다. 거기에는 「人臣」이 국가에 위탁하는 형태가 있었음에 틀림없다. 그런데, 그렇다 하더라도 대외관계를 둘러싼 양자 사이에 모순이 해소될 수는 없었다. "人臣에게 외교는 없다" 라는 동아시아의 전통적인 이데올로기는 그 역전을 정당화하는 것이었다(단지, 절대주의 시대의 유럽에서도 외교는 「國王大權」이었다는 것에 注意). 海禁은 그 이데올로기에 유지되는 동시에 그것을 실현하기 위한 정책, 다시 말하면 국가가 대외관계를 독점하기 위한 정책이었던 것이다. 이러한 이데올로기와 정책 그 자체가 대외관계를 둘러싼 국가와 「人臣」 사이의 심각한 대항관계 내지는 모순이 존재하고 있었다는 것을 보여주고 있다. 그 모순 때문에 국가는 사람들(人臣)의 위탁에 부응하여 대외관계를 독점하는 것에 대한 정당성을 명확히 보여주지 않으면 안되었다. 환언하면, 「人臣」의 존재와 그들 자신에 의한 넷트웍, 즉 좁은 의미에서의 국제관계를 현실화시키는 것이다(荒野, 1994a). 그 넷트웍의 편성원리이며, 동시에 그 결과이기도 한 것이 상술한 첫 번째의 요소, 다시 말하면 동아시아의 국제관계이다.

3. 近世 동아시아의 國際關係論과 漂流民送還體制

근세 동아시아의 漂流民 송환체제를 검토하는 것은 근세동아시아의 국제관계가 일상적으로 어떻게 기능하고 있었던가를 보는 것과 관계가 있다. 필자가 충분히 자각하지 못했더라도 위에서 서술한 논문에서 의도하였던 것은 그것이었다. 그와 동시에 표류민 송환 그 자체의 연구에서는 국가의 역할을 너무 강조하는 등 몇가지 약점을 갖는 원인도 되었다(池內, 1998). 그러나 여기에서는 다소 필자 자신의 意圖에 중심을 두고 싶다. 필자가 위에서 서술한 논문 중에서 표류민 송환체제의 검토로부터 이끌어낸 근세 동아시아 국제관계론에 관한 주요 논점은 다음의 5가지이다.

우선 첫째로, 표류민 송환체제에 보이는 국제관계의 역할이다. 필자는 표류민의 보호·송환이 체제적으로 성립한 이유의 조건을 두 가지 들었다. 하나는 국가권력이 통치권이 미치는 범위내에서의 대외관계를 장악·통제하려는 체제가 성립하고 있다는 점이며, 다른 하나는 국가가 상호간 표류민의 송환을 실현하기 위한 국제관계가 존재하였다는 것이다. 즉, 어떤 국가권력이 영역지배를 실현하고, 또한 주변 諸國과의 사이에 안정된 관계를 맺고 있는 것이 상호간 漂流民을 송환할 수 있게 하는 전제조건이었다는 점이다.

둘째로, 근세 日本의 국제관계(日本型華夷秩序)에 各國의 위치 부여와 각 나라의 표류민 취급과의 대응관계이다. 구체적으로 말하면, 조선·琉球를 「通信國」, 中國·네덜란드를 「通商國」이라고 하는 格을 지운 것에 의하여 표류민의 취급이나 송환비용의 부담 등 대우가 결정되고 있다. 예를 들면, 조선의 표류민 송환비용은 일본측의 부담이었던 반면, 중국·네덜란드인의 경우는 그들 자신이 부담하도록 하고 있다. 또한 송환의 의미 부여에서도 차이점은 보여진다. 「通信」의 관계에서는 기본적으로 互惠의 관계이기 때문에 그것에 걸맞게 송환후에 상호간의 답례인사가 있다. 그에 비하여 「通商」관계에 있는 나라에서는 일본에서의 보호와 송환이 德川政權의 은혜이며, 비용에 있어서도 위에서 서술한 대로이다. 日本人이 송환되어 졌던 경우는 송환한 네덜란드인이나 중국인의 「奉公」으로 취급되며, 표류민의 식료와 송환하는 사람들에 대한 수당이 쌀로 지급되어졌다.

셋째로, 근세 일본의 「4개의 창구」가운데 長崎의 특권적 지위이다. 표류민들은 원칙적으로 長崎에 모여져, 거기에서 長崎奉行의 체크를 받고 송환되어 진다. 이 수속은 대외관계를 총괄하는 입장에 있는 德川幕府의 권한을 단적으로 표현하고 있다. 대외관계의 모든 면에 관여하는 존재는 德川幕府 뿐이며, 다른 3개 창구의 領主들은 자신이 지배하고 있는 곳에 대해서 독점적으로 취급하는 것이 가능하였지만, 그 이외의 관계에 있어서는 다른 領主들과 마찬가지로 소외되었다. 결국 다른 「人臣」과 동등한 입장이었다.

넷째로, 표류민의 보호·송환을 실현하였던 국가의 국제적·국내적인 정당성의 확보와 유지이다. 무사히 귀환할 수 있었던 일본인의 德川政權에 대한 의식은 1668년에 巴旦島에 표착하여 고난 끝에 겨우 자력으로 五島까지 당도하였던 尾張回船의 승무원들의 진술에 잘 나타나고 있다. 그들은 「天照大神님의 은총」이라고 「上樣」(德川將軍)의 「威光」을 찬양하고 있다. 한편, 보호·송환하였던 외국의 표류민에 대해서는 그들의 본국에서의 위치에 따라 대우함으로써 스스로의 「華夷秩序」를 구체화하였다. 그 보호에 대하여는 琉球의 謝禮使節이나 후에 서술할 네덜란드의 (브레스겐스)號의 경우(1643년)처럼 의도적으로 謝恩의 特使(실제는 僞使)가 연출된 일도 있었다(헤스링그, 1998).

다섯 째는, 표류민 송환 루트로서의 國際關係網의 허술함이다. 근세 동아시아의 국제관계를 커버할 수 있는 나라나 지역의 범위는 한정적이다. 그 국제관계망에서 벗어난 나라나 지역의 사람들은 기본적으로 송환되지 못하였지만, 간혹 송환된다고 하더라도 열악한 대우를 받는 경우가 많았다. 그러한 사례로서는 1653년에 조선에 표착한 네덜란드船 스페르웨르號의 경우가 대표적이다. 이 경우는 억류되어졌던 네덜란드인의 일부가 도망에 성공하여 五島에 漂着하였기 때문에 억류 사실이 일본측에 알려지고, 德川政權은 네덜란드인을 비호하는 입장에서 잔류하고 있는 네덜란드인의 인도를 요구하여 결국은 생존자 전원의 송환이 실현되었다.

그러나, 이것은 행운스러운 사례이며, 일본에 표착하였더라도 어디로 보내어 질 것인가가 불분명한 채로 長崎에 幽閉되어져 생애를 마감하는 사례도 종종 있다. 조선에서도 스페르웨르號 이전에 표착하여 결국은 그곳에서 생애를 마감한 朴燕과 같은 사례가 있다. 이러한 송환체제의 허술함 때문에 근세 후기에 이르러, 날로 증가하는 상호간에 체제 밖의 漂流民에 대처하지 못하고(예를 들면, 일본인 표류민의 송환거부나 미국 포경선 승무원에 대한 가혹한 처우 등) 심각한 사태(페리 來航 등)

를 맞이하게 되었다는 것은 잘 알려져 있다.

  그 밖에도 다음과 같은 새로운 두 가지 점을 추가하고 싶다.

  하나는 표류민 송환이라고 하는 사건을 통하여, 각 국가에 있어서의 국제관계의
필요성을 이해할 수 있다는 점이다. 표류는 「國民」의 일상생활 가운데 보통 일어나
는 사고의 하나이지만, 「國民」의 생업에 대해서 책임을 져야할 국가로서는 원상 회
복을 위한 시스템을 갖추고 있지 않으면 안된다. 그러나, 표류는 자신의 영역을 넘
어서는 곳에서 일어나는 사고이기 때문에 그 해결(송환)을 위해서 표착한 국가와의
협력관계가 필요하다. 게다가 그것을 해결할 수 있는가, 아닌가에 국가의 위신이
걸려 있다. 따라서 이 조건의 해결을 위해 국가는 상호간에 협력하려고 하였던 것
이다. 앞서 「人臣」 레벨의 넷트웍의 가능성이 국가의 넷트웍을 구조화시킨다라고
서술하였는데, 역사 속에서 구체적으로 본다면, 倭寇나 밀무역 등과 함께 표류도
狹義의 국제관계를 필연화시키는 밑에서부터의 힘이 작용하고 있다라고 생각되어
진다.

  또 하나는 「漂流」·「漂着」이라고 하는 용어는 상당히 폭넓은 내용을 가지고 편
리하게 쓰여지고 있어, 사건을 복잡하게 하지 않게 하기 위하여 「漂流」·「漂着」으
로 처리되는 경우도 종종 볼 수 있다는 점이다. 구체적인 예를 들면, 네덜란드 선박
인 브레스겐스號의 南部 표착사건 등이 그것에 해당한다. 이 선박은 金銀島 탐색을
위해 일본 근해를 항해하던 중에 폭풍우를 만나 僚船(항해를 같이 하는 다른 배)에
서 떨어지게 되었고, 땔감과 물의 보급을 위하여 南部의 山田浦(岩手縣 下閉伊郡 山
田町)에 입항하여 식료 등의 조달을 위해 선장 이하 10명이 상륙하였다가 모두 체
포되었다(1643년). 이 사건은 같은 해에 크리스트교 선교사의 密航事件이 있었기 때
문에 해결에 어려움이 많았지만, 결국 선장 등은 끝까지 폭풍우에 의한 표착이며,
선교사 입국에 대한 협조나 일본연안에 대한 정찰을 행하려는 의도가 없었다는 것
을 서약함으로써 출국이 허가되었다.

參 考 文 獻

荒野太典,「日本の鎖國と對外認識」,『歷史學硏究別册』, 1983.(후에『近世日本と東ア
　　　ジア』에 수록)(1983a)

_____,「近世日本の漂流民送還體制と東アジア」,『歷史評論』400號, 1983年.(후에
　　　『近世日本と東アジア』에 수록)(1983b)

_____,「國際認識と他民族觀-「海禁」「華夷秩序」論 覺書-」,『現代を生きる歷史科學』
　　　2, 大月書店, 1987.

_____,『近世日本と東アジア』, 東京大學出版會, 1988.

_____,「近世の對外觀」,『岩波講座日本通史』第13卷 近世3, 岩波書店,
　　　1994(1995a).

_____,「東アジアの華夷秩序と通商關係」, 歷史學硏究會編『講座日本史1』, 東京大
　　　學出版會, 1994.(1994b)

_____,「東アジアのなかの日本開國」, 田中彰編『近代日本の軌跡1 明治維新』, 吉川
　　　弘文館, 1994.(1994c)

荒野泰典・石井正敏・村井章介,「時期區分論」, 同編『アジアのなかの日本史』Ⅰ アジ
　　　アと日本, 東京大學出版會, 1992.

池內敏,『近世日本と朝鮮漂流民』, 臨川書店, 1998.

加藤榮一,「ブレスケンス號の南部漂着と日本側の對應」,『日蘭學會會誌』14-1, 1989.

齊藤孝,「西洋國際體系の形成」, 有賀貞他編『講座國際政治』1 國際政治の理論, 東京大
　　　學出版會, 1989.

佐々木潤之介,「東アジア世界と鎖國」,『中世史講座』11, 學生社, 1996.

田中健夫,『中世對外關係史』, 東京大學出版會, 1975.

_____,「鎖國について」,『歷史と地理』255號, 1976. 후에 同氏의 저서『對外關係史
　　　と文化交流』(思文閣出版, 1982)에 수록.

浜下武志,「東アジア國際體系」, 有賀貞他編『講座國際政治』1 國際政治の理論, 學生

社, 1989.

藤木久, 『豊臣「平和」令と戰國社會』, 東京大學出版會, 1985.

ヘスリング.レイニーア, 『オランダ人捕縛から探る近世史』, 山田町敎育委員會, 1998.

藪田貫, 「變わる近世史像」, 『歷史科學』120, 1990. 후에 『女性史としての近世』(校倉書房, 1996)에 수록.

_____, 「寬政十二年遠州漂着唐船萬勝號資料－江戶時代漂着唐船資料集六－」, 關西大學出版部, 1997.

山本博文, 『寬永時代』, 吉川弘文館, 1989.

표류·표착의 지역적 특성과 그 현재적 의의

정성일

1. 머리말

최근 韓·日 海域에서의 漂流·漂着과 漂流民에 관한 연구가 한국과 일본 학계에서 적지 않은 관심을 끌고 있다. 표류민에 대한 이러한 학술적 관심의 배경에는 정치적·경제적 측면의 여러 요인들도 작용하고 있다고 생각되는데, 예컨대 世界化·情報化·地方化·開放化 추세가 그것이다. 특히 1980년대 중반 냉전체제의 붕괴 이후 國境을 벗어난 國家間 交流가 더욱 활발해지는 상황에서는 중앙정부 중심의 대외교류만으로는 충분하지 못하여 지방정부 더 나아가서는 민간 차원의 대외교류가 확대되지 않을 수 없게 되었다. 더욱이 정보통신과 컴퓨터 기술의 급속한 발달에 의해 이제는 지구촌이 '1秒 生活圈'이 되었다는 평가마저 나오고 있는 실정이다.[1] 따라서 역사인식도 종래의 국민국가를 단위로 한 인식에서 國境을 초월한 새로운 차원의 인식으로 전환해 가지 않을 수 없는데, 그러한 과정에서 국경을 넘나든 漂流民(특히 근대 이전)의 존재가 연구의 중요한 소재의 하나로 浮上한 것이 아닌가 생각한다.

표류민에 대한 역사학계의 관심은 좀 더 구체적인 분석과정을 거쳐 연구성과로 나타나고 있다. 반드시 표류민에 대한 것만을 다룬 것은 아니지만, 예컨대 일본 학계에서는 국경을 넘나든 中世 倭人을 '境界人'(marginal man)으로 파악하는 등 이른

---

* 1999년 4월 한일관계 국제심포지엄에서 오성 교수 등의 토론이 이 글이 작성에 크게 도움이 되었다.

1) 『韓·日姉妹都市間 經濟交流現況과 促進方案』, 한일경제협회·전남대학교, 1999, 제1장 참조.

바 '地域' 개념에 기초하여 분석을 시도해 오고 있는데, 그 중 한 부분을 '표류민연구'가 차지하고 있다.[2] 그러나 한국 학계에서는 倭人의 개념과 범주에 대하여 일본인 연구자들과 근본적으로 다른 시각을 가지고 있을 뿐만 아니라, 일부 일본인 연구자들이 사용하고 있는 '국가'와 '지역' 개념에 대해서도 여러 가지 비판적인 견해들이 제기되고 있는 실정이다.[3]

하여튼 이 글에서는 지금까지 한·일 학계에서 발표된 표류·표착에 관한 연구성과를 비판적으로 수용하면서, 표류·표착이 일어났던 지역 즉 공간(space)에 주목, 그 지역의 주민들이 異邦人의 표류·표착에 대하여 어떻게 대응해 나갔을까를 생각해 보고자 한다. 더 나아가 漂流民 硏究를 통하여 오늘날 우리가 무엇을 얻을 수 있을 것인가 하는 문제에 대하여 정리해 보려는 것이 이 글의 목적이다.

2. 漂流·漂着의 地域的 特性과 原因

1) 朝鮮人의 日本列島 漂着

조선시대의 표류민 연구 중에서 표류·표착의 지역적 특성 문제를 비교적 잘 정리한 것으로는 池內敏의 연구를 들 수 있다.[4] 그의 연구는 주로 朝鮮後期(일본의 江戶時代)에 해당되는데 그에 따르면, 1599~1872년간(A) 조선인이 일본열도에 표착한 건수는 모두 971건에 표착한 사람의 수는 9,770명이라고 한다. 연평균 3.5건에 35.7명의 조선인이 해마다 일본열도에 닿은 셈이니, 민간인의 해외도항이 금지되어 있던 근대 이전의 상황을 고려한다면 이것은 결코 무시할 수 없는 규모라고 할 수 있다. 또 이것은 현재 문헌사료에 남아 있는 것만을 집계한 것이므로, 실제 표류건수와 표류민의 수는 이보다 더 많았을지도 모른다. 그런데 1873~1888년간(B)에는 표류건수 63건 조선인 표류민수 483명으로 집계되어, 연평균 5.7건에 43.9명의 조선

---

2) 최근의 대표적인 연구성과로는 다음을 참조. 村井章介, 『中世倭人傳』, 岩波新書 274, 岩波書店, 1993 ; 이영 옮김·村井章介 지음, 『중세 왜인의 세계』, 한림신서 일본학총서 37, 도서출판 소화, 1998 ; 村井章介, 『アジアのなかの中世日本』, 校倉書房, 1988 ; 田中健夫, 『倭寇』, 歷史新書 66, 敎育社, 1991.

3) 이 영, 『중세 왜인의 세계』, 251~253쪽.

4) 池內敏, 『近世日本と朝鮮漂流民』, 臨川書店, 1998.

인이 일본열도에 표착하였다고 한다. 이전 기간(A)에 비해 이 시기(B)의 연평균 건수와 인원수가 더 늘어난 셈이다.[5]

그런데 여기에서 주목하고자 하는 것은 이케우치의 분석이 주로 일본의 메이지유신(明治維新) 이전 이른바 藩政時代 각 藩의 기록에 주로 의존하고 있다는 점이다. 다시 말해서 그는 일본의 明治初期 사료(특히 外務省記錄)를 이용하지 않았기 때문에, 각 藩이 폐지되고 그에 대신해서 縣이 설치되는 이른바 '廢藩置縣'(1871년) 이후에 해당하는 1873년 이후의 표류·표착에 대해서는 그 실태를 정확히 밝히지 못한 한계점을 지니고 있다. 필자의 최근 조사결과(1999년 6월과 2000년 10월)에 따르면,[6] 조선의 개항 직후인 1877년 한 해 동안 일본열도에 표착하였다가 조선으로 송환된 사람의 수가 225명이었다. 1년 동안에 발생한 표류민만 하더라도 2백 명이 넘는 사람이 일본으로부터 송환되었으니, 이것으로 유추해 본다면 '1873~1888년의 15년 동안에 총 표류건수가 63건, 조선인 표류민수가 483명'이라고 하는 이케우치의 통계는 수정되지 않을 수 없을 것 같다.

한편 1599~1872년간(A) 일본열도에 표착한 조선인의 출신지역을 살펴보면 가장 많은 비중을 차지하고 있는 곳이 경상도(521건, 50.9%)이며, 그 다음이 전라도(388건, 38.0%)였다.[7] 그런데 1873~1888년간(B)에는 漂着朝鮮人의 출신지역 구성이 전과 크게 달라지고 있음을 알 수 있다. 즉 이 기간(B) 동안에 모두 65건의 표류·표착사건이 발생하였는데, 그 중 전라도 출신이 37건으로서 전체의 56.9%를 차지하여 가장 많았다. 그 다음이 경상도 출신(22건, 33.8%)으로 나타났는데, 이전 시기(A)와 정반대의 결과를 보이고 있어서 그 배경과 원인이 무엇인지 자못 궁금하다.[8]

그렇다면 朝鮮人의 漂流地域과 日本에서의 漂着地域 사이에는 어떠한 關係가 존재하는 것일까? <그림 1>에서 쉽게 알 수 있듯이 조선인의 표류지역과 그들의 일

---

5) 池內敏,『近世日本と朝鮮漂流民』, 14쪽.
6) 『外務省記錄』戰前期 사료 중 「困難船及漂民救助雜件·朝鮮國ノ部」(문서번호 3.6.7.1-10, 총 11책), 「遭難船漂民及漂流物關係雜纂」(문서번호 3.6.7.4)(전 2책), 「困難船及漂民救助取扱參考書」(문서번호 3.6.7.5)(전 2책), 「日韓兩國困難船漂流民救助例規參考書」(문서번호 3.6.7.2)(전 2책) 등이 있다.
7) 鄭成一, 「일본에 漂着한 전라도 지역 주민들의 異國 체험」, 『全南地域 經濟調査』 63, 전라남도·광주은행, 1998.
8) 池內敏,『近世日本と朝鮮漂流民』, 14쪽.

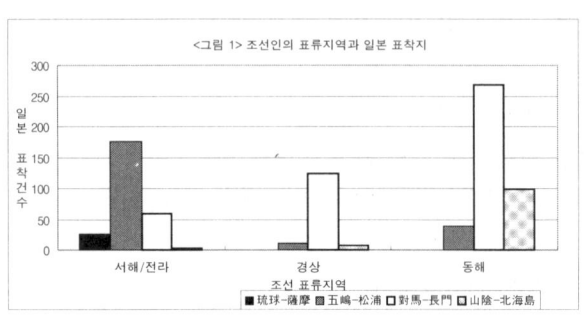

본 표착지 사이에는 일정한 관련이 있었다. 즉 서해안과 제주도를 포함한 전라도 지역에서 표류한 조선인들은 일본의 五嶋列島[9]와 松浦半島 구간에 표착하는 일이 가장 많았으며(176건, 66.7%), 경상도 남쪽 해안에서 표류한 조선인들은 그 대부분 (124건, 86.7%)이 對馬-長門 구간에 표착하였다. 그리고 경상도 동쪽과 강원도 등 동해안에서 표류를 당한 조선인들이 주로 표착한 곳은 對馬-長門 지역이 가장 많았으며(268건, 66%), 그 다음이 山陰―北海島 지역(99건, 24.4%)이었다.[10] 바꾸어 말하면 조선에서 표류하여 일본에 표착하는 경우 琉球-薩摩 해안과 여러 섬에는 전라도 지역에서 표류한 사람들이 가장 많았으며, 對馬-長門 구간에는 동해와 경상도 남쪽 해안에서 표류한 사람이, 그리고 山陰―北海島 지역에는 동해안에서 표류한 사람이 가장 많이 표착하였다.

2) 日本人의 韓半島 漂着

池內敏의 실증분석 결과에 따르면 1618~1872년간 일본인이 한반도 해역에 표착한 사건은 모두 91건이었으며, 漂着日本人의 수는 1,235명에 달한다고 한다. 연평균 0.36건에 4.86명의 日本人이 漂流를 계기로 韓半島와 접촉을 한 셈이다. 그런데 조선인의 일본표착(朝鮮人→日本) 규모(연평균 3.5건, 35.7명)에 비해 일본인의 조선표착

---

9) 五嶋列島의 고지카마치(小値賀町)에 漂着한 朝鮮과 琉球의 배에 대해서는 다음 사료를 참조. 『漂着した琉球・朝鮮船の記錄(一)』, 小値賀町古文書資料集成 제1집, 長崎縣 小値賀町 歷史民俗資料館, 1995.

10) 池內敏, 『近世日本と朝鮮漂流民』, 15쪽.

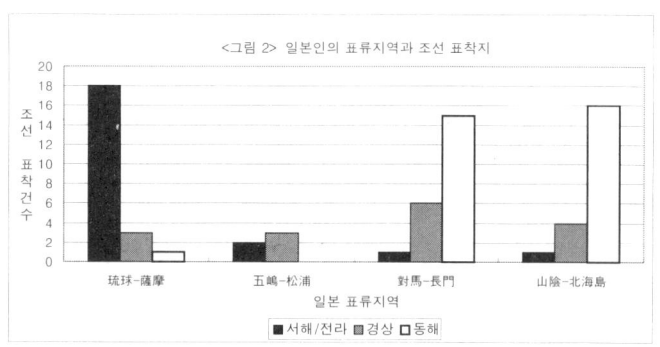

<그림 2> 일본인의 표류지역과 조선 표착지

(日本人→朝鮮) 규모가 훨씬 작다는 사실이 먼저 눈에 띄인다. 즉 조선인의 일본표 착이 漂着件數로는 약 10배, 漂着人數로는 약 8배 정도 일본인의 조선표착보다 더 많았던 것으로 나타났다.[11]

또 조선에 표착한 일본인의 출항지는 대체로 九州南部에서 北海島에 이르는 넓은 지역에 분포되어 있었으며, 瀨戶內海에서 출항하였다가 한반도 해역에 표착한 사례도 있었다. <그림 2>에 나타낸 것처럼 琉球(沖繩) — 薩摩 지역에서 표류한 일본인들은 주로 전라도 지역에 표착하는 일이 많았다(18건, 81.8%). 對馬-長門 구간에서 표류한 일본인들은 경상도 동쪽과 강원도 등 동해안에 표착하는 일이 가장 많았으며(15건, 68.2%), 그 다음이 경상도 남쪽 해안이었다(6건, 27.3%). 그리고 山陰-北海島 지역에서 표류한 일본인들이 조선에 주로 닿는 곳은 한반도의 동쪽 해안이었음을 알 수 있다(16건, 76.2%). 이와 같이 日本人의 漂流地域과 朝鮮에서의 漂着地域 사이에도 일정한 關係가 존재하고 있었다고 볼 수 있다.[12]

3) 漂流 · 漂着의 原因

漂流의 원인은 크게 3가지 측면에서 살펴 볼 수 있을 것 같다. ㉠ 技術的 條件 ; 인간의 航海術이나 造船術, ㉡ 社會經濟的 條件 ; 漁撈·運送과 國家-住民의 收取關係, ㉢ 自然的 條件 ; 韓·日 해역의 환경이나 海流·潮流·바람 등이 그것이다.

---

11) 池內敏, 『近世日本と朝鮮漂流民』, 13〜14쪽, 26쪽.
12) 池內敏, 『近世日本と朝鮮漂流民』, 25〜27쪽.

(1) 고대 · 중세

기록이 충분하지 못하여 자세한 내용을 파악하기가 매우 어렵다. 구체적인 연구성과의 소개는 생략하지만, 대체로 조선시대 혹은 근대 이후 조사결과를, 특히 해양학의 연구성과를 고대사회 분석에 그대로 적용하는 경향이 있는 것 같다.[13] 그런데 궁극적으로 이러한 분석을 통해 航海의 自然的 條件과 漂流·漂着의 關係를 좀더 치밀하게 고찰할 필요가 있음을 강조한 측면에서는 이들 연구의 의의가 있다고 생각한다.

(2) 근세 [朝鮮後期]

이미 朝鮮前期에 일본에 가는 조선의 使臣들이 지참하는 물품 중에 羅針盤이 들어 있을 정도로,[14] 나침반의 사용이 확대되고 造船術이 발전하는 등 朝鮮後期(近世)에는 技術的 條件의 변화에 의해 이전 시대보다 항해의 범위가 더욱 확대되었을 것이다. 다만 일반 민중들이 나침반을 손쉽게 이용할 수 있었는지는 의문이다. 또 池內敏의 분석에서는 '배의 크기'를 문제삼고 있는 대목이 있는데,[15] 이것이 기술적 조건에 해당되지 않을까 생각된다. 그러나 動力을 사용하기 이전까지는 그것이 결정적인 변화를 가져오는 요인은 될 수 없었을 것이며, 더욱이 조선과 일본 배 〔船〕의 크기나 제작 방식에 따라서 표류의 건수에 통계적으로 유의적인 차이가 있는지는 좀 더 치밀한 분석을 기다리지 않을 수 없다.

다음으로 표류의 社會經濟的 條件을 살펴보면 다음과 같다. 朝鮮後期〔江戸時代〕의 표류민 기록 가운데는 표류민의 직업이 商業인지 漁業인지, 그리고 官人(또는 武士)인지 居民〔民衆〕인지를 알 수 있는 것도 더러 있다. 池內敏에 따르면 조선인의 경우 어민과 상인의 비중이 해역에 따라서 차이를 보이고 있다는 것이며, 특히 일본인의 경우는 조선인 표류민에 비해 어업보다는 운송 즉 藩米의 移送과 賣却을 비롯한 商行爲의 비중이 더 많다고 주장한다.[16] 다만 이러한 차이가 통계적

13) 鄭鎭述, 「韓國先史時代海上移動에 관한 硏究」, 『忠武公李舜臣硏究論叢』, 해군사관학교, 1991 ; 尹明喆, 「渤海의 海洋活動 能力에 대한 檢討」, 『渤海 建國 1300周年(698~1998)』, 사단법인 고구려연구회, 1998 ; 吉野正敏, 「季節風と航海」, 『Museum Kyushu』 14호, 1984.

14) 『宣祖實錄』 宣祖 39년 12월 병진(22일) · 정사(23일).

15) 池內敏, 『近世日本と朝鮮漂流民』, 24쪽.

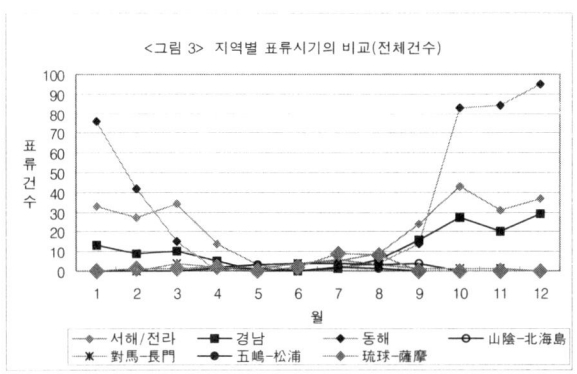

<그림 3> 지역별 표류시기의 비교(전체건수)

으로 有意的인 것인지는 별도의 연구를 통해서 검증을 거치지 않으면 안 된다.

　마지막으로 自然的 條件을 살펴보면, 계절별 표류·표착의 건수가 조선과 일본의 표류지역과 일정한 관계를 맺고 있다. 예컨대 같은 朝鮮人이라도 10월부터 이듬해 2월까지는 동해안에서 표류한 경우가 서해안이나 남해안의 경우보다도 월등히 많지만, 나머지 시기에는 상대적으로 표류건수가 적음이 분명하게 드러난다(<그림 3> 참고). 이것은 시베리아 쪽에서 불어오는 겨울철의 강력한 계절풍이 동해안을 거쳐 일본열도로 부는 것과 관련이 있는 것이다(<그림 5> 참조).

　또 조선의 3개 지역과 일본의 4개 지역의 표류건수 중에서 월별 평균 비중(%)을

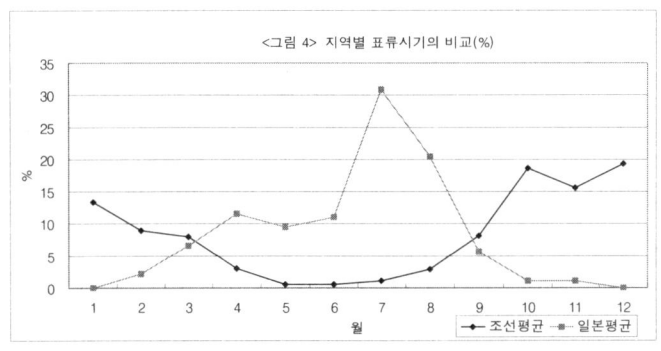

<그림 4> 지역별 표류시기의 비교(%)

---

16) 池內敏, 『近世日本と朝鮮漂流民』, 19~23쪽.

나타낸 <그림 4>를 보면, 대체로 조선인은 9월에서 이듬해 2월(모두 음력) 사이에, 그리고 일본인의 경우는 4~8월(모두 음력)에 가장 많은 표류를 당했음을 알 수 있다. 아마도 이것은 한·일 해역에서의 바람과 해류의 변화와 밀접한 관련이 있는 것으로 생각된다.

말하자면 <그림 5>와 <그림 6>에서 보는 것처럼, 계절에 따라 바람이 부는 방

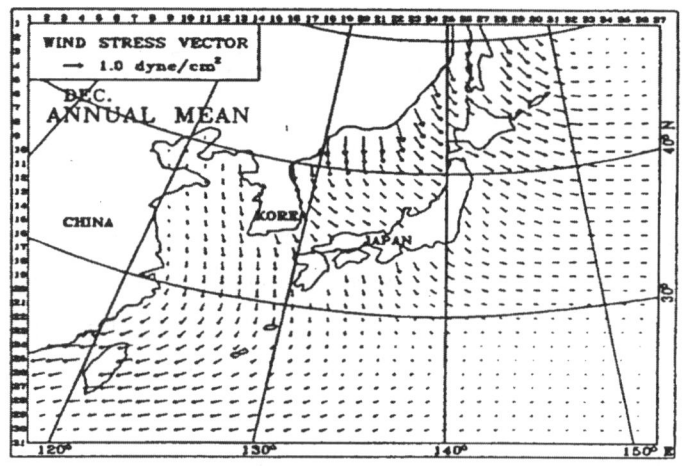

<그림 5> 風向과 風速(북풍)
자료 : Cheol-Ho Kim, A Numerical Experiment Study on the Circulation of the Japan Sea(East Sea), A Dissertation submitted for the degree of Doctor of Science, Kyushu University, 1996, p.21.

향과 강도가 달랐던 것이다. 예컨대 12월의 평균 풍향과 풍속을 나타내는 <그림 5>를 보면 바람이 북에서 남으로 즉 한반도에서 일본열도를 향하고 있으며, 그 속도가 일본열도와 맞닿기 전까지는 강했다가 그 이후 점차 약해지는 것을 알 수 있다. 반면에 <그림 6>에서 보는 것처럼 여름철에 부는 바람은 남에서 북으로 즉 일본열도에서 한반도로 불고 있음을 알 수 있다. 가장 대표적인 태풍의 경로를 통해 이러한 사실을 확인할 수 있을 것이다. 이것을 통하여 대체로 日本列島에 漂着한 朝鮮人은 9월에서 이듬해 2월(모두 음력) 사이에, 그리고 韓半島에 漂着한 日本人의

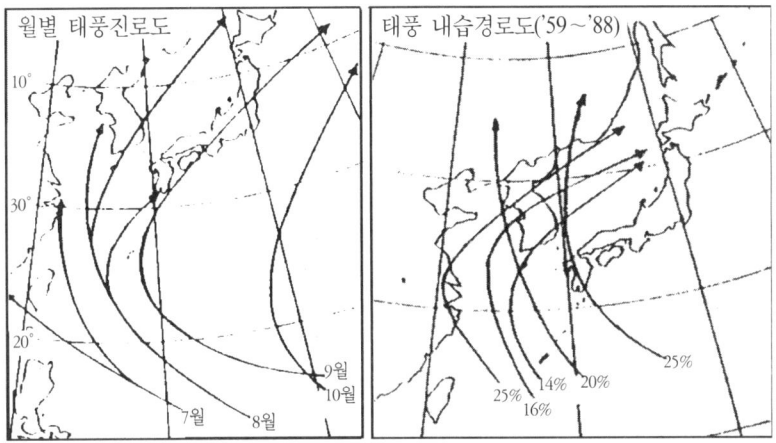

<그림 6> 風向과 風速(남풍)
　자료 : 李錫祐, 『韓國近海海象誌』, 집문당, 1992, 48쪽.

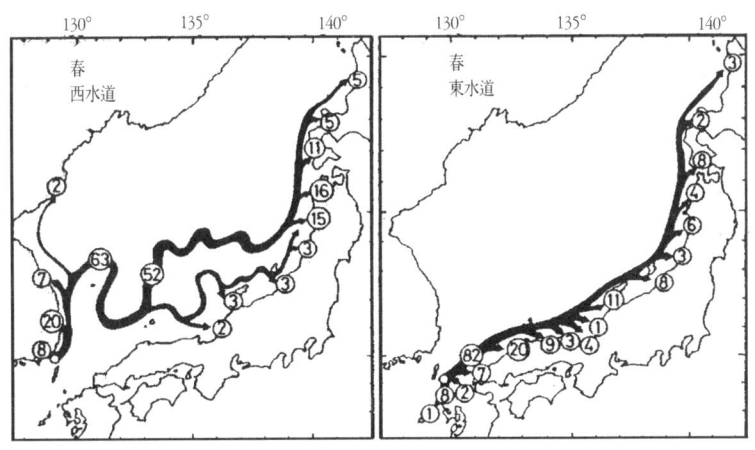

<그림 7>　海流瓶의 漂着狀況
　자료 : 李錫祐, 『韓國近海海象誌』, 집문당, 1992, 78쪽.

경우는 4~8월(모두 음력)에 가장 많은 漂流를 당한 원인을 쉽게 이해할 수 있다.(<
그림 4> 참조)

한편 海流의 흐름을 알기 위해 바다 위에 浮漂를 띄워 그 방향을 실험한 것이 <그림 7>이다. 이 그림에서 쉽게 알 수 있듯이 동해와 경상도 남동쪽 지점의 바다 위에서 突風에 의해 표류한 물체는 대체로 일본의 山陰地域과 北海道地域으로, 그리고 쓰시마(對馬)와 하카다(博多) 사이에서 표류한 물체는 九州北部와 長門을 비롯하여 山陰地域과 北海道地域 등으로 흘러가 그곳에 漂着하는 것으로 나타났다. 이것을 통해서도 경상도 동쪽과 강원도 등 동해안에서 표류를 당한 조선인들이 주로 표착한 곳이 일본의 對馬-長門 지역과 山陰-北海島 지역이었던 이유를 알 수 있다(<그림 1> 참조)

(3) 근대 이후

개항기와 일제강점기 혹은 광복 후의 시기에 조선시대의 기록과 비교할 수 있는 기초자료가 있다면 매우 효과적인 분석이 가능할 테지만, 현재로서는 그러한 데이터를 찾기 힘들다. 이에 대해서는 別稿에서 구체적으로 분석하고자 한다. 다만 오늘날 韓・日間 海域에서 발생한 표류・표착의 주된 원인을 조사하여 그것을 조선시대와 비교해 보는 것은 현단계에서도 가능할 지 모른다. 하여튼 표류・표착의 원인을 통사적으로 비교해 보면 공통점과 차이점을 발견할 수 있을 것이며, 그것이 표류・표착의 지역적 특성에 미치는 영향도 살펴 볼 수 있을 것이다.

3. 漂流民의 送還과 地域住民의 對應

韓・日間 海域에서 발생한 표류・표착 중 많은 부분이 漁民과 商人 등 바다를 무대로 하여 살아가던 사람들에게 일어나고, 또 그 처리도 대부분 어민과 상인에 의해서 이루어지고 있었다고 할 수 있다. 다시 말해서 어민과 상인은 표류・표착사고의 최대 被害者인 동시에 救助者가 되는 것이 보통이 아닌가 생각한다. 이러한 사정은 옛날이나 지금이나 큰 틀은 비슷할 것 같은데, 그 내용은 시대의 흐름에 따라 차이가 있을 것이다.

1) 고대 · 중세

일본의 경우 '연안지역에 표류·표착하는 배나 물건 등은 모두 연안주민에게 귀속된다'는 慣行이 있었다고 한다. 그래서 고대 일본의 연안주민들 사이에서는 외국의 배가 조난을 당했을 경우 그들을 구조하기보다는 배에 싣고 있던 짐을 押收하거나, 심지어는 배에 타고 있는 사람들을 殺害하는 일도 있었다고 한다.[17]

그러나 중세가 되면 일본의 경우 遭難物은 모두 領海權 所有者가 점취하고 있었던 것으로 알려져 있다. 이것은 일종의 연안지역의 수익권으로 간주되고 있었다. 이 점취권은 지역의 유력한 寺刹이라든가 在地領主層을 거쳐서 守護大名에게 독점적으로 귀속되어 戰國大名에게 계승되기에 이른다.[18]. 14세기 後半에서 15세기 前半에 걸쳐 동아시아 국제사회의 커다란 문제 중 하나였던 倭寇의 예를 볼 때, 왜구의 목표가 食糧과 연안주민의 약탈이었으며, 약탈된 주민들 즉 被虜人들이 奴婢로서 노예노동에 使役되는가 하면, 각지에 轉賣되는 것도 바로 '遭難物占取' 慣行의 연장선상에서 이루어지고 있었다고 보는 것이 荒野泰典의 주장이다.[19]

그렇다고 해서 중세를 통하여 한·일간에 표류민의 송환이 전혀 없었던 것은 아니었다. 朝鮮前期에 朝廷이 일본측에 표류민의 송환을 요구한 것은 朝鮮의 人民을 異邦에 떠나보냄에 따른 勞動力의 상실과 그에 따른 統治力의 손상을 막고, 그들을 송환하여 국내에 定住시킴으로써 백성을 보살핀다는 愛民意識을 고양하려는 政治的 측면 등 여러 가지 목적에서 비롯되었을 것이다. 반면에 일본의 지방 권력층은 조선과의 통교를 유리하게 이끌어갈 목적으로 조선정부의 송환 요구에 따른 것이었다.[20] 다만 이때까지만 하더라도 일본 내에 통일적인 국가권력이 형성되지 못하여 표류민 송환이 하나의 시스템으로까지 정착·발전하지는 못하였다고 보는 것이 荒野泰典의 견해이다.[21]

---

17) 金指正三,『近世海難救助制度の研究』, 吉川弘文館, 1968 ; 荒野泰典,『近世日本と東アジア』, 東京大學出版會, 1988, 119쪽 재인용.

18) 金指正三,『近世海難救助制度の研究』; 荒野泰典,『近世日本と東アジア』, 119쪽 재인용.

19) 荒野泰典『近世日本と東アジア』, 120쪽.

20) 關周一,「十四~十六世紀東アジアにおける「人」をめぐる交流—被虜人·漂流人の送還を中心として—」, 筑波大學大學院 歷史·人類學研究科 學位論文, 179~181쪽.

21) 荒野泰典『近世日本と東アジア』, 148~149쪽.

2) 근세 [朝鮮後期]

1609년 己酉約條에도 "(對馬島主 宗氏의) 文引을 소지하지 않은 일본인은 '賊'(=倭寇)으로 간주한다(無文引者 以賊論斷事)"는 조항이 있는데,[22] 이 때까지만 하더라도 일본인 표류민은 중세와 마찬가지로 불안정안 지위에 놓여 있었다. 荒野泰典에 따르면 조선측 사료에 근거하여,[23] 그 방침이 변경된 것이 1627년이라고 한다. 즉 이것은 그 해 後金의 조선침략이라고 하는 대외정세의 변화와 관련이 있는 것인데, 조선정부가 南邊(일본)의 安全을 도모하기 위하여 대일관계의 정상화·안정화를 서두르게 되었으며, 그 결과로서 이 조치가 취해졌다는 것이다.[24]

한편 표류민 구조 및 송환에 따르는 비용을 漂着地의 지역주민이 부담하는 것이 이 시기에는 원칙('國役')으로 되어 있었다. 그런데 조선후기의 경우 일본인이 조선의 연안지역에 표착하는 일보다 조선인이 일본 연안에 표착하는 일이 어림잡아 10배 가량 더 많았던 것을 생각하면, 일본 연안지역 주민들의 부담이 결코 가볍지 않았을 것임을 쉽게 짐작할 수 있다. 그래서 표류·표착이 빈번한 일본 연안지역의 주민들이 부담의 증가를 꺼려하여 연안에 표착한 조선인의 구호를 거부하는 일도 종종 있었다.[25]

3) 근대 이후

'國民國家' 성립 이후가 되면 항해술·조선술의 발달 등 기술적 변화에 의해 바다에서의 활동영역이 더욱 넓어지게 되고, 그렇게 되자 표류민의 송환보다는 국경을 넘나든 사람들(범죄인)의 引渡 등 領土·漁場의 침입 여부가 더 중요한 문제가 된다. 뿐만 아니라 비용부담원칙도 이전과 달라지는 것 같다.

---

22) 『通文館志』 권5 約條 ; 『국역 통문관지』, 세종대왕기념사업회, 1998, 276쪽 ; 『增正交隣志』 권4 約條 ; 『국역 증정교린지』, 김건서 지음, 하우봉·홍성덕 옮김, 민족문화추진회, 1998, 129쪽.

23) 『邊例集要』 下, 국사편찬위원회, 한국사료총서 16, 1971, 378쪽.

24) 石原道博, 「倭寇と朝鮮人俘虜の送還問題」, 『朝鮮學報』 9·10, 1955·56 ; 荒野泰典, 『近世 日本と東アジア』, 128쪽.

25) 李薰, 「朝鮮後期 日本에서의 朝鮮人 漂民 취급과 善隣友好의 실태」, 『史學研究』 47, 1993, 51~53쪽.

일본의 경우 메이지시대까지만 하더라도 표류민의 구호비용은 '土地之入費' 즉 '民費'로 충당하는 것이 당연하다는 생각이었으나, 그것이 '官費'를 가지고 충당해야 한다는 생각으로 바뀌고, 그와 동시에 표류민이나 그들의 본국정부도 그 일부를 償還하는 것을 조약으로 정하게 되는 것은 대체로 1877년 이후라고 한다.[26] 池內敏은 1876년 11월의 「達110號」에 의해 표류민 송환에 따르는 비용 부담 원칙이 바뀌게 되었다고 주장한다.[27] 또 필자가 1999년 4월 일본 나가사키현의 이즈하라쵸 등 지방자치단체를 대상으로 실시한 조사결과에 따르면, 그 뒤 1899년(光武 3, 明治 32) 6월 19일에 제정된 일본 內務省令 제23호인 「行旅病人, 行旅死亡人及び同伴者の救護並びに取扱に關する件」이, 오늘날까지도 일본의 각 지방자치단체가 일본열도에 표착한 신원미상의 시체(行旅死亡人) 등을 처리할 때 그 근거로 삼고 있는 규정의 골간을 이루고 있었다.

4. 漂流·漂着地域과 現在의 地域間 交流

1) 海難事故의 효율적 처리

그 원인이 무엇이든지 표류·표착은 재산상의 손실과 인명피해를 수반하는 해상에서의 사고임에 틀림없다. 따라서 이러한 피해를 최소화하기 위해 표류·표착 등 해난사고에 어떻게 효과적으로 대처할 것인가 하는 것은 앞으로 각국이 연구하지 않으면 안 될 중심 테마이다. 또 해난사고에 의해 사망한 사람들의 시신이나 유골을 처리하는 문제도 인도주의적 관점에서 볼 때 결코 가볍게 처리할 수 없는 과제이다.

그렇다면 한국과 일본이 가장 가까이에서 마주하고 있는 대한해협과 쓰시마 부근 해역에서 해난사고가 발생하면 양국은 그것을 어떻게 처리해 오고 있으며, 그에 따른 문제점은 무엇일까?[28] 우선 시신·유골의 송환을 둘러싼 한·일간의 문제를

---

26) 金指正三, 『近世海難救助制度の研究』; 荒野泰典, 『近世日本と東アジア』, 150쪽 재인용.
27) 池內敏, 『近世日本と朝鮮漂流民』, 117~133쪽.
28) 1950년대 이후 쓰시마 부근에서의 한국 배의 漂流와 海難事故 등에 대해서는 다음을 참조. 『戰後對馬三十年史』, 對馬新聞社, 1983.

생각해 볼 수 있다. 오늘날에도 쓰시마 부근 해역에는 시신이나 유골 등이 떠내려 가는 일이 종종 있는데, 그것을 수습하여 처리하는 일이 그 지역에서는 커다란 골 칫거리의 하나라고 한다.[29] 처리비용을 지방의 자치단체가 부담해야 하며, 그 시신 이나 유골의 신원이 밝혀지지 않을 경우 그것을 처리하는 문제가 여간 복잡하지 않다는 것이다. 따라서 시신·유골 등의 송환을 포함한 국제적인 표류민 송환시스 템의 정비가 요구되는 것이다.[30]

말하자면 조선시대에는 복장이나 두발 상태 등으로 보아 금방 시신의 출신국이 나 신원을 파악할 수 있었지만, 이제는 한국인과 일본인의 외모 차이가 거의 없기 때문에 그런 것만으로는 도저히 분간할 수 없다고 한다. 그렇다고 신원이 확실하지 않은 시신이나 유골을 무작정 상대국(?)에서 받아들일 수도 없는 입장인 것 같다. 따라서 이러한 문제를 효과적으로 처리할 수 있는 국제시스템의 정비를 서두른다 고 할 때,[31] 朝鮮後期 [近世] 韓·日間 표류민 송환시스템이 좋은 참고가 되지 않 을까 생각한다.

2) 韓·日 地域間 交流

<부표>와 <그림 8>을 통해서 직관적으로 알 수 있는 것은, 오늘날 한·일간 교류협력을 추진중인 지역(즉 지방자치단체)이 과거 표류·표착이 빈발하였던 지 역과 적지 않게 관련이 있을 것이라는 점이다. 한국과 일본의 큐슈지역에 있는 지

---

29) 필자는 1999년 4월 나가사키현(長崎縣) 이즈하라쵸(嚴原町)의 다치바나 아츠시(橘厚志) 과 장의 도움으로 島內 6개 지자체(嚴原町·美津島町·豊玉町·峰町·上縣町·上對馬町)의 '身元 未確認 漂流民의 遺體' 처리상황을 조사한 바 있다. 1977년 11월 1일부터 1999년 4월 27일 현재까지 파악된 遺體가 총 113구로 밝혀졌는데, 그 가운데 국적이 '韓國(북한 포함)'으로 확인된 것이 52구로서 전체의 46%를 차지하고 있다. 그러므로 이것을 토대로 하여 쓰시마 주변에 표착한 건수 중 최소한 절반 이상을 한반도 출신이 점하고 있었을 것으로 미루어 짐작할 수 있다. 그런데 표류민의 소지품 등으로 보아 한국 국적으로 볼 수 있음에도 불구하고 신원이 밝혀지지 않은 유골은 1990년대에 들어와 이즈하라의 大 平寺에 주로 安置되어 있는 것으로 밝혀졌다.
30) 이 문제에 대해서는 니시니혼신문사(西日本新聞社)의 쓰시마 주재 기자였던 後藤元秀씨 (1999년 현재 福岡縣 議會 議員)가 관심을 가지고 조사한 바 있는데, 이와 관련하여 『西日 本新聞』의 다음 기사가 참고가 된다. 1984년 3월 18일, 4월 22일, 6월 14, 6월 21일자.
31) 예컨대 인터넷 등을 통하여 韓·日 海域에서 발생한 海難事故에 관한 정보를 신속하게 공개·교환한다면 이 문제가 한결 쉽게 해결될 수 있을 것으로 생각한다.

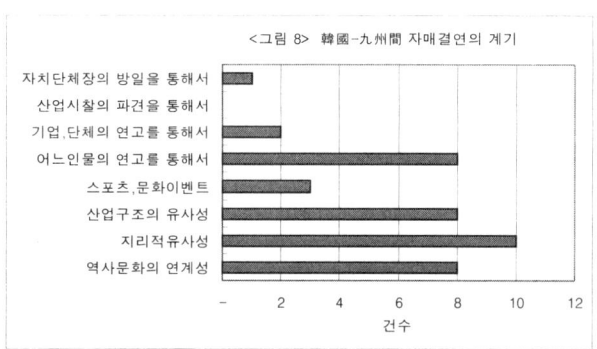

<그림 8> 韓國-九州間 자매결연의 계기

방자치단체들 사이에 맺어진 자매결연 사례에 대하여 조사한 결과를 보면,[32] 지리적 근접과 역사문화의 연계성, 인적인 연고, 산업구조의 유사성 등이 지역간 결연의 계기가 되었던 것으로 나타났다.

이 가운데 두 지역의 역사적 인연이 현재의 지역간 교류협정 체결에 긍정적 영향을 미친 대표적인 사례가 江原道와 鳥取縣의 교류협정 체결이라고 생각된다. 널리 알려진 것처럼 협정 체결에 즈음하여 조선시대에 돗토리현에 표착한 강원도 지역 주민들(安義基 일행)에 관한 당시의 그림과 그 밖의 관련 기록이 지역 언론 등을 통해 일반인들에게 소개된 적이 있는데, 그것이 두 지역 주민들간의 우호증진에 상당히 긍정적인 영향을 끼쳤을 것으로 짐작된다.

앞에서 언급한 것처럼 중앙정부 차원의 교류협력이 대부분이던 과거의 흐름에서 이제는 지방정부 혹은 민간 차원의 교류가 더욱 확대되는 이른바 지역 대 지역 (local to local) 교류의 시대로 전환하고 있는 것이 現段階가 아닌가 생각된다. 게다가 역사 등 전통문화를 활용한 '文化産業'의 진흥을 통하여 지역 주민의 생활을 윤택하게 하려는 이른바 地域活性化戰略 차원에서 생각해 볼 때도,[33] 조선시대 표류민

---

32) 『韓 · 日姉妹都市間 經濟交流現況과 促進方案』, 한일경제협회 · 전남대학교, 1999.
33) 鄭根埴, 「지역 활성화와 장소 마케팅 : 일본 오이타현 유후인(湯布院町)의 이미지 전략」, 『아시아태평양지역연구』 1-1, 1998, 253~280쪽 ; 洪性贇, 「일본 산촌지역의 문화적 특성과 문화산업 만들기 전략-九州지역 중산간지대의 사례를 중심으로-」, 『아시아태평양지역연구』 1-1, 1998, 133~158쪽 ; 洪性贇, 「일본 산촌의 지역활성화운동에 나타난 전통의 재생양상 : 湯布院町의 농민집단의 사례를 중심으로」, 『아시아태평양지역연구』 2-1, 1999, 113~134쪽.

의 역사는 결코 단순히 지나가 버린 옛일로만 돌릴 일은 아닌 것이다.

요컨대 한·일 양국의 지역간 교류협력과 '전통의 재생산' 혹은 '문화산업의 개발'을 통해 지역주민의 삶의 질(quality of life)을 향상시키려고 할 때, 표류·표착을 계기로 한 지역주민들의 異國體驗의 역사가 오늘날 우리에게 示唆하는 바가 매우 크다고 생각한다.

5. 맺음말

지금까지 우리는 漂流民에 관한 과거의 역사를 현재의 地域間 交流와 관련지어 살펴보았다. 즉 한반도와 일본열도를 연결하는 바다 위에서 발생했던 漂流·漂着을 계기로 하여 겪었던 양국민의 異國體驗의 歷史를 現在的觀點에서 조망한 것이다.

먼저 한반도와 일본열도 사이의 표류·표착은 두 지역의 역사만큼이나 오랜 역사를 가지고 있었으며, 그때 그때의 개별적인 경험은 누적되어 그 이후 세대에게 이어지고 있었다고 생각된다. 무엇보다도 民間人의 海外渡航이 禁止되어 있던 傳統社會에서는 표류·표착의 경험이 매우 이색적이고 충격적이었을 것이다. 즉 표류·표착을 경험한 사람들은 의도하지는 않았다 하더라도 결과적으로 異國을 체험할 수 있는 기회를 가졌으며, 그러한 기회와 경험은 궁극적으로 그들이 속한 사회에 일정한 영향을 끼쳤을 것이기 때문이다. 그런데 한반도와 일본열도 사이의 오랜 표류·표착의 역사 중에서도 朝鮮後期(일본의 江戸時代)의 歷史的 意義에 대해서는 아무리 강조해도 지나치지 않을 것이다. 즉 그 이전에도 산발적으로 표류민의 송환이 이루어지기는 했지만, 그것이 양국간에 하나의 시스템으로서 정착되기 시작한 것은 조선후기부터이기 때문이다.

먼저 과거 표류민의 출신지역과 표착지역 사이의 밀접한 관계가 오늘날 양국의 地自體間 交流 活性化에 활용될 수 있다고 하는 관점을 제시하고자 한다. 예컨대 과거 전라도 지역에서 표류하게 되면 일본의 五嶋列島와 薩摩海岸, 그리고 琉球國(현재의 오키나와지역에 해당)에 닿는 경우가 많았는데, 공교롭게도 현재 全羅北道와 일본의 鹿兒縣, 그리고 全羅南道 高興郡과 일본 佐賀縣 鹿島市가 각각 姉妹結緣

을 맺어 한·일 양국의 두 지역간 교류를 활발하게 추진 중에 있다. 또 과거에 동해와 경상도 남동쪽 해안에서 표류하게 되면 일본의 山陰地域과 北海道地域에 표착하는 사례가 많았는데, 우연의 일치인지는 모르겠지만 현재 江原道와 鳥取縣이 姉妹結緣을 체결하여 역시 활발한 교류를 추진해 오고 있다. 이처럼 한반도와 일본열도의 특정 지역은 오랜 역사를 통해서 밀접한 관련을 맺어왔을 것으로 생각되는데, 여기에는 風向과 海流·潮流 등의 자연적인 영향이 (특히 근대 이전까지는) 매우 컸을 것으로 여겨진다. 따라서 과거의 역사적·문화적 교류의 경험을 잘 살려나간다면 그것을 오늘날의 지역간(lacal to local) 교류로 확대시킬 수 있을 것으로 판단된다. 즉 강원도와 돗토리현의 사례에서 보듯이 표류민의 송환 경험을 지역간 교류의 이미지로 승화시키고, 그것을 '전통의 재생산', '문화상품', '장소 마켓팅' 등의 개념과 연결시켜 지역활성화운동으로 확대·발전시킬 수도 있을 것으로 기대된다.

　위와 같은 경제적 관점과 별도로 인도주의적 관점에서 한·일 양국이 앞으로 공동의 노력을 기울여야 할 부분이 있다고 생각한다. 간단히 말해서 표류민의 국제적인 송환시스템 구축 (더 나아가서는 難民까지도 고려하여) 필요성을 제기하고자 한다. 최근 글로벌화 추세의 확산에 따라 해양오염과 해양자원의 관리 측면에서 국제적인 공동노력의 필요성이 강조되고 있지만, 바다 위에서 뜻하지 않은 海難事故를 당한 사람들이나 그로 인하여 실종된 사람들을 (더 나아가서는 그들의 시체·유골까지도 포함하여) 구조할 수 있는 국제적인 시스템을 구축할 필요가 있는 것이다. 각 나라가 국가방위 등을 이유로 해난사고에 관한 정보의 공개·교환에 소극적일 수도 있겠지만, 가능한 범위에서 인터넷 등을 통하여 해난사고에 관한 정보를 공유하고, 필요한 경우 민간인에게도 그에 대한 접근을 허락한다면, 사고의 사전방지는 물론 사후처리에도 크게 도움이 될 것으로 생각된다.

<부표> 韓國과 日本의 姉妹都市 結緣 現況
1998年 12月 31日 現在

韓國都市名	日本都市名	結緣日
서울特別市	東京都	1988. 9. 3.
瑞草區	東京都 杉並區	1991. 12. 9.
冠岳區 新林8洞	新潟縣 枾埼町	1988. 11. 16.
釜山廣域市	福岡市	
	山口縣 下關市	1976. 10. 11.
東萊區 溫泉2洞	熊本縣 波野村	1992. 10. 17.
金井區 金城洞	熊本縣 白水村	1993. 1. 18.
影島區	長崎縣 對馬6町	1986. 5. 16.
大邱廣域市	廣島縣 廣島市	1997. 5. 2.
仁川廣域市	福岡縣 北九州市	1988. 12. 20.
江華郡	福岡縣 添田町	1996. 10. 28.
江華郡 吉祥面	鹿兒島縣 長島町	1994. 5. 30.
大田廣域市	島根縣 大田市	1987. 11. 4.
蔚山廣域市	山口縣 萩市	1968. 10. 26.
京畿道	神奈川縣	1990. 4. 20.
水原市	北海道 旭川市	1989. 10. 17.
議政府市	新潟縣 新發田市	1989. 11. 2.
烏山市	埼玉縣 日高市	1996. 10. 1.
安養市	埼玉縣 도코로자와市	1998. 4. 17.
富川市	神奈川縣 川崎市	1996. 10. 21.
平澤市	青森縣 青森市	1995. 8. 28.
江原道	鳥取縣 米子市	1994. 11. 7.
束草市	富山縣 入善町	1995. 10. 17.
束草市	長野縣 東筑마町	1996. 10. 3.
春川市	山口縣 防府市	1984. 6. 8.
春川市	長野縣 秩父郡	1991. 10. 29.
春成郡	福井縣 敦賀市	1983. 2. 16.
東海市	崎玉縣 秩父市	1981. 4. 13.
江陵市	鳥取縣 東伯町	1983. 2. 16.
麟蹄郡	鳥取縣 入東町	1997. 8. 24.
橫城郡	鳥取縣 淀江町	1997. 9. 4.
高城郡		1996. 10. 29.
忠淸北道	山梨縣	1992. 3. 2.
淸州市	鳥取縣 鳥取市	1991. 1. 18.
堤川市	山形縣 長井市	1986. 8. 27.
報恩郡	宮崎縣 高岡町	1993. 8. 6.
沃川郡	青森縣 고노헤町	1997. 8. 28.
忠州市(中原郡)	神奈川縣 湯河原町	1994. 11. 28.
忠淸南道	熊本縣	1983. 1. 22.
瑞山市	奈良縣 天理市	1991. 11. 7.
公州市	滋賀縣 守山市	1991. 8. 1.
公州市	山口縣 山口市	1993. 2. 23.
公州市	熊本縣 菊水町	1979. 9. 15.
扶餘郡	奈良縣 明日香村	1972. 11. 28.
扶餘郡(恩山面)	滋賀縣 日野町	1990. 5. 16.
扶餘郡(扶餘邑)	福岡縣 太宰府市	1978. 4. 21.
扶餘郡(扶餘邑)	宮崎縣 南郷村	1990. 5. 16.
扶餘郡(場岩面)	滋賀縣 蒲生町	1992. 11. 2.

<부표> 韓國과 日本의 姉妹都市 結緣 現況
1998年 12月 31日 現在

韓國都市名	日本都市名	結緣日
全羅北道	鹿兒島縣	1989. 10. 30.
金堤市	熊本縣 泗水町	1985. 4. 1.
全羅南道 木浦市	大分縣 別府市	1984. 10. 1.
麗水市	佐賀縣 唐津市	1982. 3. 5.
羅州市	鳥取縣 倉吉市	1993. 7. 20.
高興郡	佐賀縣 鹿島市	1997. 1. 22.
慶尙北道	島根縣	1989. 10. 6.
浦項市	廣島縣 福山市	1979. 1. 19.
慶州市	兵庫縣 出石町	1991. 11. 7.
慶州市	福井縣 小浜市	1977. 2. 13.
慶州市	奈良縣 奈良市	1970. 4. 15.
慶州市	大分縣 宇佐市	1992. 7. 3.
安東市	山形縣 寒河江市	1972. 2. 4.
金泉市	石川縣 七尾市	1975. 10. 16.
永川市	青森縣 黑石市	1984. 8. 17.
龜尾市	滋賀縣 大津市	1990. 4. 12.
慶山市	京都府 城陽市	1991. 1. 22.
慶尙南道	山口縣	1987. 6. 26.
晋州市	北海道 北見市	1985. 5. 16.
統營市	岡山縣 玉野市	1981. 8. 3.
統營市	埼玉縣 狹山市	1973. 7. 4.
密陽市	島根縣 安來市	1973. 7. 4.
密陽市	滋賀縣 近江八幡市	1994. 12. 1.
南海郡	鹿兒島縣 大口市	1991. 10. 16.
金海市	福岡縣 宗像市	1992. 4. 22.
泗川市	廣島縣 三次市	1992. 5. 25.
馬山市	北海道 樣似町	1989. 8. 25.
陜川郡	香川縣 高瀬町	1996. 7. 13.
濟州道 濟州市	和歌山縣 和歌山市	1987. 11. 20.
南濟州郡	和歌山縣 那賀郡	1987. 2. 20.
西歸浦市	佐賀縣 唐津市	1994. 9. 14.
南濟州郡(城山邑)	福岡縣 玄海町	1991. 12. 3.
계	80 (읍, 면, 동 9개소 포함)	

자료 : 행정자치부 내부자료. 1998.

제2부 표류민과 상호인식

표류민을 통한 정보의 교류

민 덕 기

1. 머리말

前近代 국가간의 情報 교류는 조선시대가 그렇듯이 使者의 왕래를 통한 것이 主流였다. 그러나 이에 의한 정보는 국가권력에 의해 윤색되거나 정제되기 쉽다. 특히 정보 제공측은 自國의 華夷관념이나 국가 안보적 측면에서 國威를 손상시키지 않고 自國의 이익에 부합되는 한정적인 정보를 제공하기 일쑤였다.

이에 비해 송환된 표류민에 의한 정보는 漂着한 상대국의 변방에 노출되어 있던 있는 그대로의 정보이기 쉽다. 그것은 정제나 윤색이 되지 않은 現場的이며 직접적인 정보이다. 또한 표착해 온 외국표류민을 통해서도 그 외국에 대한 새로운 정보를 습득하기 용이하다.

이러한 관점에 서서 본 논문은, 조선정부의 경우 표류민을 통한 일본 또는 유구 정보취득에 어떠한 자세를 취하였는가? 입수된 정보의 내용은 무엇이며 그것이 어떠한 결과를 가져왔는가? 또한 민간 차원에서의 일본 또는 유구 표류에 대한 기록 및 경험, 그리고 그것이 가져온 영향은 무엇인가? 아울러 유구왕자가 제주도에 표착하여 살해되었다는 琉球王子殺害說이 표류와 관련된 정보로서 제주도민의 유구 표류에 어떻게 작용하고 있는가에 대해서 살펴보고자 한다. 한편 조선후기의 일본은 표류민을 통해 어떠한 조선정보를 입수하고 있는가? 유구는 어떠한 조선 정보를 가지고 조선표류민을 대하고 있는가 등을 검토하고자 한다.

본 논문은 표류민에 관한 기존연구 성과를 적극적으로 수용하고 있으면서도 '정보와 교류'에 초점을 두고 있다는 점을 밝혀둔다.[1] 또한 '情報'란 용어를 부분적인 의미로도 사용하고 있음을 말해둔다. 부분적인 의미에서의 정보란 어떤 주체가 외부의 객체로부터 습득하는 情況에 관한 모든 소식이라 생각된다. 그렇다면 완전한 의미에서의 정보란 무엇인가? 이는 습득된 정보를 주체가 식별하고 평가하여 객체에 대응하는 자세를 취하게 되는 단계까지를 전제로 할 때가 아닌가 여겨진다.

2. 朝鮮政府의 표류민을 통한 일본정보와 교류

1) 朝鮮前期의 경우

우선 일본에서 송환된 조선표류민이 조선정부에 전달한 정보에 대해 알아보자. 15세기에 조선인으로서 일본에 표류되었다가 송환되어 전달한 일본관련 정보로서 1425년의 張乙夫 등의 보고를 들 수 있다. 그들은 일본에서 이송·송환되는 과정에서 일본인과 일본의 지방세력 및 대마도에 의해 후대 받았고, 그 후대 이유는 조선국왕에 대한 존경의 표시였다고 하는 일본측의 발언도 전달하고 있다. 1467년 송환된 金石伊 등도 표착지인 고토(五島 : 長崎縣)에서 일본인들이 자신들의 복장만을 보고 곧 조선인이란 것을 알아차려 접대했다고 보고하고 있다.[2] 조선표류민에 대한 일본측의 이같은 적극적인 대응은 조선측의 반대급부를 기대한 것이다. 이로 보아 조선의 왜구 금압을 위한 多元的인 交隣정책, 즉 일본의 豪族 및 일본인 개인의 평화적 통교에 대한 厚待정책이 이미 이 시기에 주효하고 있음을 보여주는 것으로 여겨진다.

1488년 중국에서 송환된 崔溥는 제주도 敬差官으로 임무 수행중에 표류되었다. 그는 처음엔 중국측에 왜구로 오인되었다. 조선인 복장을 한 왜구도 있었다는 사실 때문이었다. 당시 왜구가 중국연안에서 조선인 복장을 하기도 했다는 사실은 조선에선 전혀 파악하지 못했던 새로운 정보라 할 수 있다. 그는 자신이 지니고 있던 印信과 중국연호가 새겨진 마패를 제시하여 오해를 벗을 수 있었다.[3]

그러나 15세기의 조선이 일본에서 송환된 自國표류민을 통해 구체적인 對日정보

---

1) 표류민과 관련한 기존연구는 이훈, 『朝鮮後期 漂流民과 朝日關係』(국학자료원, 2000년)의 「참고문헌」 465~470쪽을 참고할 것.
2) 『세종실록』 7년 12월 계사, 『세조실록』 13년 7월 을유.
3) 『성종실록』 23년 정월 을유.

를 습득하려 했다고는 볼 수 없다. 1479년 유구에서 송환된 표류민 金非衣 등은 표착지 유구에서의 견문과 경유지 규슈(九州)에서의 오우치(大內)·쇼니(少貳)氏 사이의 전쟁을 보고하고 있으나, 前者가 극히 상세하게 기록된 반면(후술) 後者는 아주 소략하다. 1501년 제주도의 官奴인 張廻伊의 경우에도, 일본의 표착지에서 송환되기까지의 이동과 접대상황, 농경과 풍습에 대해 보고하고 있으나 일본측의 환대가 강조되어 있을 뿐이다.[4] 이러한 자세는 조선정부가 일본에 파견한 조선사절이나 대마도측으로부터, 또는 평화통교자로서 빈번히 내항하는 일본인으로부터 풍부한 일본정보를 제공받고 있기 때문인 듯하다. 그 結晶이 1471년에 발간되는 申叔舟의 『海東諸國紀』로 이 책은 당시의 일본에 대한 귀중한 정보를 많이 싣고 있다.

   일본에서 송환된 自國표류민을 통한 조선정부의 이같은 소극적인 對日정보 습득의지는 三浦倭亂(1510년)을 계기로 바뀌어진다. 즉 일본에 대한 경계심에서 새로운 일본 정보를 필요로 하게 되었고 특히 대마도의 동향에 주목하지 않을 수 없었던 듯하다. 그 때문인지 송환된 표류민에게 적극적으로 정보를 제공받으려 하고 있다. 즉 조선정부는 1525년 金必(金弼) 등에게 일본의 풍속과 농경 및 오우치氏의 위치, 그리고 왜구관련 정보 등을, 그리고 1536년엔 金公 등에게 표착지인 이키(壹岐)의 기후·풍속 등을, 또한 1540년에도 裵萬代 등에게 일본에서 견문한 것을 상세히 묻고 있다.[5]

   그렇지만 16세기 중반에 와서는 조선정부의 기강해이 때문인지 對日정보 습득 노력이 별로 부각되지 않는다. 더욱이 대마도의 朝日관계 독점을 유지키 위한 소극적인 조선표류민 송환 자세로 일본 정보습득이 제한되어 갔다. 당시 대마도는 일본의 對조선관계를 독점하고 있어 조선표류민에 의해 대마도의 이익에 反하는 정보가 조선에 전달되는 것을 우려하고 있었다. 그러므로 대마도 이외의 지역에 표착한 조선인의 송환에는 극히 소극적이었다.[6] 이 때문에 조선정부는 오직 대마도를 통해 여과된 한정적인 정보를 입수할 뿐이었고, 그 결과 1590년 일본에 파견된 通信使는 親朝鮮系 豪族인 오우치氏에 대한 예물까지 지참하게 된다. 그러나 오우치씨

---

 4)『성종실록』 10년 6월 을미, 『연산군일기』 7년 정월 기묘.
 5)『중종실록』 20년 6월 경술·갑인, 7월 경신·기사, 31년 10월 계사, 35년 4월 경오.
 6) 米谷均,「漂流民送還と情報傳達からみた16世紀の日朝關係」(일본『歷史評論』572. 1997) 5
   6~60쪽.

가 멸망한 것은 이미 그 40년 전이었고, 이 사실을 통신사가 확인한 것은 규슈에 상륙해서였다.

그렇다면 이번에는 조선에 표착한 일본표류민을 통해 조선정부가 어떠한 對日정보을 가지게 되었는가 알아보자. 우선 일본의 對明 朝貢船이 조선에 종종 표착하여 日明관계를 조선이 파악하는 계기가 되고 있다. 즉 1454년 중국에 다녀오던 일본 조공선이 전라도에 표착하자 이를 경상도 薺浦로 안내하여 주고 있다든가, 같은 해 제주도에 조공선이 표류하자 접대는 하되 상륙은 금지시켜 內地의 허실이 드러나지 말게 하라든가, 1478년 濟州牧使 鄭亨이 일본으로 귀국 중이던 조공선의 표착에 잘 대응하여 조선의 국위를 손상시키지 않았다 하여 加資하고 있는 기록이 그것이다.[7]

그렇다고 조선이 일본표류민을 통해 日明관계와 관련한 정보를 구체적으로 파악하거나 깊은 관심을 가지고 있지는 않은 듯하다. 즉 1523년 寧波의 亂을 일으켜 중국관리를 나포ㆍ귀국중인 일본의 조공선 일단이 조선연안에 표류하다 그중 中林이란 일본인이 잡혔다. 중림은 조선측에 중국에 조공하고 돌아오다 표류했다고 진술했고, 영파의 난을 아직 파악하지 못한 조선은 이를 확인하는 과정에서 당시 조선에 온 일본사절의 詩句를 통해 일본 조공선의 중국 入港場이 영파라는 것을 알게 될 정도였다.[8] 이처럼 조선의 日明관계에 대한 낮은 관심은 조선의 對日정책의 근간이 왜구 금압에 있었다는 것을 반영하는 것으로 보인다.

16세기 중반이 되자 동북아시아 해역에 後期倭寇가 출현하여 중국연안은 다시 노략질의 대상이 된다. 후기왜구의 구성원은 중국ㆍ일본인의 연합세력으로, 明의 조공무역만을 허용하는 海禁정책에 저항하며 밀무역과 약탈행위에 나선다. 이들은 일본 규슈 西北 島嶼지역에 근거지를 두고 있었으므로 중국연안을 약탈하고 귀환하는 중에 조선 서해안에도 수시로 출몰하였고, 그로 인해 조선은 경계태세를 강화하게 된다.

그러던 1553년 황해도에서 일본인 三甫羅古羅 등 3명이 나포된다. 이들은 하카타(博多)출신으로 現地에 移住한 중국인들과 南京에 무역하고 오다가 표류했다고 진

---

7)『단종실록』2년 7월 정묘, 9월 신해.『성종실록』9년 8월 경인.
8)『중종실록』18년 6월 갑진ㆍ신해. 閔德基,「寧波의 亂과 朝鮮ㆍ日本ㆍ明의 관계」(『정덕기 박사화갑기념한국사학논총』충남대 사학과, 1996) 361~362쪽.

술하고 있다. 그러나 조선은 이들이 중국서 노략질을 하고 온 것으로 단정하여 중국으로 압송하기에 이른다. 이러한 결정은 조선사절이 以前에 北京에서 접한 정보와 대마도가 제공한 정보를 근거로 한 것이었다. 조선은 또한 근간에 조선에 표착한 일본인들도 다 중국에서 왜구행위를 자행한 것으로 추정하게 된다.[9]

한편 유구에서 송환된 조선표류민을 통해 입수된 유구 정보는 일본의 경우와는 다르게 상세하게 실록에 기록되어 있다. 최초의 것은 1453년 표류민 萬年의 것으로, 표착에서 송환되기까지의 과정, 유구의 지리와 습속 및 의복, 기후와 농경 등이 구체적으로 기록되어 있다.[10] 1462년 표류된 梁成과 肖得誠 등의 보고도 상세하며, 유구의 王都 근처 100여 가옥에 조선인과 중국인이 살고 있다는 정보도 들어있다.[11] 이러한 정보들은『해동제국기 ─ 琉球國紀』에 크게 참고되었을 것으로 여겨진다. 이 책에는 유구의 풍속인「國俗」과 유구어를 번역한「語音飜譯」이 수록되어 있다.

1479년 송환된 제주사람 金非衣 등의 보고는 더욱 상세하다. 現 오키나와縣의 고등학교 역사교재에도 이를 상세히 옮겨 적고 있을 만큼 당시의 유구를 파악하는데 가장 구체적인 사료로 평가 이용되고 있다.[12] 이같은 정보를 제공한 대가인지 조선정부는 김비의 일행에게 2년간의 役使 면제와 반년치의 祿料 및 제주도로 귀향하는 비용으로 過海糧을 지급하고 있다.[13]

전술한 梁成은 유구에 팔려와 노비로 있는 자들이 대부분 일본인이며 도둑질은 그들에 의해 행해질 뿐이라는 견문을 보고하고 있고, 金非衣도 유구국왕이 일본인들이 성질이 나빠 무사송환을 기대할 수 없다고 중국으로의 轉送을 권유했다고 보고하고 있다. 이는 당시 유구의 對日觀을 반영한 것이라 할 수 있겠다.

조선표류민을 통해 유입된 유구 정보는 16세기에 들어와서도 그 내용이 상세하다. 1546년 유구에서 돌아온 朴孫의 보고에는 유구의 官服이 중국과 같다든가, 특정

---

9) 『명종실록』 8년 6월 임인, 9년 정월 계해.
10) 『단종실록』 元年 5월 정묘.
11) 『세조실록』 8년 2월 신사.
12) 新城俊昭,『高等學校 琉球·沖繩史』(沖繩縣 歷史敎育硏究會, 1994)의「朝鮮人漂流民が見た15世紀末の琉球」(77~82쪽)와 沖繩縣 敎育委員會編,『高校生のための沖繩の歷史』(沖繩縣高等學校社會科敎育硏究會, 1994)의「朝鮮人漂流民の見た15世紀末の先島」(46~50쪽)에서 상세히 인용하여 설명하고 있다.
13) 『성종실록』 10년 6월 을미·을사.

유구인을 南京에 유학시켜 중국의 학문과 어학을 익히게 하여 重用한다든가, 望闕禮를 행하여 중국에 대한 事大를 至誠으로 한다는 등의 내용이 있다.[14] 이러한 정보는 조선으로 하여금 小國인 유구를 교린대상으로서 지속적으로 설정하게 하는 계기가 되었다고 할 수 있다.

이에 비해 조선에 표류된 유구인을 통한 조선의 정보취득 동향은 어떠했는가? 1497년 조선에 표류한 유구인 10명을 심문한 朝廷은, 그들의 언어가 일본어와 같기도 하고 다르기도 하다며 조선에 체류중인 일본인을 시켜 통역을 시도하기도 한다. 또한 유구의 의복이 중국의 布로 만들어졌다고 판단하고 있다. 朝廷에선 유구가 중국의 책봉을 받고 중국에 근접해 있으니 이들을 중국으로 轉送하자는 논의가 일게 되었으나, 이들이 일본인에 의해 송환되기를 원하자 대마도로 하여금 轉送하게 된다.[15]

1530년 유구인 7명이 표류해오자 조선은 유구내 조선표류민의 유무, 중국에의 조공여부, 유구국왕이나 평민의 의복, 喪中의 飮酒와 肉食여부, 벼 농사법 등에 대한 질문을 하고 있다.[16] 이러한 질문은 유구의 儀禮문화의 수준을 가름하여 華夷적 관점에서 평가하려는 의도로 보인다. 이에 유구인은 喪中에 肉食을 피한다고 질문에 답하고 있으나, 유구에 표류했다 송환된 전술한 1453년의 경우나 양성, 박손 등은 肉食을 한다고 보고하고 있어 서로 엇갈린다.

주목되는 것은 이들 7명이 일본인에 딸려 유구로 轉送시키려는 조선의 방침에 극력 반대했다는 것이다. 이는 당시 유구와 사츠마(薩摩)와의 관계가 악화되었기 때문으로 여겨지나 조선은 이를 파악하지 못하고 있다.[17] 이에 조선은 관례였던 일본을 경유하는 轉送방식을 포기한다. 그 대신 조선사절이 중국에 파견될 때 동반하여 북경에서 유구 사절에게 건네는 방식을 채택하게 되고 이 방식은 그후 관례화된다.[18] 유구의 조선표류민이 중국을 경유해 송환된 것도 대체로 이 시기 직후의

---

14) 『명종실록』 元年 2월 무자.
15) 『연산군일기』 3년 10월 임오·병술, 『중종실록』 25년 10월 무오.
16) 『중종실록』 25년 10월 정사.
17) 『중종실록』 25년 10월 계해·갑자. 당시 유구와 사츠마와의 관계에 대해서는 喜舍場一隆, 『近世薩琉關係史の研究』(일본 國書刊行會, 1993), 35~39쪽.
18) 『중종실록』 26년 3월 갑오, 4월 무오. 이후 표류한 유구인의 송환이 중국을 경유하게 되었음은 孫承喆, 『近世朝鮮의 韓日關係研究』(국학자료원, 1999), 184~189쪽.

일로 그 첫 사례가 전술한 1546년 박손의 경우이다. 이로 보면 조선과 유구를 잇는 경유지로서의 일본이 16세기 중기에 이르러 유구와의 관계악화 및 후기왜구의 등장에 의해 제외되고 대신 중국이 등장하게 되는 듯하다.

2) 朝鮮後期의 경우

임진란과 그 직후 兩國의 講和과정에서 조선의 對日정보는 임진란 때 잡혀갔다 송환되는 被虜人을 통해 주로 입수되었고 그 주된 초점은 일본의 再侵여부였다. 講和(1607년)와 己酉約條(1609년) 이후 양국관계가 정상화되어가자 양국 표류민에 대한 송환체제도 확립되어 간다.[19] 이에 조선정부의 일본 정보입수는 송환된 自國표류민을 통하는 것보다 通信使를 통해 활발히 행해지고 있다. 조선정부는 표류민이 대체로 지식수준이 낮은 常民이므로 그들의 견문이 체계적인 정보로서 인정할 수 없을 것이라는 선입견, 이에 비해 지식층인 통신사가 대마도에서 에도(江戶)까지를 왕복하는 가운데 일본의 동태를 어느 정도 파악할 수 있을 것이라는 기대를 갖고 있었던 듯 하다. 이를 반증하듯 『海行摠載』에는 每回 通信使行의 紀行日記와 「聞見摠錄」이 실려있다. 조선정부는 또한 조선에 표착한 일본인을 통한 對日정보 수집 노력도 별로 보이지 않는다. 그 이유도 이들 일본인을 常民으로 간주했기 때문인 듯 하다.

그러나 일본 智奇島(변방으로 추정)에 표류했다가 1652년 송환된 徐一立이 임진란 때 잡혀온 現地 조선 被虜人으로부터 전해들었다는 다음과 같은 정보는 주목된다.[20] 즉 피로인들이 아직 정신적으로 일본에 정착하지 못하고 있다는 것이다. 그리고 1635년에 있었던 대마도측의 國書改造事件인 야나가와(柳川)事件이 양국관계를 파국으로 몰고 가 조선이 일본을 공격한다는 소문이 퍼졌고, 조선의 內應세력으로 이들이 지목되어 일시 구금까지 당했다는 것이다. 또한 이들이 조선의 1636년 통신사 파견에 대해, 양국관계를 정상화시키고 일본의 朝鮮再侵을 중지케 한 중대

---

19) 에도(江戶) 幕府의 표류민에 대한 송환절차는 1640년대 후반에 정비된다. 이에 관해서는 이훈, 『朝鮮後期 漂流民과 朝日關係』(국학자료원, 2000년) 121쪽, 鶴園裕 외 「江戶時代における日朝漂流民送還をめぐって」(일본 韓國文化硏究振興財團『靑丘學術論集』 11, 1997) 139쪽 註 3) 참고.

20) 『효종실록』 3년 7월 무자.

한 배경이 되었다고 믿고 있다는 것이다.

이를 통해 야나가와事件과 통신사의 渡日로 전개되는 국면이 일본내에서는 양국간에 심각한 위기상황이 조성되고 해소되는 과정으로 인식되고 있었음을 알 수 있다. 그 와중에서 발생했다는, 조선이 일본을 공격한다는 풍문은 일본 변방의 조선 인식의 일면을 반영하는 것으로 이해된다. 또한 양국간의 위기상황에서 피로인들이 일본의 적대세력으로 간주되어 구금까지 당하고 있었음을 알 수 있다. 그러나 1652년 당시 조선정부의 통신사를 통한 피로인 송환노력은 이미 종식되어 있었다.21)

한편 조선정부의 自國표류민을 통한 유구정보 습득은 어떠했는가? 유구는 1609년 사츠마의 침략을 받아 그 지배하에 들어가지만 기존의 유구국왕 名義의 중국외교는 유지되고 있었다. 이러한 유구에 조선인이 표류하여 송환된 사례중 구체적인 것의 하나가 1662년 전남 務安사람 18인이었다. 그들이 유구에 표착했을 때 유구인들은 처음엔 조선인임을 알아차리지 못했다는 것이다. 이윽고 유구인들이 북 하나를 가지고 앞에 와서 손으로 가리키며 鼓舞하는 모양을 지었고, 이에 그 뜻을 알아차린 조선인들이 노래를 부르며 북춤을 추자, 그때에서야 유구인들은 高麗人이라고 부르면서 거처와 양식을 주어 우호적인 태도를 보였다고 진술하고 있다. 이 시기 유구인들에게 조선인이 가무에 능하다는 인식이 일반화 되어있음을 보여주는 것이라 하겠다. 표류민들은 또한 유구에 장발한 자와 삭발한 자가 섞여있다고 보고하고 있다.22) 장발한 자란 유구인이며 삭발한 자는 지배자인 사츠마인일 것이나, 실록으로 보는 한 이 정보에 대한 평가는 보이지 않는다.

1663년엔 유구의 오시마(大島 : 現 鹿兒島縣 西南海上의 섬)에 표착했던 海南사람 金麗輝 외 28인이 송환되고 있다. 그들의 보고에도 이곳엔 삭발한 자도 있어 일본인처럼 칼을 차고 다녔으며, 표착된 자신들에게 외출은 엄중히 금지되어 있었다고 한다. 그 땅 오시마는 원래 유구땅이었으나 사츠마에게 빼앗긴 곳이라는 傳言도 하고 있다.23) 1716년에도 珍島사람 金瑞를 비롯한 9인이 유구에 표착했다. 이들도 송환되어 유구의 습속과 기후 등 구체적인 정보를 제공하고 있으나 정치적인 정보는 보이지 않는다.24) 1781년 오시마에 표착했던 전라도 출신 李再晟 등은 조속한 귀국 의사

---

21) 통신사를 통한 최후의 피로인 송환은 1643년으로 14명이다(『인조실록』 21년 10월 기축).
22) 『현종실록』 3년 7월 기해.
23) 『현종개수실록』 4년 7월 신미.

를 유구측에 요청하자, 봄이 되면 '寶島'(후술) 商船이 통과하니 이에 동승하여 유구 本島로 이동해 중국으로 轉送될 수 있을 것이라는 답을 들었다고 보고하고 있다.[25]

그러면 조선에 표착한 유구인을 통해서는 조선정부가 어떤 정보를 얻고 있었을까? 먼저 1790년에 표착한 유구인에 관한 기록을 보자. 실록에선 그들의 출신지역과 이름을 기록하고 형상과 의복에 대해서도 상세히 묘사하고 있다. 그리고.배 안엔 「大坂繪圖」・『日本年代記』및 寬永通寶(간에이 츠호)란 일본 화폐가 있었는데 유구인들은 이를 유구 화폐라고 말했다고 의아해하고 있다. 또한 일본 글자를 써 보이니 머리를 흔들면서 대답하지 못했다고 하고 있다. 이에 이를 朝廷에 啓聞하는 전라도 觀察使 尹蓍東은 그들의 머리모양과 의복 제도 및 소유하고 있는 일본화폐를 가지고 유구가 일본에 복속된 것으로 추정하고 있다.[26]

1797년 표착한 유구 선박에도 일본 연호인 寶曆(호레키)과 寬政(간세이)이 명시된 曆書가 조선측에 발견되었으나 별다른 설명 없이 실록은 기록하고 있다.[27] 아마도 일본의 지배하에 있는 유구의 현상을 숙지하고 있었기 때문으로 여겨진다.

3. 민간 표류기록에 보이는 일본정보와 교류

조선시대 私撰的 표류기록은 결코 적지 않다.[28] 그러나 그 중에서 對日정보와 관련한 표류기록을 본다면 우선 전술한 崔溥의『漂海錄』을 들 수 있다. 그는 1488년 40여명의 일행과 함께 제주도에서 전라도로 향하다가 표류하여 중국 浙江省 연안에 표착한다. 애초엔 중국측에 왜구로 오인되어 여러 번 죽을 고비를 맞는다. 그는 다시 자신과 같은 오해를 받지 않기 위한 대책으로, 號牌를 착용하게 하고 官用으

---

24)『숙종실록』42년 12월 임진.

25)『備邊司謄錄』162책 正祖5년 辛丑 2월 15일「靈巖漂還人問情」.

26)『정조실록』14년 7월 기축. 그러나 유구가 일본에 복속된 것은 일본의 유구 침략 다음해인 1610년에 조선에 이미 전달되고 있었다. 즉『광해군일기』2년 4월 을미와 12월 정유조엔, 조선피로인의 귀국보고로서 사츠마의 유구 점령이 전달되고 있고,『인조실록』16년 정월 계사조엔 중국에 다녀온 사신을 통해 유구의 일본에의 臣服과 朝貢이 파악되고 있다.

27)『정조실록』21년 윤6월 을사.

28) 윤치부,『韓國海洋文學硏究』(학문사, 1994) 참고.

로 제주를 왕래할 때엔 통역을 대동케 하여 표류에 대비해야 한다고 제기하고 있다. 그런데 이들이 송환되기 위해 山東省 지역을 이동할 때 그 곳 주민들로부터 '오야지'라 불리워지고, 그 이유를 왜구로 착각하여 그렇게 호칭된 것이라는 답을 듣는다.[29] 이로 보아 중국연안 민중의 왜구에 대한 두려움이 어떠했는가를 엿볼 수 있다. '오야지'란 아버지 또는 아버지에 준하는 일본어이다.

최부 일행이 귀국을 위해 북경에 머물고 있을 때 마침 그곳에 있던 유구 사신으로부터 향응을 받고, 귀국에 즈음해서는 부채 등을 선물 받고 있다. 또한 사신으로부터 20여년 전 조선에 사절로 파견되었던 자신의 아버지가 당시 조선 선비들과 교류했던 일들을 항시 그리워했었다는 이야기를 전해 듣는다.[30] 최부의 『표해록』은 그후 5회에 걸쳐 再版되고 있는 것으로 보아[31] 조선시대 識者들에게 흥미로운 해외정보로서 널리 수용되어 있었을 것이다. 후술하는 張漢喆의 『漂海錄』의 내용으로서도 이를 알 수 있다.

李志恒은 1696년 일본 홋카이도(北海道)에 표착했던 인물로 『海舟錄』을 남기고 있다. 그는 홋카이도 남단의 마츠마에(松前)藩으로부터 들은 정보에 의거하여, 홋카이도에 거주하는 에조(蝦夷 :아이누족)는 文字나 농경을 몰라 漁撈와 수렵으로 생활하는 짐승 같은 부류이며, 그 북방에는 長身의 붉은 털을 가진 족속이 있는데 그 곳에 표착하면 누구도 살아남지 못한다고 기록하고 있다.[32] 이러한 에조에 관한 정보는 그후 실학자들에게 계승된다.[33] 그런데 북방에 산다는 붉은 털의 長身 족속이란 당시 東進해 있던 러시아인들로 여겨진다. 이지항 일행은 일본측으로부터 조선에선 불교를 믿느냐. 神에게 제사지내느냐. 유교를 존중하느냐. 예수교를 포교하느

29) 崔溥 지음 최기홍 옮김, 『漂海錄』(교양사, 1997) 聞1월 19일조, 3월 8일條.
30) 앞의 책 4월 6일, 4월 17일조.
31) 앞의 책 序文 참고.
32) 李志恒, 『漂舟錄』(『海行摠載』 III, 민족문화추진회, 1975) 417~418쪽. 文旋奎는 같은 책 이지항의 「漂舟錄 解題」에서 그의 표류시기를 1756년으로 추정하고 있으나, 趙洙翼, 「한 武人의 北海道 漂流」(소재영 · 김태준 편, 『여행과 체험의 문학−일본편』 민족문화문고간행회, 1985) 81~83쪽, 그리고 일본측의 관련史料(池內敏, 「17世紀, 蝦夷地に漂着した朝鮮人」, 『近世日本と朝鮮漂流民』, 일본 臨川書店, 1998. 280쪽 註4 참고)로 볼 때 1696년이 합당하다.
33) 趙洙翼, 「한 武人의 北海道 漂流」(소재영 · 김태준 편, 『여행과 체험의 문학−일본편』, 민족문화문고간행회, 1985) 79쪽.

냐 등을 심문 당하고 있다.34) 이같은 내용의 심문은 일본에 표착한 모든 조선인에게 행해진 것으로 특히 크리스챤 여부가 심문의 초점이었다.35)

1833년 北京에 使行으로 간 金景善은 유구에서 송환되어 그곳에 체류중인 제주도 표류민을 만난다. 그리고 그들로부터 표착지 유구에서의 견문을 구술 받아 이를 토대로 「濟州漂人問答記」를 작성하고 있다.36) 여기엔 유구의 국력과 외교관계,. 특히 중국과의 朝貢관계, 풍습과 학문 등에 대해 기술하고 있어 그가 유구와 관련한 어떤 정보에 관심을 가졌는가를 알 수 있다.

표류민의 체험은 口傳으로 민간에 전파되기도 하여 정보로서 유용하게 작용하기도 한다. 1717년 일본에 표착한 조선인들이 일본측에 의복과 음식 지급이 부족하다고 이의를 제기하고 있는 것이 그 한 예이다. 이미 이들은 일본측의 조선표류민에 대한 접대규모를 정보로서 파악하고 있었던 것이다.37) 일본에 표착하기만 하면 넉넉한 의복과 식량 등의 厚待를 받는다는 이러한 정보는 사람들의 입에서 입으로 확산되어가, 18세기에 이르러서는 표류에 대한 경험담을 바탕으로 소설적인 색채가 가미된 '표류기'가 작성될 정도였다고 한다.38)

표류민에 의한 정보는 故漂, 즉 고의적인 표류를 발생시키기도 한다. 표착된 특정국가에서 후대 받았다는 정보는 송환된 표류민을 통해 주변 연안지역의 빈민들을 자극시키고, 이들로 하여금 고표를 일으키게 하는 것이다. 이러한 고표가 이미 朝鮮前期에 발생하고 있음은 16세기 중엽 魚叔權이 저술한 『稗官雜記』중에서 다음처럼 찾아볼 수 있다.

요즘 제주도민이 寧波에 표류했다 송환된 것이 예닐곱 차례이며, 1547년 자신이 奏聞使로 북경에 갔을 때에도 제주도민 金萬賢 등 64명이 영파에서 송환되어 대기하고 있었다. 마침 중국측의 송환책임자 楊受가 말하길, 이들이 경유하는 곳곳에서 소란을 부렸으니 예의의 나라인 조선 사람이 이럴 수가 있는가

34) 이지항, 앞의 책 422~424쪽.
35) 이훈, 「조선후기 일본에서의 조선인 漂民 취급과 선린우호의 실태」(『사학연구』47, 1994) 44쪽.
36) 金景善, 「燕轅直指」(『국역 燕行錄選集 X』민족문화추진회. 1989) 289쪽 이하.
37) 이훈, 앞의 논문, 57쪽.
38) 이훈, 『朝鮮後期 漂流民과 朝日關係』(국학자료원, 2000년) 99쪽.

라고 하였다. 나는 의아했으나 이들을 데리고 고국으로 오면서 그 태도를 보
니 수긍이 갔다. 요즘 제주도민이 해외에 표류했다 송환되는 일이 잦다. 그 이
유는 그들이 濟州牧使로부터 쉽게 해당 증명서를 발급 받을 수 있기 때문이며,
구태여 순풍을 기다리지 않고 출항하여도 중국에 표착하기만 하면 무사히 송
환될 수 있다고 여기기 때문이다. 그 결과 杭州 일대에 조선표류민이 증가하였
는데, 그 접대부담이 더 과중하여지면 그곳 邊將이 이들 표류민을 왜적으로 간
주하여 죽이거나 쫓아내 버릴 것이다. 표류민 김만현은 말하길, 15말의 쌀과
몇 동이의 물만 있으면 순풍이 아니더라도 며칠사이에 영파에 닿을 수 있어
출항하는 것에 대해 걱정하지 않는다고 하고 있으니, 고의로 표류하는 폐단이
그치지 않을 듯 하다.39)

어숙권은 중국 관리 양수의 발언과 표류민의 행동거지, 그리고 김만현의 장담을
통해 제주도민의 중국으로의 고표가 빈번하게 행해지고 있다고 확신하고 있다. 또
한 빈번한 고표는 중국측으로 하여금 조선표류민을 왜구로 간주하여 살해하게 하
는 결과를 불러올 것이라고 우려하고 있다. 이러한 어숙권의 인식은 실록으로 보는
한 당시 조선정부에서는 전혀 의식하고 있지 않는 것이었다.40)

조선후기에 들어와 정부는 일본으로의 고표가 빈번히 발생하고 있다고 간주하
고 그 대책에 부심하고 있다.41) 또한 고표가 일본만이 아니라 유구를 대상으로도
행해졌다는 것을 볼 때,42) 송환된 표류민에 의한 정보가 한반도 연안지역에 얼마나
광범위하게 정착되어 있었는가를 알 수 있다.

4. 琉球王子殺害說의 傳承

조선후기 표류와 관련한 정보가 시간의 경과에 따라 윤색·변형되어 전설화되
고, 특정 지역민에게는 새로운 행동원리로 작용하는 일이 있었다. 그 예를 琉球王子

39) 魚叔權, 『稗官雜記』(민족문화추진회, 『국역 大東野乘』 제Ⅰ권, 1971년) 474쪽.
40) 『명종실록』 2년 11월 병술조엔 표류민 김만현의 이름이 등장하지만, 김만현 일행의 조선
  移送절차와 관련한 조선과 明과의 외교마찰을 기록하고 있을 뿐이다.
41) 『邊例集要』 卷3 漂人. 英祖 3년 정미 2월조.
42) 이훈, 「人的 교류를 통해서 본 조선·유구관계」(하우봉·손승철·이훈·민덕기·정성일
  지음, 『朝鮮과 琉球』 아르케, 1999), 219쪽.

殺害說에서 찾아볼 수 있다.

이를 파악하기 위해, 1937년 제주도민 李雄植이 전설을 採錄하러 그곳에 들린 민속학자 崔常壽에게 들려준 다음과 같은 이야기를 소개해 보자.

조선 仁祖때 琉球가 일본의 침략을 받아 그 왕이 일본으로 잡혀갔다. 그러자 왕자는 왕을 구하려고 보물을 배에 가득 싣고 일본으로 향하다가 제주도에 표착했다. 濟州牧使 李箕賓이 筆談으로 유구왕자임을 파악하고 후대하였다. 며칠 후 배에 실려있는 짐을 검사하기 위해 왕자에게 물으니 배 안에 酒泉石과 漫山帳이 있다고 답했다. 주천석은 四角의 돌로 만들어진 것으로 그 가운데 구멍이 있어 물만 넣으면 술이 된다는 보물이며, 만산장은 거미줄을 모아 물들여 짠 휘장으로 어떤 물건이라도 능히 덮을 수 있고 덮으면 빗물도 새어들지 않는 것이라고 설명했다. 목사가 이를 탐내어 달라고 졸랐으나 거절당하자 강압적으로 이를 빼앗으려 했고, 이에 왕자는 그 두 신기한 보물을 바다에 던져버렸다. 화가 난 목사가 다른 물건들을 강탈하고 배에 탄 유구 사람들을 모두 살해하기에 이르자, 왕자는 종이와 붓을 달라하여 자신의 사연을 글로 기록하고 조용히 죽음을 맞았다. 그후 목사는 朝廷에 보고하여 유구 왕자가 노략질을 해와서 죽였다고 했으나 결국 사실이 탄로나 重罪를 받게 되었다.[43]

이 이야기를 통해 유구왕자살해설이 단순한 전설이 아닌 仁祖代라는 구체적인 역사적 배경을 가지고 있음을, 그리고 20세기 전반까지 제주도에 口傳되어 왔음을 알 수 있다. 그런데 이 전설은 내용상 약간의 차이는 있으나 이미 18세기 중반 李重煥의『擇里誌』-「卜居總論」에 등장하고 있고, 이후 18세기 후반 朴趾源의『燕岩集』(卷14) 등으로 계승되고 있다. 그렇다면 이 전설은 조선후기 사대부층에게 거의 常識으로 광범하게 정착되어 있었다고 볼 수 있다.[44]

유구왕자살해설은 實錄에 그 起源을 두고 있다는 점에서 더욱 주목된다. 즉 1611년(光海君 3년) 제주도에 商船이 표착하여 牧使 李箕賓이 이를 약탈하고 승선원들을 모조리 살해했다고 하고, 다음해엔 朝廷이 이 상선에 대해 일본을 왕래하는 '安南船', 또는 중국선으로 추정하고 있음을 기록하고 있다. 1613년엔 이 상선에 중국인

43) 최상수,『한국민간전설집』(통문관, 1958년) 176~178쪽.
44) 松原孝俊,「朝鮮における傳說生成のメカニズムについて—主に琉球王子漂着譚を中心として」(일본『朝鮮學報』137. 1990) 120쪽.

외에 유구인과 일본인이 승선했다고 추정하고, 그들이 살해될 지경에 이르자 젊은 琉球使臣이 능란한 文辭로 비장한 심정을 토로했다고 적고 있다.[45] 그러나 1623년 仁祖가 즉위하자, 明에 제출할 奏文 내용에 光海君代 표착한 琉球世子를 살해했다고 기술하자는 주장이 나왔고, 이에 대해 李元翼이 世子 여부가 불확실하다며 반대했음을 기록하고 있다. 그 2년 뒤 사망한 李箕賓의 卒記에서는 유구 선박이 표착하여 여기에 승선해 있던 왕자가 살해된 것으로 기록되어 있다.[46]

이처럼 실록에서 이기빈에게 해를 입은 표착민을 광해군 때엔 '安南人' → 중국인 → 유구사신으로 추정했다가 仁祖代엔 유구왕자로 지위 상승시켜 가고 있다. 그 배경에는 仁祖 정권의 광해군에 대한 惡政을 강조하려는 의도가 구체적으로 나타나 있다.

이 說이 이같이 仁祖정권에 의해 왜곡된 것임에도 불구하고 제주도 주민에게 정착되어 갔다. 그 사실은 1741년 유구에 표착했다 송환된 제주도민 金喆重 일행에 대한 「濟州漂流人別情單」을 통해서 알 수 있다. 그들은 유구로 표류되면서 차고 있던 號牌와 '濟州'가 표기된 문서 및 錢文 40餘兩을 바다로 던져버린다. 제주도 사람임이 유구측에 발각되면 살해된다는 우려에서였다. 그후 琉球 官吏의 심문에서도 출신지역을 전라도 靈岩郡이라 답하고 있다.[47]

그로부터 30년 후인 1770년 제주도민으로 유구에 표류했던 張漢喆도 같은 대응을 보이고 있다.[48] 그는 표류가 시작되자 최부의 『표류록』을 상기하여 유구로 표류될 것을 확신하고 자신과 일행의 號牌를 모두 바다에 버리고 있다. 유구왕자살해설을 사실로서 믿고 있었기 때문이다.[49] 유구의 無人島에 표착한 이들은 일본으로 향하는 베트남 商船에 구조 받는다.[50] 그리고 일본으로 가는 중에 한라산이 멀리 보

---

45) 『광해군일기』 3년 8월 계사, 4년 2월 을해 · 4월 기묘, 5년 정월 병술.

46) 『인조실록』 元年 4월 계유, 3년 정월 정사.

47) 『備邊司謄錄』 109책 英祖 17년 11월 23일.

48) 張漢喆 지음 鄭炳昱 옮김, 『漂海錄』(범우사, 1979).

49) 장한철은 앞의 책에서, 유구사절의 寄港地가 順天府 昇平館이었다 하고, 광해군 3년 제주도에 표착한 유구왕자를 살해한 까닭에 이후 유구사절의 왕래가 중단되었다고 주장하고 있다. 이로 보아 그가 조선과 유구와의 관계에 깊은 관심을 가지고 있었음을 알 수 있다. 그러나 유구사절의 도항지에 대해서는 확인할 수 없다. 유구와의 국교단절이 유구왕자살해설에 기인한다는 그의 인식은 유구사절의 조선왕래가 임진란 이전에 이미 단절되어 있었다는 점에서 잘못된 판단이다.

이게 되자 반가움에 울부짖는다. 그러자 이 광경을 보고 이들이 제주도민임을 알게 된 베트남 상인들은 이들을 작은 배로 옮겨 태워 망망대해로 내쫓는다. 옛날 ‘安南太子’가 耽羅王에게 살해되었다는 이유에서 제주도인들에게 복수를 한 것이었다. 이에 장한철은 급기야 유구왕자살해설을 否定하고 ‘安南太子殺害說’로 수정하기에 이른다.

장한철처럼 실학자 鄭東愈도 1806년 편찬한 『晝永編(上)』에서 유구왕자살해설을 부정하고 있다. 그는 유구왕자 살해로 朝·琉 관계가 악화되었다는 俗說에 의문을 제기하고, 이와 관련하여 조선 사신이 북경에서 직접 유구 사절에게 조선을 원수처럼 생각하는가를 묻고 이를 부정하는 답을 들었다는 傳聞을 기록하고 있다. 아울러 1727년 譯學 李齋耼이 제주도민 高商英으로부터 口述 받은 다음과 같은 표류 체험담을 轉載하여 이를 증명하려 하고 있다.[51]

1687년 제주도민 고상영 일행 24명이 楸子島 근해에서 표류하여 베트남에 표착하였다. 이들이 필담을 통해 조선인임을 밝히자, 現地 地方官은 옛날 ‘安南太子’가 제주도에 표류하여 그곳 사람들에게 살해당했으니 복수해야겠다며 죽이려고 하였다. 이들이 놀라 울부짖자 한 貴婦人이 나타나 구원해 주었다. 그후 이들은 베트남의 首都로 移送되어 국왕을 알현하고 귀국을 허락 받았다. 이에 중국상인 朱漢源 등에 의해 조선인 1인당 쌀 30석을 보상하여 준다는 조건으로 이들이 조선에 송환되는 것은 다음해 12월이다. 실록은 이들이 송환조건을 이행할 경제적 능력이 없어 조선정부가 대신 중국상인들에게 銀으로 배상해 주었다고 기록하고 있다.[52]

그러나 이같이 제주도민 고상영·장한철의 실제경험에 의해 주장된 ‘安南太子殺害說’은 정보로서 전승되거나 활용되지 못한다. 오히려 1828년 朴思浩의 「心田稿」에서 보듯 유구왕자살해설이 정보로서 口傳되고 제주도민의 유구 표류에 작용하고

---

50) 장한철은 이 무인도에서 한 무리의 일본인과 遭遇하게 되고 도움을 기대한다. 그러나 이들은 해적행위를 나선 왜구들이었으며 장한철 일행은 이내 그들에게 약탈당한다. 조선후기 동아시아에서 왜구가 종식되었음을 생각하면 흥미로운 정보가 아닐 수 없다. 약탈당한 장한철은 곧 임진란을 상기하며 분개하고 있다. 18세기 조선인에게 임진란은 對日감정의 主因으로 잠복되어 상황에 따라 곧 표출되는 구조를 갖고 있었음을 알 수 있다.

51) 鄭東愈지음 南晩星 옮김, 『晝永編(上)』(을유문화사, 1971).

52) 『숙종실록』15년 2월 신해.

있다. 박사호는, 유구가 유구왕자 살해에 대한 보복으로 표류해 온 제주도민을 언제나 살해하며, 제주도민은 이를 두려워하여 유구에 표착하면 타지역 출신이라 詐稱하여 위기를 모면한다고 적고 있다.[53] 이같은 왜곡된 정보는 전설의 형태로 20세기까지 전승되었으니, 전술한 이응식의 例에서 이를 찾아볼 수 있다.

그런데 제주도민의 출신지 詐稱은 유구만이 아니라 일본 · 중국에 표류되었을 경우에도 적용된다. 제주목사가 중앙에 보고한 『濟州啓錄』[54]을 보면 1846~1858년 동안 표류된 제주도민의 송환기록은 26건으로, 이들 표류민이 표착한 국가에서 詐稱한 출신지를 살펴보면 다음과 같다. 일본 표착시는 海南 9건, 康津 3건, 靈巖 1건이다. 유구 표착시는 해남이 1건, 강진이 2건이다. 중국 표착시는 해남이 7건, 강진이 3건이다. 합계하면 해남이 17건, 강진이 8건, 영암이 1건이나 그 詐稱 지역 차이에 특별한 의미는 부여할 수 없을 것 같다.

이처럼 출신지를 사칭하는 제주도민의 의식구조에 대해 이케우치(池內)는 다음처럼 설명하고 있다. 주변국의 표류민이 제주도에 접근하려다 암초나 潮流 등의 문제로 破船되어 익사하는 경우가 많다. 이를 평소 보아온 제주도민은 표류민들이 제주도민에 의해 살해된 것으로 주변국에 오해되어 적개심의 대상으로 지목받고 있을 것이라고 우려하게 된다. 그러다가 제주도민이 주변국에 표착하게 되면 복수로 살해당할 것으로 판단하여 출신지를 사칭하게 된다는 것이다.[55]

이케우치의 사칭 배경에 대한 주장은 충분히 수긍되면서도 연구가 미진한 현재의 필자의 입장에선 그 평가를 유보하고 싶다. 다만 사칭의 배경에 제주도민의 조선인민으로서의 소외의식이 작용하지 않았는가 추정해 보고 싶다. 즉 제주도민은 평소 조선정부와 한반도 거주자에 대해 소외의식을 가지고 있지 않았을까? 이 의식이 제3국 표류시, '조선인'으로서 대우받으려는 적극자세를 갖는다는 것이 출신지 사칭으로 연결되는 것이 아닌가 여겨진다.

---

53) 朴思浩, 「心田稿」(『燕行錄選集Ⅸ』 「심전고―留館雜錄 諸國」).

54) 고창석 외 옮김, 『濟州啓錄』(서귀포시 공보실, 1995).

55) 池內敏, 「出身地を詐稱する漂流民」 『近世日本と朝鮮漂流民』(日本 臨川書店, 1998) 230~238쪽.

5. 일본의 표류민을 통한 조선정보와 교류

일본 중앙정권이 표류민 문제를 직접 관장하고 표류민을 통해 적극적인 정보수집 의지를 나타낸 것은 에도시대에 와서였다. 16세기 중반 에도幕府는 대내적으로는 기독교도의 일본 잠입을 봉쇄하기 위해 신경을 곤두세우고 있었다. 이를.위해 조선에도 여러 차례 협조를 요청했고, 조선이 이에 응하여 1644년 自國에 표착한 日本行 중국상인들을 일본에 인도하기도 했다. 막부는 이들 인도된 중국인들을 심문하여 그 중에서 기독교인 5인을 색출했다면서 조선에 감사의 뜻을 표명해 오기도 했다.[56]

또한 막부는 대외적으로는 明淸교체라는 대륙의 변화가 일본에 미칠 위협에 긴장하고 있었다. 그러던 1644년 연해주에 표착한 에치젠(越前 : 福井縣) 출신의 일본인들이 현지의 여진족을 속여 조선인삼을 구하려다가 43인이 살해되고 나머지 15명이 구출되어 瀋陽을 거쳐 북경에 송치되었다가 다시 조선을 경유하여 대마도에 송환된 일이 있었다. 흥기하는 淸朝의 군사력과 北京 入城을 직접 목격하고 돌아온 이들의 보고는, 당시 明朝 부흥을 위한 援兵문제로 논란을 벌이던 막부로 하여금 派兵 중지로 선회케 하였을 것으로 보인다.[57] 실록으로 보면 조선이 이들 표류민들을 淸으로부터 인도 받는 것이 1645년 12월이다. 조선이 이들을 일본에 송환하자, 막부에서는 조선이 이제 明 대신 淸과 돈독한 사이가 되었다고 판단하고 있다.[58]

그러면 조선에 표착했다 송환된 일본인에 대한 일본측의 기록을 살펴보자. 1735년 오키(隱岐 : 島根縣)출신의 일본인들이 포항 연안에 표착했다. 언어가 통하지 않았지만 곧 통역관이 배치되었고 매일처럼 식량을 지급 받고 있다. 귀국에 즈음해선 조선국왕의 하사품과 함께 파선되었던 배도 수리 받고 있다. 이들은 대마도를 경유해 ·오사카에 이르러 막부의 조사를 받은 후 歸鄕하고 있다.[59] 1756년 일본 동북지방인 아오모리(靑森) 출신의 일본인 4명이 강릉에 표착했다. 옛부터 '唐'(조선)에서

---

56) 申東珪,「耶蘇宗門禁制를 둘러싼 朝日外交關係」(『江原史學』13 · 14 合輯, 1998) .

57) 小林茂文,「漂流と日本人」(谷川健一,『海と列島文化 別卷-漂流と漂着 · 總索引』 일본 小學館, 1993) 131~132쪽.

58) 『인조실록』 23년 12월 기축, 24년 정월 기유 · 11월 신해, 25년 3월 병인.

59) 岸浩,「長門沿岸に漂着した朝鮮人の送還を巡る諸問題の檢討」(일본 『朝鮮學報』 109 · 110 합집, 1986). 455쪽.

는 사람의 피를 짜 기름을 만든다고 들었던 이들은 죽음을 각오하면서 조선측의
접대에도 오히려 전전긍긍한다. 어느 날 '唐人'(조선인)이 6척 정도나 되는 짐승을
가지고 와서 먹으라고 하자 이들은 독을 넣은 고기로 알고, 칼에 찔려죽는 것보다
는 이 독을 먹고 죽는 것이 다행이라 각오하며 먹는다. 또 어느 날은 '唐人' 10여명
이 와서 씨름하기를 요청하자, 이들은 일부러 져줌으로서 '唐人'의 기분을 맞추어
위기를 넘기고자 하고 있다. 그후 이들이 이러한 오해를 푼 것은, 즉 독을 먹이려
한 것이 아니라 돼지고기로 향응을 베풀려 한 것이며, 지루함을 위로해 주려는 배
려로 씨름판을 벌려주었다는 것을 알아차린 것은 표착한지 1개월 후로, 현지에 당
도한 통역관에 의해서였다.[60] 이들 일본표류민의 귀국으로 일본 지역사회에 존재
했던 위와 같은 굴절된 조선관은 수정되었을 것이다. 아울러 조선의 실상과 표류민
에 대한 厚待 조치도 하나의 정보로서 전달되었을 것이다.

　1806년 동남아에 표류한 일본인들의 경우, 그들이 南京 ― 조선 ― 나가사키 루트
로의 송환을 기대했음에도, 移送된 중국 廣州에서 다시 자카르타로 보내져 네델란
드선에 의해 송환되었다 한다. 그들은 기대했던 루트로의 송환이 달성되지 못한 이
유를 토요토미 히데요시(豊臣秀吉)의 조선침략으로 결과된 중국인의 對日觀이 반영
된 것으로 이해하고 있었다. 즉 임진란을 일으키고 조선에 派兵한 많은 중국 兵士
를 살상한 일본인에 대한 중국의 감정이 작용했다고 여긴 것이다. 이는 임진란을
일으킨 일본인에 대한 조선인의 보복 행위를 근세 일본 민중이 당연시한 의식과
상통하는 것이다.[61]

　한편 일본의 각 지역에서는 조선표류민을 통해 어떠한 조선 정보를 취득하고 있
었을까? 규슈남부의 사츠마藩에서는 조선 표착민이 발생했을 때 이를 보호하고 무
사히 나가사끼까지 移送하기 위해 조선어 通詞를 存置시켰다. 이 조선어 통사가 조
선어 학습서로 이용한 것은 『漂民對話』라는 책이었다. 이 책은 임진란때 사츠마에
잡혀온 朝鮮被虜人들의 집단촌락인 나에시로가와(苗代川)에서 조선어 통사를 대대
로 담당했던 조선인 家系에 전해진 것이다.[62]

---

60) 池內敏, 「鳥取藩領に漂着した朝鮮人」『近世日本と朝鮮漂流民』(일본 臨川書店, 1998) 247~
　　248쪽.
61) 池內敏, 「近世後期における對外觀と'國民'」(일본 『日本史硏究』 344. 1991). 小林茂文, 앞의
　　논문 156~157쪽.

이 책은 조선어 통사와 조선표류민과의 질문응답을 통해 얻어낸 정보를 엮어놓은 것으로 많은 조선에 대한 정보가 들어있다. 그 내용도 다양하여 조선의 자연과 인문 및 사회에 걸쳐 소개하고 있다. 이를 통해 대마도와는 달리 제한된 조선 정보를 가지고 있던 사츠마藩이 조선표류민을 통해 어떤 정보를 얻으려 했던가에 대해서도 파악할 수 있다.[63]

우선 조선의 외교에 대한 정보를 얻으려 했음을 알 수 있다. 부산에서 대마도까지의 거리와 왜관의 위치와 운영방법 및 조선·대마도 사이의 사절 왕래 현황과 교역품 등등, 또는 중국에의 유학여부나 조선과 중국간의 통역관 유무에 대해 질문하고 있다. 조선·대마도와의 관계에 대한 질문은 같은 擬君臣관계에 있는 사츠마·유구와의 관계에 참고로 하기 위한 목적도 있었을 것으로 여겨진다. 나아가 중국·네델란드 상선의 조선 來航에 대한 질문도 있어, 일본 나가사키에의 兩國 상선의 내항 현상과 비교하는 질문으로 보여진다.

조선의 內政 및 국방에 대한 관심도 나타난다. '京城'의 방비 상황, 지방관의 명칭, 유명한 학자의 유무, 武科의 실시와 武官의 帶劍 여부, 軍船 제작시의 나무못 사용 여부 등에 대한 질문이 그것이다. 武科나 武官에 대한 질문은 武士지배체제인 일본의 현실과의 비교에서 내어졌을 것이다. 그 외 조선에서의 표류민에 대한 조치, 조선의 男女不同席과 敬老 관습 등에도 관심을 보이고 있다. 그리고 소의 도살과 소고기 食用에 대한 것, 또는 호랑이의 害惡과 포획 방법 등에 대한 질문은, 소고기를 먹지 않고 호랑이를 보지 못한 일본인으로서는 당연한 관심이었을 것이다. 조선인삼에 대해서는, 上品의 조선인삼이 채취되는 지역과 인삼 재배의 여부, 조선인삼의 '北京皇帝' 복용 여부와 중국 판매시의 가격 등을 묻고 있어, 에도시대 일본의 조선인삼에 대한 관심의 정도가 표현되어 있다.

『漂民對話』는 사츠마藩의 조선어 통사와 표착한 조선인과의 정보교류에 의해 만들어졌다는 점에서 양국간의 표류민을 통한 정보의 교류라 볼 수 있다. 이 책으로 조선어를 익힌 조선어 통사는 그후 발생한 조선 표착민을 통해 다시 새로운 조선 정보를 취득할 수 있었을 것이고, 그 정보는 사츠마藩의 조선 정보로서 계속 축적

---

62) 鶴園裕 외 「江戸時代における日朝漂流民送還をめぐって」(일본 韓國文化硏究振興財團『靑丘學術論集』 11, 1997).

63) 鶴園裕 외 앞의 논문, 193~197쪽 참고.

되어 갔을 것이다.

시모노세키를 끼고있는 나가토(長門)藩도 18세기 중반 조선표류민을 통해 취득한 정보를 바탕으로 『朝鮮物語』를 간행하고 있다.[64] 그 내용엔 일본인도 年間 여러 차례 조선에 표착하고 있으며 일본처럼 조선도 이들을 잘 보호한 후에 송환한다고 하여(183조), 표류민에 대한 양국의 互惠主義를 반영하고 있다. 제주도에 대해서는 원래 일본이 개척한 섬으로 대마도보다 크며 현재에도 일본 문자('いろは字')를 쓰고 있어 일본 유행가가 불러질 정도라고 하여(211조), 왜곡된 내용이긴 하나 특별한 관심을 보이고 있음을 알 수 있다. 한편 213조에선 1731년 표착한 조선인에게서 들은 정보라 명시하고, 두만강 국경지대와 野人지역을 설명하며 그곳의 '韃靼人'(女眞族)의 법률 및 풍습을 소개하고 있다. 동시에 조선에서 痲疹이 유행하고 있음도 기록하고 있어 유행병의 일본 전파에 대한 우려를 나타내고 있다.

돗토리(鳥取)지역의 경우를 보면,[65] 1767년 표착한 사람들에게서 겨우 '나가사키'(長崎)와 '朝鮮'이란 두 개의 단어만이 통하여 조선인으로 추정하고, 號牌의 착용을 보고 이를 확신하고 있다. 이로 보아 조선인들은 일본에 표류하면 나가사키를 경유해 귀국한다는 것을 익히 정보로서 파악하고 있었음을 알 수 있다―1784년 나가토藩에 표착한 조선인들도 귀국을 앞당기려면 나가사키로 가야한다고 自力으로 나가사키로 향하려다 藩側과 마찰을 빚고 있다.[66] 한편, 일본측은 호패의 착용 여부로서 조선인 여하를 판단 짓는 정보를 갖고 있었음을 알 수 있다. 또한 이들 조선인들이 모두 大食하고 술을 잘 마셨다고 기록하고 있다.

돗토리藩은 조선인들을 나가사키로 호송하기 위해 돗토리 중심지로 이송시키면서, 조선인 행렬을 구경할 때 지켜야 할 규칙을 인민에게 하달하고 있다. 그 내용은 질서정연하게 구경하되 婦人은 이 구경에 참가하지 말라는 것으로, 이에는 儒敎국

---

64) 『朝鮮物語』는 빈번한 조선표류민과의 접촉을 배경으로 만들어진 것으로 조선의 문화와 정보를 체계화시켰다는 평가를 받고 있다. 이를 지은 松原新右衛門은 대마도 출신으로 부산 倭館에도 체류했던 사람으로 나가토藩에 채용된 것은 1723년이다. 그는 그 藩에서 표착한 조선인과의 의사를 소통하고 사정을 청취하는 역할을 맡게 된다. 이에 관해서는 木部和昭・松原孝俊「松原新右衛門『朝鮮物語』解題」(일본 九州大學大學院比較社會文化硏究科,『漂流・漂着からみた環東シナ海の國際交流』, 1997)을 참고.

65) 池內敏,「鳥取藩領に漂着した朝鮮人」『近世日本と朝鮮漂流民』(일본 臨川書店, 1998).

66) 池內敏,「'惡黨'漂民と天明四年令」『近世日本と朝鮮漂流民』(일본 臨川書店, 1998) 164쪽.

가 조선에 대한 인식이 반영되었다 볼 수 있다. 이윽고 조선인들이 이송되던 날, 구경꾼이 구름처럼 몰려들었고 길가의 富商들은 점포의 외곽을 장려하게 꾸며 조선인들을 경탄시켰다고 기록하고 있다. 1819년 조선표류민의 돗토리 중심지 이송에도 같은 규칙이 藩으로부터 하달되었다. 그리고 조선인들이 중심지에 나타나자, 구경꾼이 몰려들고 도로변 富商의 점포에는 양탄자로 기둥을 감고 金銀의 병풍과 진기한 물건들을 진열하는 등 화려한 장식을 하게 하였다. 조선인들은 이를 보고 감탄하여 'ちょうた'(좋다)를 연발했다고 기록하고 있다.

1838년 표착한 조선표류민에 대해서는 그 국적을 확인하기 위해 1819년에 표착했던 조선인들이 쓴 조선어를 보여주었다. 그러자 표류민 모두가 'ほりた'(옳다)라 하며 웃었다고 기록하고 있다.[67] 또한 이들이 1767년의 조선표류민처럼 매끼 2~6공기를 먹었다고 '大食'을 강조하고 있다. 大食은 표류기간만큼 기아에 허덕였을 가능성을 생각할 때 조선인만의 특징으로 강조될 수 없을 듯하나, 술을 잘 마셨다는 기록은 흥미롭다. 후술하는 『觀聽隨錄』에도 조선인들이 술을 잘 마셨다고 적혀 있다.

이와미(石見 :島根縣)의 가토(加藤)氏는 대대로 備忘錄으로서 전수한 『觀聽隨錄』에서 조선표류민에 대해서도 기록을 남기고 있다.[68] 1779년 이 지역에 표착했던 조선인들의 이름을 일본음으로 기록하고, 그들에게서 口述 받은 조선어 숫자 발음을 일본어로 다음처럼 적고 있다. ハナ(하나) トヲル(둘) サイ(셋) タイ(넷) タイタソ(다섯) ヤソ(여섯) イルゴキ(일곱) ヤタ(여덟) アホ(아홉) ヤ(열). 1837년의 표착 조선인에 대한 기록에선 부처에게 절하는 것을 'キウン'(기원)한다고 적고 있다. 이는 조선표류민을 통해 조선어를 이해하려는 민중차원에서의 관심이라 하겠다.

쵸후(長府 :山口縣)藩의 기록으로는 藩의 儒者가 조선표류민을 담당해 필담을 교환한 것이 남아 있다. 1865년의 경우를 보면 필담이 양국의 지리나 풍속, 나아가 중국의 고전 등에도 미치고 있으며, 詩의 응답도 행해지고 있다.[69] 표착사건을 계기로 민간교류가 이루어져 양국에 대한 상호이해를 넓히는 결과를 가져온 사례라

---

67) 池內敏은 앞의 책 288쪽 註 21)에서 이 'ほりた'를 '홀리다'로 추정하여 '속았구나'라는 의미로 파악하고 있으나 상황으로 보아 부자연스러운 해석이다. '옳거니'라는 의미로서의 '옳다'가 옳지 않을까 여겨진다.

68) 木部和昭,「近世期における朝鮮漂流民と民衆」(일본『山口縣史研究』4, 1996) 4~5쪽.

69) 木部和昭,「朝鮮漂流民の救助・送還にみる日朝兩國の接觸」(일본『史境』26) 43쪽.

할 수 있다.

대체로 표착자의 휴대품은 표착지에서부터 구체적으로 목록화되어 막부측의 점 검에 대비하게 된다. 그런데 1737년 나가토에 표착하여 나가사키로 호송된 조선인 에 대한 휴대 물품목록엔 '沙刃利五器'란 소목록이 기록되어 있다. 이는 일본어로 는 'さばりごき'로 발음되므로, 당시 조선인이 海上 移動時 휴대했던 '사발 공기'가 일본어로 옮겨 쓰여진 것으로 보인다. 그중 조선어 '공기'는 容器를 가리키는 'ごき' 로서 야마구치(山口)縣에서 현재에도 사용된다고 한다.[70]

6. 琉球 기록에 보이는 조선표류민

유구정부가 표착한 조선인을 어떻게 보호하고 송환하였는가에 대해서는 이훈의 상세한 연구가 있다.[71] 그러므로 여기서는 유구의 최고의결기관이었던 評定所 기 록인 『琉球王國 評定所文書』[72]의 조선표류민 관련기록에 한정하여 검토하고자 한 다. 이 사료엔 조선표류민에 관한 것으로 1733년 · 1794년 · 1856년의 3건이 들어있 으나, 편의상 이를 시대순으로 A · B · C로 구분해 검토해 보기로 한다.

유구측은 조선인이 표착하면 우선 한글로 직접 자신들의 이름을 적도록 하고있 다(A : 261, B : 321쪽). 그리고 일본의 경우처럼 基督敎徒의 與否를 심문하여 이상 없 음을 확인하고 있다(A : 267, B : 325쪽). 대체로 표류민의 국적과 표류경위를 심문하 는 데에는 漢字에 의한 필담에 의존하고 있으나, B에서 보면, 통역관 및 이전에 표 착한 조선인에게 말을 익힌 자를 동원하여 심문하고 있다. 이에 대해 조선인은 '朝 先國' 어느 지역출신이라며 표류 개략을 말하고, 유구측은 15년전에 표착한 조선인 과 같은 모습을 하고 있으므로 의심의 여지가 없다고 적고 있다(329, 352쪽). 다시 유구측이 '高麗是朝先國'인가 묻자 조선인이 '新羅朝先國'이라 답하고 있다(330쪽).

---

70) 岸浩, 「長門沿岸に漂着した朝鮮人の送還を巡る諸問題の檢討」(일본 『朝鮮學報』 109 · 110, 1986) 462~464쪽.

71) 이훈, 앞의 논문.

72) 손승철 外編, 『朝鮮 · 琉球關係史料集成』(국사편찬위원회, 1998) 259쪽 이하에 所收. 史料 이름에 보이는 '評定所'란 유구왕국의 중추기관으로, 攝政(왕의 자문역) · 三司官(정치실 무 통할) · 物奉行(재정담당), 申口方(행정 · 외교담당)으로 구성되어 있다.

이로 보면 조선인이 朝鮮의 '鮮'을 알지 못하여 '先'이라 쓰고 있었는지도 모르겠으나, 결과적으로 양측에 '朝先'이 '朝鮮'의 의미로서도 통용되고 있었음을, 그리고 조선으로서 高麗나 新羅가 혼용·첨가 사용되고 있었음을 알 수 있다.

유구는 책봉국인 중국과의 조공관계를 지속하기 위해 일본의 사츠마에 지배되고 있는 현상을 중국에 은폐하여 왔다. 그 은폐정책의 하나로 '寶島'라는 架空의 섬을 날조하여 사츠마에 代用하고, 사츠마인을 '寶島人'으로 칭했다.[73] 이러한 정책은 중국의 被冊封國인 조선에도 적용되었음을 다음을 통해 알 수 있다.

유구는 B와 C에서, 표착한 조선인으로부터 유구의 '國船'에 대해 질문을 받을 때에 대비하여 自國人에게 "무역을 위해 왕래하는 '寶船'('寶島'의 선박)으로 대행한다"는 답변을 지시하고 있다(363, 407쪽). 그런데 C에서는 이송중인 조선인이 현지에 체류중인 사츠마인과 우연히 마주치는 사건이 발생했음을 기록하고 있다. 이에 유구측은 어떻게 이 곳에 일본인이 있느냐고 조선인이 물어올 경우에 대비하여, '寶島人'이 무역을 위해 유구에 왔다가 마침 병에 걸려 체류중이라는 답을 만들어 놓고 있다(426쪽).

아울러 유구는 표착한 조선인의 거처를 제한하고 그 주변의 自國人에 대해서는 다음과 같은 규정을 이행토록 하고 있다. A의 경우를 보면, 조선인 거처 주변에서 '大和哥'(일본노래)나 '大和人'(일본인)의 이름을 부르지 말 것, '大和'(일본)연호가 쓰여있는 문서 및 '京錢'(일본화폐) 등을 '異國'사람에게 보이지 말 것, 만약 조선인이 통용화폐를 묻거든 '鳩目錢'(불명)을 사용한다고 대답할 것, '高札'(인민에 알리는 榜)을 걸지 말 것, 조선인 중에 여자도 있으니 이를 담당하여 시중드는 사람이라도 가까이 가 인사하지 말 것, 남녀 차별을 올바로 할 것 등이다(268쪽). 이러한 규정은 B(349쪽)와 C(389쪽)에서도 거의 같다.

여기서 일본적인 것을 조선인에게 숨기려 하는 것은 전술했듯이 은폐정책의 확대 적용이다. '高札'의 게시 금지도 일본어로 쓰고있기 때문일 것이다. 그리고 조선 여인에 대한 접근 금지나 남녀 차별에 대한 주의는, 조선이 유교이념에 투철한 국가라는 정보에 근거한 것이리라. C에선 조선인이 祖上의 忌日에 즈음하여 제삿상에 올릴 음식을 요청한 것에 대해 특별히 이에 응하여 음식을 지급했다고 기록하

---

73) 紙屋敦之, 『幕藩制國家の琉球支配』(東京, 校倉書房, 1990) 256~262쪽.

고 있다(403쪽). 조선인이 조상 제사를 중시한다는 정보를 유구가 파악하고 있음을 시사하는 기록이라 하겠다.

유구는 또한 표착한 조선인이 체류중인 외국인의 눈에 띄지 않게 하기 위해 안간힘을 쓰고 있다. 특히 서양세력이 유구에 관심을 가져 왕래하던 19세기 중반의 기록인 C에서는, '夷人'('佛人' : 프랑스인)에게 표착 조선인의 존재가 밝혀지지 않도록 몹시 주의하고 있다(383쪽). 그러나 유구의 외교에 어떤 악영향을 우려해서 이러한 자세를 취했는가에 대해서는 이 기록을 통해서는 파악할 수 없다.

7. 맺음말

이상과 같이 검토한 바를 다음과 같이 정리하여 보기로 하자. 첫째, 조선정부는 三浦倭亂 직후의 시기를 제외하고는 기본적으로 표류민을 통한 對日 정보취득에 소극적이었다. 그 이유는 朝鮮前期엔 일본에 파견한 사절의 보고나 일본측(대마도나 호족의 사절 및 일본인 평화통교자)의 정보에 , 朝鮮後期엔 渡日한 通信使나 대마도를 통한 정보에 의존하고 있었기 때문이다. 또 다른 이유는 에도幕府처럼 표류민을 愚民으로 차별하는 시각에서였다.[74]

이와는 달리 조선정부의 표류민을 통한 유구 정보 입수는 적극적이었고 그 결과 취득된 정보도 상세했다. 그 이유는 유구에 사절을 파견하여 직접 정보를 수집할 기회가 없었기 때문이다. 이렇게 취득된 유구 정보는 조선으로 하여금 일본보다 작고 먼 나라인 유구를 교린의 대상으로 지속 설정케하는 계기가 되었을 것이다. 조선후기에 와서도 표류민을 통한 유구 정보는 계속 유입되나 외교관계는 단절된다.

조선시대 표류 경험담은 生死를 넘나드는 극한상황과 귀중한 외국 체험이라는 점에서 주목받아 口傳되거나 기록으로 민간에 널리 전파되었다. 글을 모르는 표류경험자의 이야기도 口述받은 지식인에 의해 기록되어 세상에 유포되었다. 그리고 일본에 표착하면 후대를 받으며 나가사키로 移送되어 송환된다는 정보가 下三道 연안주민에게 常識化되어갔다. 그러므로 일본에 표착한 조선인이 '조선'과 '나가사키'만을 외치는 것만으로도 일본측에 의해 자신이 조선인으로 판명되고 나가사키

---

74) 鶴園裕 외 앞의 논문, 137쪽.

로 보내져 귀국될 것이라고 믿고 있었던 것이다. 또한 연안 貧民이 厚待를 기대하여 고의로 표류하는 故漂도 증가하여 갔다.

조선후기 표류와 관련된 정보가 傳說化되면서 특정지역민에게 특정국가에로의 표류시 행동원리로 작용하는 예를 유구왕자살해설에서 찾아볼 수 있다. 광해군대에 유구왕자가 제주도에 표착되어 살해되었다는 이 전설은, 전설에 그치지 않고 前近代 제주도민에겐 가능할 수 있는 유구 표류시 자신의 生死와 직결되는 현실적인 문제로 인식되고 있었다. 이 전설은 살해된 사람이 유구왕자가 아니라 '安南太子'였다는, 제주도민에 의한 2건의 표류 기록이 나왔어도 변화하지 않았다. 18세기 이후 사대부층마저 이를 그대로 常識化하고 있었다. 이는 탄탄한 구도를 갖춘 전설이 내포한 불변성 때문일 것이다. 즉 惡役으로 일본이 나오고, 일본에 의한 유구 침략과 유구왕 나포가 있어야만 이 전설은 시작될 수 있으며, 그래야만 孝子 주인공 유구왕자의 등장이 가능해진다. 그런데 조선시대 아득히 먼 나라로 인식된 '安南'과 그 태자가 주인공이 될 때 이 전설은 전혀 조선사회에서 생명력을 가질 수 없게 되고 소멸되었을 것이다.

한편 에도시대 일본도 기독교와 관련되거나 明淸교체기 국방문제와 관련된 것이 아닌 한 표류민을 통해 적극적인 조선 정보를 얻으려는 노력은 전혀 보이지 않는다. 그러나 조선인이 자주 표착하는 지방에서는 조선표류민과의 접촉을 통해 많은 정보를 교류하고 있다. 에도시대 조선에 대한 정보를 대마도가 장악하고 막부가 이를 응용하는 정도였고, 조선과의 교류도 대마도 이외엔 에도에 오는 통신사와의 접촉이 전부였다. 이로 볼 때, 지방의 입장에선 표류민을 통한 접촉과 교류 및 그로 인해 획득되는 조선 정보가 얼마나 귀중했던가를 알 수 있다.

마지막으로 유구 기록에 보이는 조선표류민 관련사료를 검토해 볼 때 주목되는 것은 철저한 은폐정책이다. 즉 조선후기 일본에 복속된 유구의 현상을 조공관계에 있는 중국만이 아니라 조선측에도 일관되게 은폐하고 있다는 사실이다. 이는 조선과 중국이 긴밀한 관계라는 인식, 유구의 국가적 위신을 고려한 처사로 여겨진다.

이상의 검토에도 불구하고 본 논문은, 표류인에 의한 새로운 정보가 정부차원에서 어떻게 관리되고 활용되었는가? 민간차원에서는 관련정보가 어떻게 전승되고 어떤 구체적인 역할을 했는가? 등등에 대해서 충분한 해답을 주지 못하고 있다. 이러한 점들은 앞으로 더욱 규명되어져야 할 과제라 하겠다.

일본에 표착한 조선인의 일본인식

하우봉

1. 머리말

전근대 동아시아 海域에서의 漂流란 어떤 의미를 지니고 있는 사건일까?

당시는 선박과 항해기술이 발달하지 못했고, 해외에 대한 지식도 적었던 시절이었으며, 韓·中·日 모두 쇄국체제하에서 상호간의 정보체계가 원활하지 못하였다. 위와 같은 상황에서 표류사고가 많이 발생하였다. 비록 세 나라간의 공조에 의한 '漂流民 送還體制'가 가동되고 있었지만 각국의 정치체제의 相異性에서 오는 문제 등 표류민은 漂着地에서 송환되기까지 장기간 체류하지 않을 수 없었다.

국가간의 공식적인 사행을 제외하고는 외국에 나갈 수 없었던 이 시기에 표류는 본인이 원하지 않은 결과이지만 하여튼 '海外旅行'을 하고 '異國文化'를 체험한 드문 사건이었다. 표류민의 대다수를 차지하고 있는 민중의 경우 더욱 그러하다. 조선시대 민중이 일본인과 접촉할 수 있는 기회는 거의 없었다. 어떻게 보면 표류는 양국의 민중들간에 교류할 수 있는 거의 유일한 통로이자 쇄국체제하에서 조그맣게 열린 '숨구멍'일 수도 있다.

표류민들의 견문은 현지에서 비교적 장기간에 걸친[1] 체험에 바탕을 둔 것이기 때문에 중요한 정보적 가치를 지니고 있다. 따라서 정부에서는 이들을 조사하여 문견사항을 『朝鮮王朝實錄』에 수록하기도 하였다.

또 표류민이 자신의 체험과 견문을 기록한 '漂流記'를 남기기도 하였다. 李志恒의

---

1) 漂着에서 送還까지 걸리는 기일은 일본 本州의 경우 평균 5개월, 대마도의 경우는 2개월 정도였다. 그러나 1년 이상 걸린 경우도 있었다(朴眞美,「『漂人領來謄錄』의 종합적 고찰」, 『慶北史學』 19집, 1996, 216쪽).

『漂舟錄』, 李鍾德의 『漂海錄』, 楓溪大師의 『日本漂海錄』 등이 그것이다. 그런데 조선후기만 하더라도 9,000여 명에 달하는 조선인이 일본에 표류했다는데 비해 그들이 남긴 표류기는 너무 적은 편이다.[2] 그 이유는 대다수의 표류민이 어업과 상업에 종사하며, 신분적으로 천인과 평민으로 구성되어 자신의 체험과 견문을 글로 남길 만한 능력이 없었기 때문이다. 또한 귀국 후 심문 받는 과정에서도 일본에서의 사정을 자세히 진술하지 않았다. 이러한 현상은 표류민의 불안감 등에 기인하기도 하지만 보다 주요한 원인은 심문하는 측에서 일본사정에 관해 구체적인 정보를 얻고자 하는 열의가 없었기 때문이라고 여겨진다. 16세기 이후 해외정보에 관한 수집 노력이 줄어드는데 그러한 경향의 반영이라고 할 수 있다. 특히 조선후기에는 『朝鮮王朝實錄』에서도 표류를 외교적인 문제로서만 접근할 뿐 표류민들의 견문보고를 수록한 사례가 한 건도 없다. 『備邊司謄錄』이나 『邊例集要』에서도 마찬가지이다. 표류민의 송환 자체는 중시하였으나 그들이 줄 수 있는 정보나 새로운 문화체험, 인식에 대해서는 별반 관심을 기울이지 않았던 것으로 보여진다.[3]

그러나 표류민들이 비록 자신의 체험과 견문을 표류기의 형태로 남기지 못하였다고 하더라도 口傳으로 전해졌을 것이다. 그것은 조선인의 일본인식을 형성하는 데 적지 않은 영향을 주었을 것으로 여겨진다. 그들의 체험은 드라마틱한 요소가 있었으므로 파급효과가 컸으며, 문학작품으로 형상화될 수 있는 좋은 소재이기도 하였다. 한 나라나 민족에 대한 인식이란 집단적인 체험이 퇴적된 결과라고 한다면

---

2) 조선후기 통신사행원에 의한 일본사행록이 40여 편에 달하는 것에 비해서도 그렇고, 같은 시기 일본의 표류기록에 비해서도 적은 편이다. 江戶時代의 일본의 경우를 보면 해외정보에 관해서는 幕府가 독점하면서 통제하고 있었기 때문에 민간에서 간행된 표류기는 5권 정도에 지나지 않는다. 그러나 근대에 들어와 쇄국시대의 표류기들이 비교적 자유롭게 편집되었는데, 『漂流奇談集成』에 21종, 『江戶漂流奇談總集』(6책)에는 70종이 수록되어 있다. 조선에 표류한 뒤 기록한 표류기는 현재까지 알려진 바 5종 정도가 있다. 이에 관해서는 堀內雅文, 「漂流記雜考」(『Museum Kyushu(特輯 航海と漂流)』 14호, 1984) 및 池內敏, 『近世日本と朝鮮漂流民』 「序文」(1998, 臨川書店) 참조.

3) 단 영조와 정조대에는 해외정보 수집에 큰 관심을 보였다. 영조는 표류민이 송환되어올 경우 궁궐 문에까지 나가 표류민을 직접 인견하고 표류한 연유와 견문한 바를 묻기도 하였으며 恤典을 시행하였다(『영조실록』 영조 41년 9월 무인, 동 43년 4월 기미, 동 46년 6월 병신, 동 48년 6월 기묘조 등).

정조 또한 해외정보에 대해 관심을 가져 관련기록을 수집하였는데, 본고에 나오는 李邦翼의 漂流記도 정조가 朴趾源에게 명하여 편찬한 것이다.

표류민들의 일본인식은 비록 선명하게 드러나지는 않지만 조선시대의 일본인식 형성에 중요한 부분을 차지하고 있을 것이다.

한편 표류민들은 국가의 경계를 넘어서는 체험을 통해 소박하지만 '국가' 내지 '민족'을 의식하게 되었을 것으로 여겨진다. 일본에 표착한 표류민들은 말이 통하지 않자 '조선'이라는 말만 계속했다고 하는데, 이는 아마도 국내에서는 거의 사용하지 않은 말일 것이다. 일반적으로 다른 나라, 다른 문화를 보면서 자신을 되돌아보게 되고 정체성을 인식하는 계기가 된다. 즉 타문화를 보면서 비교와 판단의 기준으로서 조선, 조선인, 조선문화에 대한 자각이 싹틀 수 있는 것이다. 이런 점에서도 표류민의 활동과 인식은 흥미로운 주제이다.

기본적으로 표류라는 사건을 접근하는 시각에 있어서 표류민을 송환체제의 객체나 외교문제의 종속변수로 볼 것이 아니라 주체로 보는 시각이 필요하다. 그들이 '표류'라는 사건의 주역이며, 그들의 관점에서 본 표류란 어떠한 것인가 하는 점이 중요하다. 이런 점에서 표류민들이 직접 기록한 '표류기'가 가장 중요한 사료가 된다. 그들의 눈에 비친 양국의 관계사, 이국의 문화, 민중과의 교류 등을 새로운 관점에서 살펴볼 필요가 있는 것이다.

그래서 본고에서는 조선시대 일본에 표착한 조선인들이 남긴 기록을 중심으로 하여 그들의 일본인식을 개괄적으로 살펴보고자 한다. 이 분야에 관해 기존의 연구가 거의 없었고, 자료만 하더라도 처음 소개되는 것이 적지 않다. 따라서 특정한 한 사건에 대한 분석적 고찰이 아니라 자료 소개와 함께 전체적인 흐름을 조망하는 방식으로 서술하고자 한다.[4]

---

4) 본고에서는 琉球에 표착한 표류민 기사는 제외하였다. 당시 유구는 일본과 다른 독립된 국가이기도 하고, 또 별고에서 다룬 적이 있기 때문이다. 유구에 표착한 조선표류민의 인식에 관해서는 졸고, 「文物交流와 相互認識」(『朝鮮과 琉球』, 1999, 아르케) 참조.

2. 사료에 관한 검토5)

1) 조선측 자료

①『朝鮮王朝實錄』:『실록』에는 전체적으로 45건의 표류민 송환기사가 수록되어 있다. 특히 조선전기 부분은 실록에의 의존도가 큰데, 표류민의 일본인식을 알게 해주는 자료로는 金非衣와 張廻伊에 대한 심문보고가 있다.

②『備邊司謄錄』: 표류민 송환과 差倭에 대한 접대 등이 외교 문제로 되었을 경우 비교적 자세하게 기술되어 있지만,6) 표류민의 '供辭'와 같은 일차적인 기사는 없다.

③『邊例集要』: 표류에 관한 기사는 권3「漂差倭」에 있다. 그 안에서「漂差倭」, 「漂人」,「漂人順付」,「刷還」의 네 항목으로 나누어져 있는데 주된 것은 앞의 두 항목이다.「漂差倭」는 표차왜의 구성과 조선의 접대 등에 초점이 맞춰져 있으며,「漂人」은 같은 사건을 표류민에 초점을 맞춰 기술한 것이다.7) 수록된 연대는 1627년 (인조 5)부터 1823년(순조 23)까지의 197년간으로서『漂人領來謄錄』보다 긴 시간에 걸쳐져 있다. 그러나 표류민의 '供辭'와 같은 자료는 없다.

④『同文彙考』: 표류에 관한 기사는「漂民」8권과「漂風」7권이 있다.「漂民」은 청나라와 조선간에 표류한 '我國人'(3권)과 '上國人(5권)'에 관한 것이고,「漂風」은 일본과 조선간에 표류한 사건에 관한 것이다.「표풍」에서 '我國人(5권)'과 '日本國人'(2권)은 각각 일본에 표류했다가 송환된 조선인과 조선에 표류했다가 송환된 일본인에 관한 기사이다. 내용은 '我國人'의 경우 대마도주가 조선의 예조참의에게 보내는 서계(「島主出送漂民書」)와 이에 대한「禮曹參議答書」로 구성되어 있다. '日本國人'의 경우 조선의 예조에서 일본의 대마도주에게 보내는「禮曹參議押還漂倭書

---

5) 조선 표류민의 일본인식을 알아볼 수 있는 자료로는 외교자료집·표류기·문집 등이 있는데, 본고에서 참고한 바 자료는 다음과 같다.
6) 漂差倭 접대문제를 둘러싼 외교마찰이 있었을 경우(1816년 李鍾德 送還時)와 1784년(정조 8) 일본 長門州에서 소요사건을 일으킨 孫古男 일행의 처벌건 등에 관한 기술이 있을 뿐이다.
7) 따라서 표류민의 출신지역·인명(대표자의 인명 외 몇 명 식으로 기술)·출항목적·표착지·송환과정 등에 대해 간단히 내용이 있다.

」와 이에 대한 「島主謝書」로 구성되어 있다. 수록된 사건의 시간적 범위는 '我國人'
이 1787년(정조 11)부터 1855년(철종 6)까지이고, '日本國人'은 1786년(정조 10)부터
1876년(고종 13)까지이다. 18세기 후반부터 개항까지로 시기가 한정되어 있지만
『邊例集要』에 빠진 내용이 많이 포함되어 있어 참고가 된다.

　⑤『漂人領來謄錄』: 표류에 관한 가장 일차적이고 종합적인 자료로서 수록된 연
대의 범위는 1641년(인조 19)에서 1751년(영조 27)까지의 110년간이다. 표류민의 진
술은 釜山僉使와 東來府使가 비변사에 올린 啓文에 있다.8) 그런데 여기에도 표류민
들의 일본인식(그들의 사정이나 송환과정에서의 주관적인 느낌 등)을 알려주는 내
용은 아주 드물다. 조사받는 과정에서 표류한 연월일・출항이유・표착지와 함께
'그들의 사정을 모두 사실에 따라 바로 고하라'(及到彼事情 幷以從實直告)라는 심문
을 받는데, 그 가운데서 구체적으로 답변한 것은 282건 중 2건에 불과하였다.9)

　⑥『濟州啓錄』: 1846년(헌종 12)부터 1884년(고종 21)까지 濟州牧에서 조정에 보
고했던 啓文을 모은 謄錄이다. 수록된 바 외국에 표류한 건수는 일본 35건, 유구
5건, 중국 19건이며 표류연인원은 130명에 달하였다.10) 啓文에는 제주목사가 조사
할 때 표류민에 의한 진술(招辭)이 인용되어 있으므로 표류과정에서의 여러 가지
정황을 아는데 도움이 된다. 그런데 여기서도 대부분의 표류민은 일본 내에서의 상
황이나 자신들의 인식에 대해서는 거의 언급하지 않고 있다.11)

　⑦『漂舟錄』: 1696년(숙종 22) 東來府의 武官이었던 李志恒이 北海道에 표류했다
가 귀환한 후 저술한 표류기이다. 그리 길지 않은 내용이지만 내용적으로 아주 충

---

8) 이 때의 심문과정에서 표류민의 신분・이름・나이・船主・소속관서 등이 밝혀지게 된
　다.
9) 박진미, 앞의 논문, 218쪽.
　그나마 비교적 자세하게 대답한 경우는 琉球에 표착한 표류민이고, 일본에 관한 것은 "금
　년에 또 흉년을 만나 주민들의 생활이 아주 어렵다"라는 소략한 내용에 불과하다. 나머
　지는 모두 '그밖의 다른 사정은 어리석고 둔한 어부로서 알 수 없었습니다(其他事情 迷劣
　海夫 知不得)'라고 대답할 뿐이었다. 『濟州啓錄』에 나오는 바 제주목사의 보고내용에 나
　오는 '招辭'도 마찬가지이다.
10) 高昌錫, 「19세기 濟州人의 漂流實態」, 『19세기 제주사회연구』, 1997, 일지사, 122~125쪽.
　일본에서의 표착지로는 五島와 對馬島가 대부분을 차지하고 있다.
11) 『濟州啓錄』 외에 1652년 제주목사 李元鎭이 지은 『耽羅誌』(『邑誌』6, 1983, 아세아문화사
　所收), 정조대에 편찬된 『濟州邑誌』, 1899년에 편찬된 『濟州郡邑誌』 등도 참고가 된다.

실하며, 본고의 주제와 적합하여 주된 분석대상으로 삼았다.

⑧『漂海錄』: 李圭景의『五洲衍文長箋散稿』經史編 6 論史類 1「對馬通信辨證說」
에 書名과 함께 내용의 일부분이 인용되어 있다.12) 저자인 李鍾德은 濟州 旌義縣監
으로서 1815년 五島에 표착하여 이듬해 귀환하던 중 대마도에서 이 책 1권을 지었
다고 한다. 現傳하지는 않으나 이규경에 의해 인용된 기사내용이 참고가 된다.

⑨『日本漂海錄』13)과「朝鮮漂客圖」14) :『일본표해록』은 1817년(순조 17) 11월 일
본 筑前州 大島浦에 표류한 大芚寺(지금의 大興寺) 승려 楓溪大師가 귀국한 지 3년
뒤인 1821년에 저술한 표류기이다. 표류일기와 함께 長崎를 비롯한 경유지역의 견
문사항이 상세하게 기술되어 있어 매우 중요한 자료이다.「조선표객도」는, 이들 일
행이 1818년 長崎의 朝鮮館(對馬藩邸)에 체재하고 있을 때 이들과 필담을 나눈 일본
인 화가 浮田一薫(1795-1859)가 그린 족자 형식의 그림이다. 그 구성을 보면, 오른
쪽에는 千佛像을 모시고 있는 승려 3인과 선원 2인의 모습이 그려져 있고 그 아래
에는 一薫의 글이 있으며, 왼쪽에는 漂客이 一薫에게 보낸 서찰이 원문그대로 합쳐
져 있다.

⑩「書李邦翼事」: 정조의 명에 의해 朴趾源이 중국에 표류한 李邦翼의 표류사건
을 기술한 것이다.15) 구성은 虛頭・漂流・後記로 되어 있는데 虛頭 부분에 이방익
의 아버지 李光彬의 長崎 표류사실에 관한 언급이 있다.

⑪ 『於于野談』(柳夢寅)・『芝峰類說』(李睟光)・『盎葉記』(李德懋)・『海東繹史』(韓致
奫)・『五洲衍文長箋散稿』(李圭景) : 이들 문집이나 史書에도 표류에 관한 기사가 부
분적으로 수록되어 있다.

---

12) 이규경이 지었다고 하는『流球交聘志』에도 유구에 관한 일부 기술내용이『漂海錄』으로
   부터 인용 소개되어 있다(『오주연문장전산고』경사편 4 사적류 1「史籍總說」).
13) 故 東濱 金庠基교수의 소장본으로 원본은 필사본 19매이며, 각 장마다 10행이고 每行 24
   자로 되어 있다.『考古美術』42호(1964. 1, 한국미술사학회)에 활자본으로 게재되어 있는
   데, 활자로 옮기는 과정에서 오류가 다소 있어 보인다. 필자는 아직 원본을 보지 못하였
   는데, 완전한 내용을 알기 위해서는 원본과 대조 확인할 필요가 있다.
14) 원본은 李元植교수(전 일본 近畿大學) 1996년 京都의 古書房에서 구하여 현재 소장하고
   있다. 寫本이 海南 大興寺의 聖寶殿에 전시되어 있다.
15)『燕巖集』권 6 別集 所收. 이밖에 이것은『恩暉堂筆記』권6에는「李邦翼漂海日記」로 나오
   고, '漂海錄'이란 이름으로 필사본이 전해지기도 하였고, 후일「漂海歌」라는 302행의 장
   편가사로 창작되기도 하였다.(尹致富,『韓國海洋文學硏究』, 1994, 학문사, 96쪽, 138쪽)

2) 일본측 자료

① 『漂民對話』: 薩摩州에서 朝鮮語通詞 양성을 위해 만들어진 조선어독본으로 19세기 전반(1836년?)에 제작된 것으로 추정된다.[16) 상·중·하 3권으로 되어 있는데, 상권은 일본에 표류한 조선인에 대한 구조활동, 중권은 薩摩州에서 長崎로 호송하는 중 傳語官과 표류민들과의 대화, 하권은 漂流船의 보수, 조선 배와 일본 배에 관한 비교 등의 내용으로 구성되어 있다.[17) 그런데 중권의 대화내용에 표류민들의 일본인식을 엿볼 수 있는 기사가 있다.

② 『福山秘府』: 『福山秘府』는 1776년 松前藩 藩主 道廣의 명을 받아 家老 松前廣長이 편찬하여 1780년 완성한 松前藩史料의 집대성이라 할 수 있다. 이 가운데 31권과 32권이 「朝鮮漂人部」로 여기에 이지항의 표류에 관한 기사가 상세히 수록되어 있다. 표류한 직후부터 송환하기까지의 절차와 주고받은 공문, 표류민의 소지품, 활동, 주고받은 唱和詩와 편지 등이 수록되어 있어 매우 중요한 사료이다. 현재 이 『福山秘府』는 『新撰北海道史料』(北海道廳, 1936) 제5권 史料1에 활자체로 간행되어 있다.

③ 『五島編年史』[18) : 이종덕의 표류사실과 활동에 관해 간단한 기록이 있다. 그밖에도 여기에는 조선인이 五島에 표류한 기사가 대부분 수록되어 있다.

④ 「漂流朝鮮人之圖」: 1817년 島取藩에 표착한 安義基 일행의 모습을 그린 그림인데, 윗 부분에 안의기가 일본의 島取藩士 岡金右衛門에게 올린 감사편지가 수록되어 있다. 표류민이 자신들을 구조해준 일본인에게 어떠한 생각을 가지고 있는지 잘 표현되어 있다.

---

16) 岸田文隆, 「『漂民對話』のアストン文庫本につにて」, 『朝鮮學報』 164集, 1997.
  『漂民對話』는 표류민을 소재로 하여 만든 중급회화서인 셈이다. 薩摩州에서 朝鮮語通詞가 할 일은 표류민 구조에 관한 것이므로 그것을 소재로 한 것으로 보여진다. 조선의 倭學譯官을 위한 일본어 학습서인 『捷解新語』가 통신사행시의 통역 임무를 익히기 위해 소재를 통신사행으로 한 것과 대마도의 조선어 회화교재인 『隣語大方』이 조선무역과 외교의 례 등에 관련된 회화를 사례로 한 것은 이와 같은 이치로서 당연하다 하겠다. 그런데 이 책에 관해서는 근년 새로운 판본이 발견되고 활발한 연구가 진행되어 전체적인 내용이 대부분 밝혀진 셈이다.
17) 鶴園裕 外(共同硏究), 「江戶時代における日朝漂流民送還をめぐって -『漂民對話』を中心に-」, 『靑丘學術論集』 11集, 1997. 제4장
18) 中島功이 편집한 것으로 1973년 國書刊行會에서 출판되었다.

⑤『일본과 그 이웃나라 및 보호국』: 19세기초(1823-1828) 長崎의 出島에 있던 和蘭商館에서 근무하였던 독일인 의사 시볼트(Franz von Siebold; 1796-1866)가 1832년에 지은『日本』의 제7권에 해당하는데, 여기에 蝦夷・南千島列島・樺太・琉球諸島와 함께 조선에 관한 기술이 있다. 조선에 관한 부분만 하더라도 총 8장으로 구성되어 있는 상당히 방대한 저술이라고도 할 수 있는데, 제1장에 시볼트와 조선표류민[19]과의 대화내용이 기술되어 있다.[20]

Siebold와 조선의 표류민은 매우 우호적인 분위기에서 면담하였으며, 서로간에 선물을 교환하였고, 유학자인 金致潤과 상인인 許士瞻은 漢詩를 지어주기도 하였다. 그들의 대화내용과 이별시 주고받은 편지 및 한시에 표류민들의 화란과 일본에 관한 인식이 표출되어 있다.

그런데 본고에서 참고한 이상의 자료는 일부분에 불과할 것이다. 앞으로 양국의 자료에 대한 수집작업이 선행되어야 한다. 국내만 하더라도 이름만 알려진 이종덕의『漂海錄』을 비롯하여 漂流記가 더 있을 것이며『於于野談』과 같은 野史集이나 野談集, 개인의 문집 등에도 간단한 기사가 수록되어 있을 가능성이 있다. 일본에서도 對馬島와 長崎 및 일본 각지에서 행한 심문내용과 조사보고서가 산재해 있을 것이다. 이것들에 대한 검토가 있어야 하고, 나아가 양국의 자료를 비교 분석하는 작업이 이루어져야 한다.

---

19) 이들은 전라도 강진의 어민과 상인들로서 총 36명인데 Siebold와 면담한 사람은 상인, 船主, 유학자, 水夫로 구성된 6명이었다.

20) 즉 그는 1828년 3월 17일 長崎奉行의 허가를 얻어 대마도의 감독관과 通事 및 畵家를 대동하고 對馬藩邸에 와서 조선 표류민을 만났으며, 그후에도 몇 차례 더 방문하였다. 그는 조선표류민과의 면담을 통해 얻은 정보와 그림을『日本』에 기술하였다. 그의『日本』은 19세기초 유럽인이 기술한 일본소개서로서는 가장 방대하고 깊이 있는 대작이었고, 유럽인들이 일본을 비롯한 아시아를 이해하는데 길잡이 역할을 하였다. 따라서 조선에 관한 Siebold의 기술도『Hamel漂流記』이후 유럽인들에게 가장 널리 알려졌다. 여기에는 조선에 관한 Siebold의 인식도 많이 소개되어 있는데 흥미로운 바가 많다.
이에 관해서는 별고를 준비중이다.

3. 표류민의 활동과 일본인식

표류민에게 있어서 가장 큰 장애물이자 불안요소는 언어 문제라고 할 수 있는데 이 점에서 관인이나 승려 등 지식인은 한문을 통한 간접적인 의사소통이 가능하였다. 비록 筆談이라는 형식의 간접적인 방식이기는 하지만 언어의 소통 여부는 표착지에서의 활동에 큰 영향을 주는 것이다. 또 관인과 지식인은 『漂舟錄』・『漂海錄』・『日本漂海錄』과 같은 표류기를 직접 남기고 있으며 그들의 활동상도 비교적 잘 전해지고 있다. 민중들은 직접 저술한 표류기가 없으므로 간접적인 자료를 통해 살펴볼 수밖에 없다. 따라서 여기서는 관인・승려・민중으로 나누어 그들의 활동과 일본인식을 고찰해 보도록 하겠다.

1) 官人의 경우

표류인이 조선의 官人이라는 것이 확인되면 일본측에서 우대하였고,[21] 그들은 筆談을 통한 대화도 가능했으며, 詩文唱和와 같은 교류를 통해 대접받았다. 그 가운데 漂流記를 남긴 이지항과 이종덕을 중심으로 살펴보도록 하자.

(1) 李志恒

이지항은 부산 출신으로 표류했던 1696년 당시 50세로 동래부 소속 6품직의 武官으로 있었다. 그는 이 해 4월 28일 강원도 원주에 공무차 출항하였다가 표류하여 5월 12일 蝦夷地(현 일본의 北海道)의 북서쪽 끝의 섬에 표착하였다. 이후 蝦夷地의 서쪽 해안을 따라 3,600리를 내려가 7월 27일 松前府에 도착하였고, 이어 江戸의 對馬藩邸로 호송된 후 大阪, 對馬島를 거쳐 1697년 3월 5일 귀국하였다. 약 11개월에 걸친 여정이었는데, 역사상 처음으로 北海道를 방문한 한국인으로서, 귀국 후 지은

---

21) 조선의 관인이 일본에 표착한 최초의 사례는 1664년 전라도 영암군 楸子島鎭守 金元祥과 同郡 河源島鎭守 許定曁의 일행 48인이 五島의 嵯峨島에 표착한 것이다. 이에 대해 대마도는 최초의 사례였기 때문에 막부에 보고하여 老中의 지시를 받아 수행하였으며, 송환시 特送使 이하 74명의 인원을 파견하여 호송하는 등 극진히 대우하였다. 이후 조선관인이 일본에 표착한 것은 李志恒을 포함하여 5차례 정도가 더 있었다(池内敏, 앞의 책, 51쪽).

『漂舟錄』은 기이한 체험에 걸맞게 조선시대의 대표적인 표류기의 하나로 손꼽힌다.

이지항은 武科別試에 급제한 무인이었지만『周易』을 볼 줄 알았고, 詩文과 書道에 상당한 조예가 있었던 것 같다. 松前府에서 조사를 받을 때 그가 소지한 서적이 9권에 달하였으며,『朝鮮曆』1책과 벼루상자도 소지하고 있었다.[22] 항해 중에도 책을 읽고 글을 썼다는 점에서 그의 문인적 기질을 엿볼 수 있다.『표주록』의 내용도 잘 살펴보면, 예리한 관찰력과 유려한 문장력을 바탕으로 쓰여진 표류기임을 알 수 있다.

이지항의 北海道 및 松前府에서의 활동으로는 활발한 문화교류가 눈에 띄는데, 그가 교류한 인사는 다음과 같다.

① 新谷十郎兵衛 : 松前府의 金掘奉行으로 羽保呂에서 처음 만난 이후 松前府까지 안내하였고, 江戸까지 동행하였다. 이지항에게는 은인이었으며, 동행하는 과정에서 인간적으로도 깊은 우정을 나누었다. 그들은 한문으로 筆談을 나누었으며 의기투합하여 술도 마셨다. 송별할 때 이지항이 漢詩를 지어주었다.

② 高橋淺右衛門 : 松前府의 奉行으로 이지항과 필담을 나누고 서신을 교환하였는데, 高橋에게 보낸 서신이 14통에 달한다.

③ 瑞流 : 阿吽寺의 主持僧인 慧海로서 본래 江戸人으로 松前藩에 와 藩主와 詩畫를 논하였던 인물인데, 漢詩에 조예가 깊어 이지항과 많은 詩文唱酬를 하였다. 그의 시가『漂舟錄』에 12수 실려있으며,『福山秘府』에는 40수나 수록되어 있다. 그는 松前藩에 옮겨 산지 70년이 되었는데 異國과 他鄕에서 외로움을 공감하면서 서로 위로하였다. 그가 이지항에게 보낸 시 가운데, "궁벽한 땅 바닷가엔 시 짓는 벗 적어/ 홀로 굽은 난간에 의지하여 三更을 보내노라"라는 구절이 있는데, 오랜만에 글과 뜻이 통하는 벗을 만나게 되어 반가움을 표현하였다. 그는 또 출발하기 전 찾아와 "앞으로는 서로 異域에 있게되어 다시는 만날 기회가 없을 것이므로 실로 비감하다"고 말하면서 송별시를 한 수 지어주었다.

---

22)『福山秘府』卷30「朝鮮漂人部」上卷에 나오는 바 구체적인 書名은 다음과 같다.
『西漢演議評』(3권1책, 唐本),『醫學正傳』(3권1책, 和本)『諸藥抄方』(1책, 寫本)『肘後方』(1책, 寫本)『藥性歌』(1책, 사본)『世應擲錢解』(1책, 사본)『西關幕遊錄』(1책 사본, 詩集)『詩集』(1책, 사본, 바깥제목이 없음)『世應論抄集』(1책, 사본, 折小本).

올 때에는 書契로 정 더욱 화목했는데
오늘엔 기쁨과 슬픔이 얽히고 설키누나
미처 다 뵙지 못한 채 님 보내니
내 혼은 꿈마다 그대 따르리

瑞流의 시를 보면, 故事도 풍부하게 인용하고 있으며 시의 정취가 자못 높다. 이지항의 처지를 동정하면서 자신의 인간적인 고뇌도 토로하고 있어 두 사람간의 공감을 나누는 모습이 시에 잘 나타나 있다. 그는 이지항과 자신을 각각 蘇武와 李陵에 비유하였고[23], 이지항의 시에 대해서는 李太白에 비교하기도 하였다.

④ 松前藩主 : 시문에 상당한 조예를 가졌던 인물로[24] 이지항과 서신 교환도 하고 시문도 창수하였다.[25] 이별시 藩主는 잔치를 베풂과 함께 후한 예물을 주었는데, 특히 독수리 날개와 황금을 주면서 '그대는 武官이므로 띠를 만들라'고 권하였다.

⑤ 鈴木戸次兵衛 : 羽保呂에서 松前府로 오는 사이에 만난 상인인데 요청에 의해 七言小詩를 지어주었다.[26]

이밖에도 藩主가 이지항의 글씨를 받고 칭찬하자 頭倭들이 모두 시와 글씨를 요청하여 松前府에 체재한 48,9일간에 글씨를 쓴 종이가 100권에 달하였을 정도였다고 한다.[27] 쇄국체제 하에서 좀처럼 접할 수 없었던 異國의 문화인을 맞이한 일본 민중들의 호기심은 대단하였으며, 동시에 매우 감격하였던 것 같다.[28] 그 이전의

---

23) 蘇武는 중국 한나라 武帝 때 中郎將으로서 匈奴에 사신으로 갔다가 억류되어 절개를 지키다 19년만에 돌아온 인물이다. 李陵은 같은 시기에 흉노와 싸워 고군분투하다가 항복하였고, 單于로부터 右校王을 받았던 인물이다.
24) "전해들으니 태수는 詩思를 제법 즐기고 또 회화를 좋아해서 자신도 그림을 잘 그리고 항상 江戸에서 온 중 瑞流와 詩畵를 논하기를 게을리 하지 않고 숙식도 같이 한다고 한다"고 소개하였다(『漂舟錄』).
25) 번주에게 준 6수의 시 가운데 네 번째의 시가 중앙도서관본『李志恒漂海錄』에는 수록되어 있고, 『福山秘府』에도 나온다.
26) 이 시는 중앙도서관 소장본인『李志恒漂舟錄』에는 실려있다(池內敏,「李志恒漂舟錄について」,『鳥取大學敎養學部紀要』제28권, 1994).
27) 이는 마치 通信使行에 수행한 製述官과 書記들이 客館에서 일본인들을 맞이하는 풍경을 연상하게 한다. 한편 이 소문을 들은 藩主는 좋은 토끼털로 만든 대·중·소의 붓을 종류별로 갖추어 보내주기도 하였다.
28) 漂流船도 이지항의 희망대로 北海道에서 부산까지 호송해 주었는데, 그것은 아주 힘든

전 시기를 통해서도 江戶 이북지역에서 이와 같은 조선인과의 문화교류 사례는 없었을 것이다. 松前府에서의 이러한 환영에 대해 이지항 일행은 매우 우호적으로 느낀 것 같다.

한편 이지항 일행은 蝦夷地에서 교역을 하기도 하였다. 이지항만 하더라도 옷과 목면, 수정을 주고 貂皮(담비가죽) 60장을 바꾸었으며 蝦夷錦도 입수하였다. 이 교역은 아이누족들이 먼저 교환하기를 요구해 응한 것이었으나, 그들의 모피가 품질이 좋다는 것을 확인하였고, 교환한 수량만 보더라도 호기심 차원을 넘어 경제적 동기가 있었다고 보여진다. 선원들도 대량으로 교환하였는데 극한적 상황 속에서도 이러한 교역이 이루어졌다는 점에서 흥미롭다. 이지항 일행이 교환한 貂皮와 蝦夷錦은 당시 아이누족들의 주된 교역품이었다. 그 때 구입한 물품들은 당연히 조선에 전래되었을 것인데, 이것은 조선과 蝦夷의 교류사라는 점에서도 매우 의미있는 사건이다.[29]

『漂舟錄』에 나타나 있는 이지항의 일본인식을 보면 시종 우호적인 태도로 일관되어 있으며, 華夷觀的 인식을 표출한 적이 거의 없다.[30] 『표주록』의 분위기는 국가권력이 개입되지 않은 민간인끼리의 교류, 외교의례를 둘러싼 미묘한 신경전, 문화 과시라는 경쟁심리와 그에 따른 갈등이 없는 순수한 교류의 모습이라고 여겨진다.

일로서 대단한 호의를 보여준 예외적인 조처였다. 오히려 조선에서 문제가 될 정도였다. (『邊例集要』권3「漂差」)

29) 이에 대해서는 中村和之,「李志恒『漂舟錄』にみえる蝦夷錦について」(『北海道の文化 70』, 1998, 北海道文化財保護協會) 中村和之,「蝦夷錦と北方の交易」(『白い國の詩』1998년 4월호) 참조.

30) 池內敏은「17世紀, 蝦夷地に漂着した朝鮮人」(『日本國家の史的特質－近世・近代』, 1995, 思文閣出版)에서 "漂舟錄에서 일관되어 있는 우호감각은 한시・한문이라는 문화를 공유할 수 있는 일군의 사람들 사이에서만 성립될 수 있는 '우호'의 감각"이라고 하면서 이것을 '극히 한정된 우호관계를 반영한 것'이라고 파악하였다. 일리가 없는 것은 아니지만 굳이 그렇게 한정할 필요가 있을까 하는 느낌이 든다. 이지항은 호송무사에게도 시를 주었으며, 상인에게도 시를 써주었다. 추측컨대 100권의 종이에 쓰여진 글을 받아간 사람의 절대다수가 민중일 것이다. 오히려 松前藩과 江戶 이하 대마도까지의 지역과의 차이에 주목하는 것이 더 의미가 있을 듯하다.『표주록』에는 松前府를 출발한 이후부터 江戶・大阪・對馬島에 이르기까지의 일정에 대해서는 아주 소략하다. 이 지역도 이지항으로서는 최초의 방문길이고, 문물의 번성함은 松前藩과 비교할 수 없었을 것임에도 불구하고 별반 기록이 없는 것을 보면, 그가 깊은 인상을 받고 또 중시한 것은 인간적 교류였다고 보여진다.

그는 일본인의 詩文에 대해 별다른 논평을 하지 않았으나 瑞流의 시를 12수나 『표주록』에 싣고 있는 점으로 보아 높이 평가한 듯하다. 단지 鈴木이 글씨를 잘 알아보지 못한다는 것과 藩主가 草書에 대해 잘 모른다고 지적한 적은 있지만 그것을 문화우월감이나 멸시관으로 해석하는 것은 지나치다고 여겨진다. 둘 다 자신이 만든 것이므로 과도한 칭찬에 대해 계면쩍어 하는 겸손의 표현이라고 해석할 수도 있다.

그는 일본의 경제적 번성함에 대해 감탄하였다.[31]

> "松前太守의 侍衛의 융성함과 고을 안의 인물 및 市廛 物産의 풍성함은 우리 나라 州나 府보다 백 배나 더하니, 그 직을 대대로 물려주기 때문에 이같이 성한 것인가?"

일본의 번성함의 원인을 세습제에 찾는 것이 흥미롭다. 또 노상에 구경꾼들이 많았지만 조금도 떠들지 않았다는 점도 특이하게 느껴졌던 것 같다.

한편 이지항의 蝦夷에 대한 인식도 의미가 있다. 『표주록』에는 아이누족의 생활상과 풍습 등에 관해 상당히 상세히 기록하고 있으며, 新谷으로부터 얻은 지식도 반영되어 있다.[32] 하여튼 『표주록』은 한국인으로서 최초의 蝦夷地 방문자가 남긴 체험적 기록으로서 중요하며, 그의 문화교류 활동과 일본인식 또한 주목할 만한 요소를 많이 지니고 있다.

(2) 李鍾德

1815년 9월 27일 五島에 표착한 旌義縣監(종 6품) 이종덕은 직책을 교체하기 위해 부인과 함께 육지로 돌아오던 중 표류하였다. 표착지와 長崎에서 그가 조선의 官人임이 확인되자 정중한 접대를 받았으며 대마도에서는 막부에 보고하여 지시를 받

---

31) 松前藩뿐만 아니라 江差에 도착해서는, "시장에는 물산을 벌여놓았고, 남녀의 의복은 극히 화려하면서 묘했으며, 인물은 영리하고 여자들은 아름다웠다. 구경꾼들은 양쪽 길가에 늘어서 있는데 처음 보는 사람이라고 다 좋아했다"고 했고, 江戸로 가는 도중의 津輕·南部·仙臺·奧州 등에 대해서도 "사람과 물산의 풍부함은 우리 나라 都城의 두 배나 되었다"라고 하였다.

32) 그의 蝦夷에 관한 기술이 李德懋의 『蜻蛉國志』나 李書九의 『蝦夷國記』(현재 不傳)에 어떤 영향을 끼쳤을까 하는 조사하는 것도 앞으로의 과제이다.

왔고 護送時에는 大差倭의 명목을 띤 一特送使를 파견하였다. 대마도에서는 이를 통해 조선에 대한 우호를 표시하고 무역을 확대하는 좋은 기회로 이용하고자 하였으나 조선에서는 경제적 부담을 고려하여 대마도의 漂差倭에 대해 郷接慰官으로 접대하는 등 제한적으로 대응하여 대마도로부터 거센 항의를 받았다.[33]

그런데 『五島編年史』의 기사가 눈길을 끈다.

> "文化 12년 9월 28일 奈留島 大串에 조선인 36명이 탄 배 한 척이 표착하였다. 전라도 정의현감 李鍾德(號 萊嶽)의 배였다. 萊嶽은 書道와 詩文을 잘 하였고, 필적이 뛰어나 盛繁(藩主?)이 배에 들렀을 때 그를 引見하셨다."[34]

아마도 이종덕이 五島에서 체재하는 동안 현지인들에게 글씨와 시문을 지어주었던 것 같다. 다른 기사는 간단히 표류하였다는 사실만 기록되어 있는데 비해, 특별히 附記되어 있는 점으로 보아 그들에게 상당히 인상적인 활동을 하였다고 추측할 수 있다.

또 楓溪大師가 쓴 『日本漂海錄』을 보면,

> "몇 해 전에 정의현감이 교체하기 위해 돌아가다가 이 곳에 표류에 도착하였을 때 7개월간 朝鮮館에 머물렀다. 그 글씨와 서한을 왜인들이 모두 족자로 만들고 비단으로 수놓아 장식하였다."

---

33) 이 사건에 대해서는 漂差倭의 접대문제를 둘러싼 마찰이 있었기 때문에 양국의 사료에도 크게 취급되었다. 조선측에서도 『邊例集要』『備邊司謄錄』『同文彙考』 등에 기록되어 있으며, 일본에서도 대마도의 종가문서에 「旌義縣監李鍾德漂流ニ付 江戸朝鮮長崎往復書狀控」「旌義縣監李鍾德三十六人五島奈留島之內大串村江漂着記錄」「漂官人特差使記錄」 등 幕府・長崎와의 왕복문서와 조선에로의 송환과정을 둘러싸고 아주 상세한 기록이 있으며, 『韓人漂着記』(九州大學 國史研究室 소장)라는 별도의 책이 있다. 三宅英利의 「鎖國下における朝鮮官人の漂着」(『北九州大學文學部紀要』 20号, 1988)을 비롯한 연구논문도 적지 않다. 그런데 기존의 논고는 모두 송환과정에서의 절차와 접대문제를 둘러싼 논쟁에 초점을 맞추었다. 이종덕이 지은 『漂海錄』의 존재를 언급하거나 그의 문화교류 활동 및 일본인식을 다룬 논문은 아직 없다.
34) 『五島編年史』 文化 12년 9월 28일조.
이밖에도 『五島編年史』의 「引用書目一覽」을 보면, 이종덕에 관한 기사가 수록된 책은 『五島近古年代記』・『華蠻要言』・『增補繼志系圖』・『公譜別錄拾遺』 등이 있음을 알 수 있다.

라는 기사가 나온다.

위의 두 기사 내용으로 보아 이종덕이 五島와 長崎에서 일본인들과 漢詩로 唱和하며, 글씨를 써주었음을 알 수 있다. 이지항이 松前府에서 하였던 것과 같은 형태로 일종의 문화교류였던 셈이다.

한편 이종덕의 『漂海錄』이 현재 전하지 않는 만큼 그의 일본인식의 전체상을 알 수는 없지만 『五洲衍文長箋散稿』에 일부분이나마 인용된 내용을 보면, 1811년 易地通信時 막부와 대마도간의 裏面史, 薩摩州와 流球의 관계, 阿蘭陀의 節氣와 일본과의 관계,35) 可多那國(포르투갈을 가리키는 듯함)과 일본 및 아란타와의 관계 등이다.

이규경은 『표해록』에 대해 '채택할 만한 말이 많다', '典故가 될만한 것이 약간 있다'라고 하면서 일본의 대외관계에 관한 기술을 상당히 길게 인용하였다. 그러면서 그는 '이상은 모두 이웃나라의 일로서 알아둘 만한 것이기 때문에 채택하였다'라고 하였다. 즉 이규경은 이종덕이 표류과정에서 長崎와 대마도에서 견문한 바 琉球 · 阿蘭陀 · 加多那 등에 관한 정보와 지식을 중요하게 평가한 것이다.

그 가운데 이종덕의 대마도관을 엿볼 수 있는 기사가 있다. 즉 그는 대마도에서의 易地通信으로 결정된 과정에서 막부와 대마도와의 갈등양상을 서술하면서, '島酋'(대마도주를 가리킴)가 조선정부와 막부 사이에서 농간을 부려 이익을 취한 사례를 들어 "교활한 오랑캐가 제멋내로 조약을 어기고 우리를 기만하였다"라고 비판하였다.36)

---

35) 인용된 기사내용으로 보아 이종덕은 長崎에서 阿蘭陀人과 종자인 五老沙人을 직접 만났음을 알 수 있다. 그런데 이것은 그가 長崎에서 7개월간이나 체류하였기 때문에 충분히 가능한 일이었다.

36) 표류할 당시 관인은 아니었지만 제주도의 武家집안 출신으로 일본으로 표류했다가 귀국 후 五衛將과 萬頃縣令을 지낸 李光彬의 표류기사도 독특하며 흥미로운 바 있다. 『燕巖集』 권6 別集 「書李邦翼事」의 虛頭에 나오는 내용을 보면, 이광빈은 18세기 중후반 무렵 武科를 보려고 出船하였다가 표류하여 일본의 長崎에 표착하였다. 그런데 그 곳의 한 의원이 이광빈을 자기 집으로 초대해 대접한 후 사위가 되어줄 것을 간청하였다 한다. 이광빈은 이를 거절하였으나 의원은 그의 귀환을 적극 도와주었다는 것이다.

짤막한 이야기에 불과하지만 이광빈에 대한 일본인의 우호적 태도를 엿볼 수 있다. 아마도 그 정도 호감을 가지고 배려한 데에는 상당한 정도의 인간적 교류를 통한 공감과 상호신뢰가 있었다고 보아도 좋을 듯하다.

2) 승려의 경우

楓溪大師는 전라도 海南 大芚寺(지금의 大興寺)의 승려로서 1817년 11월 18일 일본으로 표류하여 이듬해 8월 15일 귀국하기까지 일본에서 9개월 간 체류하였다. 그는 귀국한 지 3년만에 일본표류시의 체험과 견문을 바탕으로『日本漂海錄』을 저술하였다.[37]

그는『日本漂海錄』을 저술한 동기와 서술방식에 대해,

"무릇 하나의 山水를 유람해도 기술하여 후세에 전하는데 이번에 경험한 바는 지극히 험난하며 이른 곳도 다른 나라(異域)이니 어찌 그 풍토를 기술하지 않을 수 있겠는가. 그러므로 각 津關의 都會·인물의 번화함·財貨의 貯蓄·남녀의 紛雜한 모습 등을 모두 기록하였고, 음식의 오래됨·행동의 절도·물고기와 채소의 미세함에 이르러서는 하나도 빠트림이 없도록 함으로써 후세인의 참고자료가 되게끔 하였다."라고 밝혔다.

『일본표해록』은 표류일기의 형식이지만 중간에 견문을 항목별로 정리한 일종의 '聞見錄'이 포함되어 있는데, 여기에 그의 일본인식이 선명하게 피력되어 있다. 서술형식에는 세련성이 다소 부족하지만 묘사의 사실성과 생동감은 뛰어나며, 見聞과 傳聞을 바탕으로 기술한 '문견록'은 내용이 충실하다.

그가 일본에 표류한 경위를 좀더 구체적으로 살펴보면 다음과 같다. 1811년 대둔사에서 큰불이 나 千佛殿 등 9개 건물이 소실되었다. 이에 玩虎講師 倫佑가 중건을 위해 노력하여 1817년 가을에 천불전을 완성하였다. 이에 그는 몸소 縞衣大師 始悟와 畵師僧 楓溪등과 함께 경주 祇林寺에 들어가 3개월 동안 큰 佛事를 행하면서 楓溪 등에게 명하여 佛石山(佛岩山)에서 옥을 쪼아 千佛像을 만들게 하였다. 아마도 풍계는 천불상 제작의 책임자였던 것 같다. 이 해 11월 비로소 천불상이 완성되자 풍계는 대둔사까지의 운송을 맡아 11월 18일 경주 長津浦에서 울산 長生浦로 향하였다. 그런데 이 때 사용한 莞島商船은 좁아서 불편하였는데, 마침 장생포에는 洪原에서 온 상선이 있어 이를 세내어 운반하기로 하였다. 그래서 불상 768좌는 홍원상선에 싣고, 232좌는 완도상선에 싣고 24일 장생포를 출발하였다. 그런데 이튿날 동래 근해에서 폭풍을 만났는데, 완도선은 동래로 정박하였고, 홍원선은 표류하게 되

---

37) 이 때는 綾州(전라도 和順郡의 옛 이름) 雙峰寺의 승려였다.

었다. 이 배에는 풍계를 비롯한 승려 15인과 俗人 12인이 타고 있었는데 대마도를 거쳐 28일 일본 九州의 서북부지역인 筑前州의 大島浦에 표착하게 되었다. 그들은 여기서 현지관리의 심문을 받고 宗像郡 津屋崎浦 ― 藍島浦 ― 唐白浦 ― 栢島 ― 呼子島 ― 三栗島 ― 西島를 거쳐 1818년 정월 2일 肥前州 長崎鎭에 도착하였으며 長崎의 朝鮮館(對馬藩邸)에서 105일간 체류한 후 귀환하게 되었다. 대마도까지의 경로를 보면 4월 14일 長崎를 출발하여 道馬峙 ― 極田浦 ― 平戶島 ― 豊本浦(一岐島) ― 對馬島에 도착하였다. 대마도에서 45일간을 체류한 후 6월 17일 출발하였는데 동래 근해에서 다시 표류하여 加德島 天成鎭에 이르렀다. 이어 7월 14일 해남 앞 바다에 도착하였고, 이튿날인 15일 천불상을 대둔사에 봉안하였다. 이상 풍계대사 일행이 경유하였던 과정은 조선후기 표류민 송환체제에 따른 전형적인 경로였다. 『일본표해록』에서 그는 大島浦와 津屋崎浦에서 심문받을 때의 대화내용과 각 경유지간의 거리, 체류일정 등에 관해 상세히 기술하였다. 또 양 浦所의 地勢·기후·가옥·인구·채소 등에 관해서도 섬세한 필치로 묘사하였다.

그러나 이 『일본표해록』의 하이라이트는 長崎에 관한 기사와 견문을 정리한 '문견록'이다.

그는 長崎의 첫 인상에 관해,

> "長崎는 대도회이다. 건물의 모습이 웅장 화려하고 閭閻집이 즐비하며, 중국의 배와 阿蘭[38](네델란드)의 배가 이 곳에 정박하는데 배끼리 붙어있으며 앞바다에 가득 찼다. 서양의 物貨가 폭주하고 사람들은 많은데, 가히 집집마다 금은이요 사람마다 비단옷으로, 사람의 눈을 어지럽게 하는 것이 말로 다 표현할 수 없다."

고 하였다. 그는 중국·화란·일본의 물화가 교역되는 곳으로 부유하고 번화함이 일본내의 다른 지방과 비교가 되지 않는다고 보았다. 또 시장과 유흥가는 매우 흥청거리고 화려한데 우리 나라에서 제일 번화하다고 하는 西京(지금의 평양)보다 더하며, 중국 襄陽의 大堤나 江南의 杭州와 비슷할지 모르겠다고 하였다.

---

38) 풍계대사는 阿蘭陀를 계속 阿蘭으로 쓰고 있다. 또 아란에 관해서는 '일본의 남쪽에 있는 나라로서 100여 년 전에 일본에게 정복당해 그 때부터 조공한다'고 하였는데, 이는 일본인들의 설명을 그대로 옮긴 것으로 물론 잘못된 정보이다.

이어 그는 長崎에 있는 朝鮮館과 唐人館, 阿蘭館에 관해 상세히 설명하였다. 조선관은 對馬藩의 長崎 출장사무소 비슷한 곳으로 일본 각지에 표류한 조선인들이 결집하여 머무는 장소이기도 했다. 당인관과 아란관은 당시 일본이 通商하였던 청과 네델란드에 대해 江戶幕府는 그 창구를 長崎(조선의 경우 對馬藩)로 한정하였기 때문에 이 곳에 교역활동을 할 수 있는 商館으로서 허락한 것이다. 조선정부가 일본인들에게 허락한 왜관과 성격이 같은 것인데, 세 곳 모두 지금의 出島 부근으로 근접해 있다.

풍계 일행은 조선관에서 머물렀는데 支供이 매우 풍부하고 후하다고 하였다. 그들은 도착후 長崎奉行에게 인사차 방문하였는데, 그 접견하는 의례와 長崎奉行의 인상에 관해 상술하였고, 관아의 짜임새와 크기에 대해서도 감탄하면서 전주감영의 2배나 되겠다고 하였다.

당인관은 조선관보다 훨씬 광대하며 매해 무역선이 8척 왕래하면서 중국의 귀한 물건을 수입한다고 하였고, 무역선의 규모와 모양에 관해 홍원상선과 비교하면서 상술하였다.

아란관에 관해서는 아란인이 100여 명 상주하며 3개월씩 체류하는데, 그 사람들과 많이 친숙해지고 혹 왕래도 하였다고 하였다.

풍계 일행은 長崎에 있으면서 비교적 자유로운 활동을 하였다고 보여진다. 네델란드인과도 왕래하였고, 조선과의 옆에 있는 일본인과는 집에도 자주 방문하는 등 많은 일본인과 접촉하였으며, 거리에도 나갈 수 있었던 것 같다.[39]

이어 그는 長崎에서 견문한 바를 19개의 항목에 걸쳐 정리하였는데 다음과 같다.

① 일본의 富者 ② 도적 섬 ③ 기후 ④ 왜인의 朝鮮觀 ⑤ 方域 ⑥ 貢賦 ⑦ 軍兵 ⑧ 文學 ⑨ 佛法 ⑩ 屋宇 ⑪ 자연숭배의식 ⑫ 國名 ⑬ 인사법 ⑭ 우산과 가마 ⑮ 화폐 ⑯ 장례 ⑰ 시장과 세금 ⑱ 동물 ⑲ 고래잡이

이상의 기사에서 표출된 그의 일본인식의 특징적인 면을 정리해 보면 다음과 같다.

---

39) 시볼트는 "그들이 수용된 집은 아주 초라하지만 대신 일본의 좋은 쌀과 신선한 야채, 생선 등 식료품이 아주 풍부하며, 게다가 아무에게도 방해받지 않고 시내를 자유스럽게 통행하며 災難者를 친절하게 접대하는 일본인의 집에도 갈 수 있으므로, 쾌적한 생활과 유럽식의 호화스러움을 누리지만 죄수와 마찬가지인 우리들의 입장에서 보면 그들 슬픈 難破者들이 부럽기조차 하다."라고 하며, 조선표류민의 자유를 부러워하였다. (시볼트, 앞의 책, 제1장 「일본해안에 표착한 조선인으로부터 얻은 정보」)

첫째, 일본 경제의 번성함에 놀라면서 그 번화상을 누누이 강조하였다. 그는 당시 번성하였던 국제적인 무역항구 長崎의 富에 감탄을 금치 못하였던 것 같다. 번화가와 관청은 물론 개인의 가옥이나 일상생활도 조선보다 훨씬 호화롭다고 하였다. 또 "천하의 모든 나라 가운데 금과 은이 제일 많기로는 일본만한 나라가 없다"라는 長崎人의 말을 인용하면서 "長崎가 이 정도라면 大阪城과 나아가 倭國의 殷富함을 짐작할 수 있겠다"라고 하였다.

둘째, 일본인의 기질과 풍속에 대해 비교적 긍정적으로 평가하였다.

일본인의 기질에 관해서는 '개개인이 남자나 여자나 모두 맑고 밝으며 빼어나다(淸明秀蔽)'고 하였으며, 풍속은 청결한 것을 매우 좋아한다고 하였다. 그러나 일본의 성풍속에 대해서는 부정적으로 보았고 조선과 다른 가족제도의 특이함에 대해서도 기술하였다.[40] 즉, 남자와 여자, 자국인과 외국인이 섞여 앉는 것에 대해서는 비판하였다. 그래서 간통하는 일이 적지 않고, 자신의 일행에게도 유혹하였는데, 실제 通姦한 자가 있어 약간 문제가 되기도 하였다. 그는 또 당인관 옆에 있는 娼家에 관해 상세히 묘사하였다. 화려한 집 속에 30여 명의 여인이 있는데 현란하여 선녀와 같으며, 지나가면 유혹하고 당인관에도 들어가며 심지어 아란관에도 가서 자고 오는 일이 있다고 소개하였다.

한편 대마도의 풍속에 대해서는 아주 부정적이었다. 그는 표류민들이 長崎로부터 지급받은 물품을 대마도인들이 속여서 빼았었다면서 "지극히 교묘하게 속이는데 일본과는 다르다"라고 하여 本州人과 구별하였다. 長崎人들이 모두 말하기를 "대마도 사람은 도적이나 다름없다"라고 한말을 인용하였다. 또 그는 대마도는 본래 우리 나라의 땅이라는 동래부 관리의 말을 인용하면서 은근히 우리나라의 속국이라는 관념을 가지고 있었던 것 같다.

셋째, 일본의 학술과 문화에 대해서는 경제와 달리 낮게 평가하였다.

우선 그는 "皇城은 모르지만 경과해 온 지방에 學堂이 하나도 없고 책 읽는 사람이 한 사람도 없으며 필담할 때도 겨우 뜻이 통할뿐이다. 그 이유는 科擧가 없어 문학을 귀하게 여기지 않기 때문이다."라고 평하였다. 그러나 관리를 과거로 선발

---

40) 그는 일본의 성풍습에 대해서는 부녀자가 정절을 지키지 않아도 죄가 되지 않고, 남편이 멀리 떠났을 때 아내를 친구에게 맡기고 자식이 생기면 돌아온 후 자신의 자식으로 받아들인다고 소개하였다.

하지 않는 세습제의 폐단을 지적하면서도 그 때문에 백 가지 기술이 극히 정묘하고 기술자가 대접받는다는 사실도 지적하였다.

불교에 관해서는 "집집마다 佛壇을 모시고 公卿과 倭皇의 동생들도 모두 중이 되는 등 불교를 존숭하는 것이 이와 같다"고 하여 일본불교의 번화상을 소개하였다. 그러나 "승려는 法華經만 암송하고 다른 경전이나 參禪을 별로 하지 않으니 이름은 있으나 實이 없다고 할 수 있겠다"라고 비판하였다.

한편 「朝鮮漂客圖」에 나오는 일본인 화가 浮田—薰와의 만남에 대해서는 관해서는 한마디 언급이 없는 점으로 보아 그렇게 인상적이지는 않았던 듯하다.

넷째, 일본인의 조선관이 매우 우호적이고 우리 나라를 존경한다는 인식을 하고 있었다. 그는 "왜인은 우리 나라를 아주 숭모한다. 그래서 제주도 사람 가운데 혹 표류해서 도착하는 사람이 있으면 그 입고 있는 갓이나 도마 같은 것도 모두 귀한 물건이라고 하면서 보관한다", "이종덕의 글씨를 보물처럼 족자로 만들고 비단으로 장식하였다"라는 등의 예를 들면서 "일본의 풍속이 남녀를 막론하고 우리 나라를 매우 사모한다"고 하였다. 또 "(長崎人들이) 모두 말하기를 조선은 佛國이라고 하는데 그들이 우리 나라를 옛날부터 존경해왔다"고 하였다. 이것은 자신이 만난 소수의 사람들이 보여준 조선문화에 대한 동경과 우호적인 태도를 보고 일반적인 것으로 생각하였거나 잘못된 정보에 바탕으로 해석한 것으로 보여진다.[41]

3) 민중의 경우

직 · 간접적인 형태로 기사를 남기고 있는 사람을 시대순으로 살펴보겠다.

(1) 金非衣 일행

1479년(성종 10) 6월 10일 琉球에 표류했던 金非衣일행은 귀환하는 과정에 大內殿과 小二殿간의 전쟁으로 인해 覇家臺(博多)에 6개월간 체류하였는데, 博多에 관한 문견을 다음과 같이 보고하였다.

"覇家臺에 이르니 (중략) 人家가 조밀한 것이 우리 나라의 都城 같았고, 그

---

41) 이밖에도 『일본표해록』에는 틀린 정보에 기인한 오류가 적지 않다.

가운데 시장이 있는 것도 우리 나라와 같았다. 大內殿이 보낸 主將이 자신의
집에 머물게 하였으며 잔치를 베풀어주었다. 그의 사는 집은 기와집으로 매우
웅장하고 화려하였다. 主將은 小二殿을 공격하기 위해 군대를 거느리고 나갔
는데, 창·칼·깃발을 든 자가 3,4만 명이었다."[42]

이어 小二殿의 군사를 평정하였고 6명의 수급을 베어 梟示한 것, 포로를 구별하
는데 이빨에 물들였는지 여부로써 貴賤을 구별하였다는 점등을 보고하였다. 대마
도에 대해서는 "땅이 척박하여 먹고살기 어려운 것이 다른 섬이나 지방과 달랐다"
라고 하였다.

(2) 張廻伊

장회이는 제주도 內贍寺의 종으로서 1499년 정월 일본의 한 섬(五島의 하나로 보
여짐)에 표착하였는데, 구조당한 후 島主 平順治의 집에서 1년간 머무르게 되었다.
그 후 平順治는 '이곳에서 살겠다면 장가를 들여 집짓고 살게 할 것이고, 만약 본국
으로 돌아가겠다면 보내주리라'고 하였다 한다. 이에 장회이가 귀국을 희망하자 도
주는 양식 10석을 주면서 송환시켜주었다.[43] 귀국 후 장회이는 그 섬의 풍속에 대
해 보고하였다.[44] 내용은 도주의 사냥모습·어산물과 조업방식·농작물과 농사방
식·島主官舍의 규모와 구조·혼인풍습·연장자를 존중하는 관습과 엄격한 질서
등에 관한 것이었다. 특히 "모든 사람이 항상 環刀와 小刀를 차고 다니면서 싸우면
환도로 목을 자르는데 도주가 비록 알게되어도 전혀 감찰하지 않는다"라는 점이

---

42) 『성종실록』 성종 10년 6월 을미.
43) 장회이의 송환경로를 보면, 于音島-化可大島--岐島-對馬島-薺浦로 귀환하였다. 그
런데 대마도에 이르렀을 때 대마도주가 바로 송환하지 않고 6개월간이나 체류시킨 것은
平順治의 송환방식에 대한 불만의 표시라고 보여진다. 추측컨대 平順治는 의도적으로 대
마도를 중심으로 하는 '표류민 송환체제'를 어기려고 한 것이 아니라 기존의 방식을 잘
몰랐던 것으로 보여진다. 1540년(중종 35) 9월 18일에도 五島의 島主 源純定이 조선표류
민을 독자적으로 송환하자 대마도주는 五島를 '賊倭'라면서 맹비난하고 조선정부가 접
대하지 말 것을 요구하였다. 이런 사실로서 볼 때 당시까지 五島는 대마도주가 주도하는
'표류민 송환체제'에 적극적으로 협조하지 않은 듯하다.
44) 『연산군일기』 연산군 7년 정월 기묘.
『조선왕조실록』에 나오는바 일본에 표착한 표류민의 견문보고사항으로는 가장 자세한
기술이다.

특이한 풍습으로 이해되었던 것 같다.

장회이는 이 섬에서 도주의 집에서 거처하는 파격적인 대접을 받았으며, 도주와는 인간적인 교류를 나누었던 것 같다. 도주 平順治는 사냥을 마친 후 술을 마실 때마다 장회이를 초대해 '술과 고기를 배부르도록 먹어라'고 권하였다 한다. 또 平順治가 장회이에게 결혼을 권유한 것은 그가 표류민 송환을 '利權'으로 삼지 않았음을 말해준다.

(3) 安義基

안의기 일행 12명은 商船을 타고 1819년 1월 7일 江原道 平海州(지금의 경상북도 울진군 평해)를 출항하던 중 大風을 만나 표류하였는데, 1월 12일 일본 鳥取藩 八橋郡 八橋에 표착하였다. 이어 안의기 일행은 駕籠에 태워져 鳥取로 향하였는데, 호송에 참여한 인원도 100명 이상이었고, 연도에 구경군도 넘쳤다고 한다. 이 때 富商들의 거리를 지나게 했는데 그들에게는 상점의 기둥에 융단을 두르고, 금은의 병풍과 진기한 그릇들을 진열하도록 하였으며, 표류인들은 거리의 모습을 보고 '좋다'라고 감탄하였다고 한다. 鳥取縣의 주민들은 조선표류민이 매우 희귀한 사례였던 만큼 호기심어린 눈으로 지켜보았으며, 우호적인 태도로 맞이하였다.[45] 1월 22일 鳥取縣에 도착한 이들은 4개월을 체재한 후 윤 4월 8일 2척의 배에 관원 4명의 호송을 받으며 長崎로 향해 5월 22일 도착하였고, 6월 9일 長崎를 출발하여 9월 15일 귀국하였다.

「漂流朝鮮人之圖」에는 안의기가 長崎까지 호송해준 鳥取縣의 奉行 岡金右衛門에게 준 편지가 수록되어 있다.[46]

---

45) 池內敏, 「鳥取藩領に漂着した朝鮮人」, 『論叢 歷史と社會』, 1994

46) 이 사은의 편지(謝恩狀)는 이 그림의 상단부에 있으며, 중단부에는 "조선국 강원도 평해 고을 열두 사람이 기묘년 초에 칠일 대풍에 표류하였다"라는 글귀와 표류민의 이름을 한글로 쓴 부분(안의기가 썼다고 기록되어 있음)이 있고, 하단부에는 표류인 12명의 초상화(鳥取縣에 체재할 때 일본인 화가가 그린 것으로 추정됨)가 있다. 謝恩狀과 나머지 부분은 각기 다른 것이었는데 후에 하나의 족자로 표구되었으며 현재 일본의 鳥取縣立 圖書館에 소장되어 있다.
   이 그림과 당시의 표류상황에 관해서는 『鳥取に流れ着いた朝鮮人』(1997, 鳥取縣立博物館) 및 池內敏, 「鳥取藩領に漂着した朝鮮人」(『論叢 歷史と社會』, 1994) 참조.

"奉行武士 岡氏에게 올립니다.
　엎드려 생각건대 슬프도다. 우리들을 신세가 길하지 못한 까닭으로 큰 바다 가운데서 대풍을 만나 꼬박 십여 일을 보내고 일본국에 표류하여 생명을 구하기에 이르렀습니다. 귀국의 사람을 사랑하는 두터운 덕의 은혜는 태산의 높음과 같고 강과 바다의 깊음과 같습니다. 우리들은 그 은혜를 입음으로써 살았습니다. (중략) 호송차 배가 출항하여 長崎에 이르렀는데, 奉行武士 십여 인과 僉尊諸兄主들이 같은 마음으로 힘을 합침으로써 물길이 육지로 되었습니다. 바다 위에서 같이 머물고 같이 잠자니 同氣나 친형제와 다름이 없습니다. 우리들이 그 은혜를 갚지 못하고 귀국하는 마음을 알 듯하지만 또한 모를 것입니다. 엎드려 생각컨대 비록 그러하나 한번 만리 밖으로 헤어지면 어찌 서로 볼 수 있겠습니까? 奉行武士와 僉尊主께서는 하늘이 명해준 바 壽와 福을 누리시고 평생토록 잘 거하시며, 자손에 이르기까지 편안하게 지내시기를 지극한 마음으로 엎드려 바랍니다. 슬프기 그지없으니 슬피 통곡하는 말이 길어졌습니다. 이별을 아쉬워합니다.
　　조선국 안의기 삼가 씀"[47]

　　표류민과 현지의 호송인간에 강한 유대의식과 함께 감사의 뜻이 잘 드러나 있는 문장이다. 표류민에 대한 일본의 구조와 접대 송환에 의해 우호적 인식이 형성되는 좋은 사례라고 보여진다.

(4) 19세기 전반 薩摩州 표착 표류민

　『漂民對話』中卷에 나오는 傳語官과 조선표류민[48]간의 대화내용도 주목된다. 이 표류민 일행은 정확한 연대는 알 수 없지만 19세기 전반의 어느 해 11월 8일에 표착한 전라도 순천의 어부 12명과 2월 3일에 표착한 해남출신의 상인 16명으로 구성되어 있는데, 전어관과 대화를 나눈 상대는 주로 해남의 상인들로 추정된다. 이들은 표착지인 薩摩州에서 長崎로 이송되고 다시 長崎에서 대마도로 호송되었다. 대마도에서 長崎의 對馬藩邸에 파견된 通詞로 호송의 책임을 맡은 전어관과 표류민들

---

47) 문장으로서는 유창하지 못하고 오자로 보이는 글자도 있지만 안의기는 한문을 해독할 수 있는 정도의 인물이었다. 일본측 자료에 의하면 표착 후 선장인 안의기는 필담이 가능하였다고 하며, 이 족자에 나와있는 초상화에도 안의기만 갓을 쓰고 두루마리를 입은 차림으로 묘사되어 있다.
48) 이와 관련된 기사가『邊例集要』에는 나오지 않는데,『漂人領來謄錄』이나 일본측 자료에서 확인할 필요가 있다.

은 대마도로 가는 배 위에서 매우 다양한 주제에 걸친 대화를 나누었다.[49] 아래에
나오는 대화내용은 대마도에 도착한 후 석별의 아쉬움을 토로하는 장면이다.

> "금번은 비상한 인연으로 만났는데 한번 보니 옛친구 같아(一面如舊) 실로
> 同鄕之人인 줄 알았다. 근일간에 이별하게 되니 나의 맺힌 회포가 무궁하도다
> 그러나 이제 고향에 돌아가 父母妻子 만나면 更生之人이 돌아온 듯이 기쁘할
> 까 싶도다"(傳語官)

> "우리들은 팔자가 험악하여 천만의외에 표류하여 고생하는 일이야 어찌 이
> 를까보온고 생각하는 적마다 실로 원통하옵지만 그런 중 하늘이 도우셔 이 나
> 라의 바다에 닿았고 아직 남은 목숨을 보존하였사오매 天恩이 끝이 없고 더구
> 나 國恩이 헤아리기 어렵습니다. 公도 傳語官의 소임으로 우리들이 漂泊한 것
> 을 들으시고 遠路에 눈을 밟아가며 큰 일처럼 나오시고 심방하여 주신 후의는
> 실로 감사하옵니다."(漂流民)

표류민들이 감사하는 것은 당연하다 치더라도 전어관이 표류민들에게 표현한
우정과 귀환의 축하는 주목할 만하다. 장기간 배를 같이 타고 대화를 나누면서 인
간적인 공감을 나눈 결과로서, 이것 또한 표류가 가져다준 민간교류의 한 모습이라
하겠다.

(5) 19세기 중반의 제주표류민

『濟州啓錄』에 나오는 바 표류민은 일본에서의 구호와 접대 및 호송과정에 대해
대체로 만족하였으며, 특별히 불만을 표시한 사례가 없다. 일본인들은 파손된 배와
집기를 수리해주고, 사망자가 있으면 관을 만들어 주었으며 음식과 의복 등도 부족
하지 않게 제공하였다고 보고하였다. 이에 대해 그들은 공술에서 일본인에 대한 직
접적인 감사 표시를 하지는 않았으나 그러한 과정에 대해 우호적인 인식을 지니게

---

49) 이들의 대화주제는 倭館의 구조·대마도의 年例送使·조선측의 접대·開市·교역품·
通信使行·問慰行·조선의 譯官·鐵砲·虎皮·해산물·쌀값·농산물·해산물·죽세공
품·조선과 일본의 관계·조선의 문물 등 실로 다양하게 걸쳐 있다. 대마도의 전어관
은 표류민을 통해 조선에 관한 정보를 수집하며 평소 자신이 궁금해하던 것을 확인하고
자 하였던 것 같다. 한편 조선표류민은 서울과 울산 등지에도 자주 왕래하였으며, 왜관
무역에도 상당한 지식을 가졌음을 알 수 있다.

되었던 것으로 추정된다.

4. 맺음말

표류민의 구조·접대·송환으로 이루어지는 전근대 동아시아의 표류민 송환체제는 이 시기 평화적 국제관계의 상징이자 유지의 토대가 되었다고 해도 과언이 아니다. 표류는 불가항력적인 天災에 의한 것이었지만 그것을 통해서 해외교류, 신문화 접촉, 인식의 확대라는 결과적 현상이 일어났다는 점에 주목할 필요가 있다. 그러한 긍정적인 시각에서 표류문제에 접근할 필요가 있다고 생각된다. 그리고 보다 중요한 점은 표류민을 주체로 하면서 그들의 입장에서 追體驗할 필요가 있다는 것이다. 그래야만 표류가 지니고 있는 의의를 살릴 수 있을 것이며 실상에 접근할 수 있을 것으로 생각한다. 본고에서는 그러한 입장에 서서 표류민들이 남긴 기록을 중심으로 그들의 활동과 인식을 살펴보았다.

지식인들의 인식이 주로 문헌에 의한 간접적인 지식을 바탕으로 하였다면, 표류민의 그것은 직접적인 체험과 견문에 바탕을 둔 점에서 차이가 있다. 전자는 서적을 기초로 한 만큼 체계성과 객관성을 지닐 수 있지만 동시에 국가이데올로기의 영향을 받으며 다소 선험적인 경향을 띠고 있다. 여기에는 상대국에 대한 부정적 이미지, 상호견제의식, 상호멸시관이 표출되기 쉽다. 후자는 자신들의 체험한 범위 안에서 이해하고 있는 만큼 단편적이고 주관성을 띠고 있지만 직접적인 정보인 만큼 독자적인 가치가 있다.

조선의 표류민들은 長崎에서 阿蘭陀人과 만나 왕래하였으며, 1823년의 전라도 표류민은 독일인 의사였던 시볼트와 직접 대담을 나누기도 하였다. 이러한 서양에 대한 정보와 풍물을 접하는 체험은 표류민이 아니고서는 할 수 없는 것이다. 이것은 조선으로서는 중요한 정보통로이기도 하였다.[50] 또 표류민들에 의한 정보는 대마도에 의한 정보왜곡을 방지하는 효과도 있었다.

조선시대 표류와 연관된 한·일 양국의 교류사에는 다양한 모습이 나타나 있다.

---

50) 그럼에도 불구하고 당시 조선의 조정에서는 서양에 대한 관심의 부족으로 이러한 정보를 대수롭게 여기지 않았다. 실학자 이덕무와 이규경이 관심을 기울이며 자신의 문집에 기록을 남긴 정도였다.

거기에는 무엇보다 인간끼리의 만남이 있었고, 지식인 사이에는 筆談과 詩文唱酬를 통한 문화교류가 있었다. 또 표류민 가운데 장회이와 이광빈은 일본에서 결혼과 함께 定住할 것을 권유받기도 하였으며, 어떤 경우는 고의성 짙은 표류(故漂)도 있었다.[51] 심지어는 극한적인 상황에서도 상호간에 물자를 교환하는 교역활동도 있었다. 이와 같이 전근대시기의 표류는 여러 가지 측면에서 재조명할 부분이 많은 아주 흥미로운 소재이다. 역사나 외교적 측면만이 아니라 문화인류학 · 지방사 · 기술사 · 교통사 · 경제사 등 다양한 분야에서 접근할 수 있는 연구주제이기도 하다.

이하 표류민들의 일본인식의 특징을 정리해 봄으로써 결론에 대하고자 한다.

첫째, 조선 표류민들의 일본인식은 전반적으로 보아 우호적이었다. 또 그들에게 공통적으로 볼 수 있는 것이 구호와 무사송환을 해준 데 대한 감사의 정이다. 표류민의 입장에서 보면 표착지의 주민과 송환자는 목숨을 구해준 생명의 은인이었다. 그것은 무엇보다 소중한 은혜이다. 거기에는 국가적 관점을 벗어난 인간끼리의 만남과 교류가 있는 것이다. 관인과 지식인들은 문화교류를 통해, 민간인들은 다양한 인간적 교감을 통해 우호적인 인식을 갖기에 이르렀던 것으로 보인다. 이는 표류민 송환체제가 정상적으로 가동되고 있었음을 말해주는 것이기도 하다.

조선전기의 경우 표류민 송환에 일본측의 순수하지 못한 의도가 있었고, 후기에는 접대를 둘러싼 항의와 표류민에 의한 소요사건 등 마찰이 노정되기도 하였다. 그러나 그것은 크게 보면, 예외적인 해프닝에 지나지 않는 것이었다.

둘째, 대부분의 표류민들은 공통적으로 일본의 물산이 풍부하고, 도시가 번성하며 경제적인 면에서 조선보다 훨씬 발전했다고 보았다.

---

51) 故漂는 그 동안 표류인에 대한 일본측의 厚待를 알고 고의로 표류한다는 주로 경제적인 측면에서만 해석하였지만, 정치적인 이유도 가능하다고 여겨진다. 『濟州啓錄』에 나오는 바 故漂의 의심을 받은 趙正杓의 가족일행은 경제적으로 궁핍하지 않았으며, 그는 당시 82세로 嘉善大夫의 官品을 지닌 전직 고위관리였다. 따라서 이는 경제적 동기보다는 정치적 망명의 가능성도 있고, 쇄국체제하에서 해외에서 이상향을 찾으며 도피처를 구하려는 시도의 하나일 수도 있다. 『홍길동전』에 나오는 율도국, 『許生傳』의 남해의 무인도, 동해안의 女人國 說話(신유한의 『海游錄』, 『五洲衍文長箋散稿』에도 여인국에 관한 辨證說이 나오는데, 실제 1855년 조정표 일행이 표착한 곳이 女島였다. 현재에도 일본 長崎縣 五島에는 福江島 옆에 男島와 女島라고 불리는 섬이 있다. 그러나 女島는 여인들만이 사는 女人國과는 다르며 단지 섬의 모양을 두고 그렇게 부를 따름이다) 등은 그러한 파라다이스상의 반영으로 보아도 좋을 듯하다.

17세기의 이지항을 비롯하여 19세기 전반기의 풍계대사, 안의기 일행, 薩摩州에의 표류민은 모두 松前藩, 島取縣, 長崎 등 도시의 번성함과 물산의 풍부함에 대해 감탄하였다. 이러한 인식의 객관성 여부는 차치하더라도 조선후기 당시 일본의 경제적 번영상이 그들에게 매우 인상적이었음에는 틀림없다.

셋째, 일본의 문화에 관해서는 조선보다 낮다는 평가가 일반적이었다.

이지항은 송전부의 관리들의 한시수준이나 글씨를 보는 안목이 낮음을 지적하였다. 풍계대사도 "長崎人은 모두 상인으로 돈만 알 뿐 문헌을 몰라 상세히 알 수 없으니 탄식스럽다."라고 하였으며, 자신이 만난 관리나 승려들도 겨우 필담으로 의사를 소통할 수 있을 뿐이라고 하였다. 이 점 필담과 한시 창수 등 구체적인 체험을 바탕으로 하여 내린 결론이므로 일정한 의미가 있는 판단이다. 그러나 그들이 평가대상으로 삼은 것은 일본의 전통문화라기 보다는 주로 유학이나 한문학에 관한 것인 점을 고려할 필요가 있다. 한편 그 원인에 대해서는 과거제를 통해 인재를 선발하지 않는 제도와 그에 따른 문학의 경시에서 찾고 있다. 그러나 世襲制가 문학 대신 기술의 발전을 초래한 것으로 보면서 그 장단점에 대한 평가는 유보하였다.

넷째, 일본의 인물과 풍속에 대한 평가는 주관적이어서 다양한 양상을 보이고 있다.

이지항은 松前藩 사람들이 영리하다고 칭찬하였다. 또 그들의 풍속에 대해 담담히 소개하였으며, 아이누족의 이국적인 풍속에 대해 상세히 기술하였다. 풍계대사는 일본인들의 기질이 '모두 맑고 준수하다'고 하였으며, 청결함을 숭상하는 풍속에 대해서도 매우 긍정적으로 소개하였다. 그러나 문란하게 보이는 성풍속과 가족제도 등에 관해서는 부정적으로 평가하였다. 그러나 대체적으로 일본의 풍속에 대해 수용적이며, 華夷觀에 입각한 夷狄觀念은 별로 보이지 않는다. 통신사행 파견시 보이는 조선지식인의 문화우월감이나 그 과정상에 팽팽한 긴장감을 느끼게 해주는 국가간의 경쟁의식 같은 것은 표출되지 않았다.

한편 이종덕과 풍계대사는 대마도에 관해서 일본 본주인과 구별하며 부정적으로 평가한 점이 주목된다.

그런데 조선표류민의 일본인식에 있어서 시기별로 변화되어 가는 양상과 지역적 편차가 나타난다는 점이 주목된다. 이에 관한 대체적인 경향을 간단하게나마 언급함으로써 마무리하고자 한다.

첫째, 시기적인 변화양상이다.

조선전기와 후기간에 표류민 송환체제가 다르고, 일본측의 송환목적과 태도에도 차이가 있으며, 당연히 이에 대한 표류민의 인식도 다르게 나타난다. 조선전기라 하더라도 15세기 중반 '전기적인' 표류민 송환체제가 확립되기 이전과 이후간에 차이가 있다. 송환체제가 성립되기 이전까지 일본에 표착한 조선표류민은 노비로 사역되거나 매매의 대상물이 되었다.[52] 세종대이후 표류민을 송환해오는 일본인에 대해 조선정부가 回賜品 下賜, 통교의 허가, 圖書의 지급, 歲遣船 增額 등의 厚待政策을 취하자 일본 각지의 제 세력은 경제적 이익을 얻기 위해 표류민을 후대하여 송환하였다. 이러한 정책덕분에 표류민들은 후대를 받으며, 일본에 대한 우호적 인식과 평화적인 교류를 가질 수 있는 계기가 마련되었다.[53]

조선후기에는 표류민 송환체제가 전기와 달라진다. 豊臣政權이래 막부가 領海權을 장악하면서 領主의 占取權을 부정하였는데 이를 德川政權이 계승한 것이다. 德川幕府는 1630년대 완성한 '鎖國體制'에 의해 표류민 송환체제도 확립하였다. 江戶時代에 확립된 조선표류민의 송환체제는 長崎와 對馬島를 매개로 하는 것이었다. 대마도에서 조선까지 호송하는 절차는 전기와 같았지만 일본국내에서의 과정은 室町幕府時代와 크게 달라져 德川幕府가 전과정을 장악하는 체제였다. 구체적으로 표착지의 藩主는 표류민을 長崎까지 호송하는 비용을 부담하여야 했고, 長崎에서 對馬島까지는 幕府가, 대마도에서 부산까지는 對馬藩이 부담하여야 했다.[54] 한편 조선에서도 1630년대부터 안정적 송환체제를 취하였는데,[55] 일본표류민을 송환할 경우에는 조선정부가 부담하였다.

이와 같은 내용의 '후기적' 표류민 송환체제는 양국의 교린관계에 대한 확고한 정책의지와 대내적인 통제력을 확보하고 있던 강한 정부에 의해 순조롭게 운영되

52) 일본에서는 중세까지 표류인과 물품(배)를 영주의 '획득물'로 간주해온 관행에 따라 표류민은 노예가 되거나 매매의 대상이 되었다.
53) 그러나 三浦倭亂과 乙卯倭變을 거치면서 조선측에서는 규정된 海路 이외에 정박하는 日本漂流民을 賊倭로 간주하였다. 이에 따라 16세기에 접어들면서 일본으로부터의 표류민 송환도 줄어들었다.
54) 荒野泰典, 「近世日本の漂流民送還體制と東アジア」(『近世日本と東アジア』, 1988, 東京大學出版部) 참조.
55) 그러나 규정된 海路 이외로 접근하는 일본인을 賊倭로 간주하는 壬申約條 이래의 규정은 己酉約條에서도 이어졌다.

었다. 이것이 양국표류민 간에 우호적인 인식이 형성될 수 있었던 배경이자 전제조
건이 되었던 것이다.

둘째, 일본에서의 표착지역에 따라 조선표류민에 대한 태도에 차이가 생기게 되
었다. 이것은 상술한 표류민 송환체제의 변화와도 연관되는 것인데, 표착이 빈번한
지역과 드문 지역간에 일본인들의 표류민들에 대한 태도와 인식이 다르게 나타나
는 양상을 보여주고 있다.

즉, 江戸時代(조선후기) 조선표류민이 표착한 지역의 주민과 藩에서는 일종의 '家
役' 내지 '國役'으로서 표류민을 송환해야 하는 의무와 경제적 부담만 지게 되었
다.56) 따라서 조선인 표착 다발지역에서는 異國人에 대한 호기심은 없어지고 경제
적 부담만 인식되었기 때문에 구조하지 않고 방기하는 사례도 가끔 있었다. 또 규
정에 미달하는 소홀한 접대의 결과로 料米를 둘러싼 표류민들의 항의소동이 일어
나기도 하였다.57) 대마도의 경우에도 냉정하고 사무적인 태도로 임하였던 것 같다.

이에 비해 이지항과 안의기가 표류하였던 北海道와 島取縣등 조선표류민의 표착
이 드문 지역의 경우에는 달랐다. 쇄국체제하에서의 일본 지역주민들에게 외국인
을 보는 것은 그것 자체로 큰 호기심을 자극하는 것이었다. 문화인들은 물론이고
민중들도 마찬가지였다. 그래서 우호적인 대도로 접대하였고, 호기심 어린 눈길로
그들과의 접촉을 원하였다. 접대와 송환도 규정 이상으로 지키며 대해주었다. 이러
한 환대와 인간적인 유대감을 체험한 사람들이 상대적으로 일본에 대해 우호적인
인상을 가지게 되는 당연한 일이다.

---

56) 표착지인의 부담에 대해 "구조한 표착지 주민들의 협력은 곧 희생이었다. 漂着은 漂流民
   들에게는 天災였고 漂着地人들에게는 人災였다"라고 한 지적은 참 적절하다고 여겨진다.
   이에 대해서는 岸浩, 「長門沿岸に漂着した朝鮮人の送還を巡る諸問題の檢討」(『朝鮮學報』
   119・120집, 1986) 참조.

57) 1784년 長門州에서 孫古男 일행이 일으킨 소요사건이 대표적인 사례이다. 이들은 귀국
   후 효수형에 처해졌는데, 일본에서는 '漂民惡黨'이라고 기록하였고,『변례집요』에서는
   "교린하는 이웃나라 땅에서 실로 큰 변괴이다"라고 평가하는 표류민 송환사상 큰 '이변'
   으로 받아들여졌다. 이에 관해서는 池内敏, 「天明四年長州惡黨漂民一件」(『日本歴史』545
   호, 1993) 참조.

近世日本民衆의 朝鮮認識

池內 敏

1. 들어가는 말

1599년부터 1872년까지의 270여년 사이에, 조선인이 일본열도에 漂着했던 사건은 971건 9770명이고, 그 가운데 거의 대부분이 민중이었다. 그리고 그들은 대체로 조선반도 남부 해안지방의 사람들이 어업을 기반으로 한 민중적인 생업과 교환활동을 하는 과정에서 漂流하고, 日本列島 西端의 島嶼지역이나 山陰지방 연안에 표착했다는 특징이 있다. 한편, 1618년부터 1872년까지의 250여년 사이에 일본인이 조선반도에 표착했던 사건은 91건 1235명이고, 그 대부분도 또한 민중이었다. 이러한 일본민중은 일본에 표착했던 조선인의 경우에 비해 어업활동에 관계하는 사람의 비율은 낮고, 물자의 유통과정에서 표류한 사람이 많았다. 그리고 표착지는 조선반도 남부 해안지방이 많았다.

본 보고에서는 우선 近世日朝사이에 발생했던 표류・표착사건을 소재로 하여, 당시 일본민중의 조선인식에 대해서 지적할 수 있는 점들을 정리하려 한다. 이어서 그러한 표류・표착사건이 민중의 생업・생활과 밀접하게 관계되어 발생했던 사건이라는 점에 비추어 생업・생활과 일본민중의 조선인식과의 관계에 대해서도 언급하려 한다.

2. 漂流・漂着과 朝鮮認識

근세의 일본민중 및 조선민중은 서로 직접 말을 통하여 의사소통을 하는 것은

곤란했다. 표류·표착사건에 처하여 양자는 한자나 몸짓을 통하여 빈약한 정도의
의사소통을 할 수 있는 존재였다. 이러한 조건하에서 근세일본민중이 일본에 표착
했던 조선인 표류민을 보았을 때, 그 얼굴생김새·복장(색·형상)·말 등에서 차이
를 발견하고, 제공한 식사를 위화감 없이 먹는 모습에서 공통성을 느꼈다.

그러면 조선반도에 표착했던 일본인이 그곳에서 무엇을 느꼈는지에 대해서 언
급해 보겠다. 단, 일본인이 조선반도에 표착했던 사례는 상대적으로 적고, 표착일
본인의 감상을 미루어 알 수 있는 史料(漂流記類) 또한 적다. 그러한 사례를 연대순
으로 개관해 보자.

(1) 1666년 7월, 慶尙道 長鬐에 漂着, 伯耆米子船, 21人 [岡嶋正義]

1666년 2월에 伯耆國米子(지금의 鳥取縣 米子市)를 출선하여 4월 8일에 竹島(鬱陵
島)에 표착하여, 3개월에 걸쳐서 그 섬주변에 머물며 어업을 했던 일행은 7월 3일 竹
島(鬱陵島)에서 歸路에 올라 표류했다. 같은 해 5월, 밤중에 육지 가까이까지 떠내려
왔을 때, 그 해변사람 30명 정도가 표류민을 구조하고, 그들을 2~3인씩 나누어 자신
들의 집에 데리고 가「죽 등을 끓여」제공하는 등, 정중한 접대를 했다고 한다. 후에
들은 바에 의하면, 그곳은 경상도 長鬐이라는 가구수 20호뿐인 작은 어촌이었다.

다음날 아침 관인의 지휘하에 이웃 마을에서 300명 정도의 인부가 와서 표류선
에 짐을 싣는 등의 귀환작업이 행해지고, 관인은 표류민에게「술·안주·보리(切
麥)등」을 지급하였다. 7월 11일, 표류민들은「官府」로 송환되어「セケン(또는 セソ
ン)」·蔚山을 거쳐 7월 16일에 東萊에 도착했다. 2개월 여를 東萊에서 보냈는데, 「
좋은 술·맛있는 요리, 혹은 과자 등을 향응 받고, 또한 계절 옷도 두 차례나 제공
받는 등, 그 훈훈한 정을 이루 말할 수 없다」라고 말한다. 10월 4일, 東萊에서 釜山
浦내에 있는「サストウ」라고 하는 곳에 가서 對馬藩의 취조를 받으며 귀국준비를
갖추었다. 귀국할 때에는「官府」로부터 쌀 14가마니(1가마니에 5두 3되가 들어
감)·말린 대구(干鱈) 130마리·술 20병(1병에 1말 5합이 들어감)·된장 1항아리(1
두 5말이 들어감)를 받았다.

(2) 1692년 5월, 朝鮮牧之島에 표착, 備前岡山船, 12人 [倉地克直]

備前岡山藩領 小串村(지금의 岡山市)을 출선했던 일행은 일본해안을 북상하려고

5월 2일에 下關을 떠나 長門國 須佐沖에서 표류하다 5월 4일에는 牧之島(지금의 絶影島)에 표착했다. 구조된 일행은 5월 5일부터 6월 22일까지 조선정부로부터 한 사람당 매일 쌀 7合·야채·소금·된장 등을 지급받았다. 당초, 표류민들은 쌀·소금·된장 등이 충분히 있었기 때문에 위의 지급을 사양하려고 했지만,「朝鮮之御法」이라고 하여 받아들이기로 했다고 한다.

표류민들의 귀국에 즈음해서는 조선측으로부터 송별 잔치가 준비되었다. 해변에 다다미 약 80첩(疊) 정도 넓이의 연회장이 설치되고, 주변에 하얀 목면의 막과 덮개를 두르고, 비자나무 멍석 위에 양탄자(毛氈)를 깔았다. 표류민들은 머리카락과 月代를 깎고 복장을 갖추었고,「唐人衆」에 대한 예의에 대해서는 그 예법을 흉내내도록 對馬로부터 지시받았다.

그런데, 6월 21일에 열린 송별회에서는,「조선의 御奉行 はきどくじ」가 표류민 한사람 한사람에게 술을 따랐다. 게다가「朝鮮之作法」에서는 三獻(향연의 방식으로서 술상을 차려 술을 석잔 마시게 한 뒤 상을 물리고, 이렇게 하기를 세 번 되풀이하는 것)의 방식을 五獻으로 했다고 한다. 「はきどくじ」는 岡山에서 온 표류민을 따뜻하게 대접했지만, 그것은 그가 1682년의 朝鮮通信使에 隨行했던 경험을 가지고 있었고, 岡山藩領 牛窓에서 숙박했을 때에 받았던 대접이 아직까지도 잊혀지지 않아서 라고 한다. 게다가「はきどくじ가 唐人에게 아뢴 말씀이 크게 들렸다」라고 말한 것으로 보아, 이 조선관인은 표류민에게 일본어로 말을 했음을 알 수 있다. 그리고 일행이 귀국할 때에는 흰 광목 13필·쌀 4石 5斗 5升을 주었다.

(3) 1735년 7월, 慶尙道 慶州에 漂着, 隱岐船, 4人 [松田甲]

隱岐를 출발하여 越前三國湊으로 떠나려 했던 네 사람은 7월 7일 三國湊을 떠나 歸途하던 7월 11일부터 표류하기 시작했다. 경상도 경주의 해변에 표착했던 것은 7월 19일의 일이다. 그 표류민들도 보호를 받았으며 보호받은 마을로부터 쌀·된장·안주·땔나무 등을 지급받았다. 釜山 牛岩浦로 이송된 후부터는 對馬藩을 개입시켜 조선정부로부터 식량지급을 받았다. 원래 그때의 표류민들은「조선으로부터 받은 된장은 아무래도 모조품이 아닌가? 이상한 냄새가 심하고, ウジ가不일지도 모른다』는 느낌을 남기고 있다.

조선측이 준비했던 송별 잔치는 牛岩浦 언덕의 밭 속에 小屋을 설치하고, 막을

둘러 행해졌다. 宴席에는 天目茶碗에서 한창이었던 메밀국수 이외에 말린 대구·계
란·돼지·닭·소 등의 음식이 진열되고 술도 또한 대접되었지만 표류민들은 메
밀국수만을 먹었다고 한다. 돼지·닭·소 등에 대해서는 그것이 무엇인지조차도
몰랐으며 배석해 있던 對馬藩役人에게 물어서 비로소 이해했다. 또한 國王으로부터
전별금품으로서 흰 광목 4필도 수여받았다.

(4) 1736년 7월 18일, 慶尙道 長鬐에 漂着, 能登輪島船, 14人 [[加能漂流譚]]

能登輪島에서 서쪽으로 항해하고 있던 일행은 7월 17일에 長門國 律島沖에서 표
류하다 다음 달 18일 경상도 長鬐에 표착했다. 이 사람들도 표착지에서 釜山 牛岩浦
로 이송되었고, 귀국할 즈음에 송별 잔치가 열렸다.

唐津의 그릇에는 「가락국수의 樣成物」이 수북하게 담겨 있었으며 소·돼지·닭
과 같은 것과 감·배 등, 모두 열세접시의 요리가 진열되어 있었다. 이러한 요리에
대해서 배석해 있던 對馬藩 役人은 감·배 등은 먹어도 좋지만 그 이외는 모두 진
열을 위한 것일 뿐이므로 먹어서는 안 된다고 표류민에게 지시했다. 宴席에서 따랐
던 술은 「하얀색의 술」로서 그 맛은 일본의 手酒같았다. 식사의 맨 마지막에 「기름
에 튀긴 단 과자」가 나왔는데, 그것은 「朝鮮國의 요리」라는 것이었다.

(5) 1956년 5월 4일, 江原道 江陵에 漂着, 陸奧湊輕船, 4人 [『江戶漂流記總
集』 I]

1756년 4월 11일, 松前을 떠난 다음 날부터 표류를 시작했던 배는 5월 4일이 되어
沖合에서 어선을 발견했다. 가까이 접근했을 때 「배의 구조」도 다르고, 「사람도 몸
에 하얀 물건을 걸친」, 전에 본적이 없는 사람들이었다. 「모두 말이 통하지 않았으
며 얼굴생김새도 달랐기」 때문에 4명의 표류민은 끊임없이 신경을 쓰면서 지내지
않으면 안 되었다. 예를 들면, 육지까지 曳船된 표류선으로 마을로부터 몰려온 많
은 사람이 올라타서 갑자기 노와 돛대 등을 떼어냈을 때 「이것은 우리들을 죽이려
는 것이다」라고 이해했다. 여러 날을 표착지에서 지낸 후 한 사람씩 말을 타고 어
딘가에로 이동하게 되었을 때에는 할복시킬 것인가, 아니면 「옛날 이야기에 唐에
서는 사람의 피를 빼고, 또는 살에서 기름(月貳膏)을 짰다」는 사실을 전해 들었기
때문에 그러한 장소로 끌려가고 있는 것이 아닌가 라고 생각했다. 드디어 대문이

있는 곳에 도착했을 때 鐵砲소리가 울려 퍼지고, 선두를 가던 牛之助가 落馬했다. 그것을 보고 후방의 동료는 「그러면 牛之助는 鐵砲에 打殺당하고, 우리들도 이와 같이 죽게 될 것이다」라고 무서워했다.

표류민들은 말이 통하지 않는 동안 줄곧 의심을 하면서 지내는 한편, 표착지 사람들의 따뜻함과 호기심도 기록했다. 처음으로 육지에 올라온 날 표착지의 사람들은 그들에게 흰죽을 대접했다. 가끔은 오랫동안 머물러 있는 지루함을 달래기 위해 曲藝를 보여주기도 하고, 스모를 하기 위해 놀러 오기도 했다. 혹은 표류민의 머리 도구나 나막신의 사용법을 알고 싶어했다.

드디어 표류민들은 부산으로 이송되었으며 귀국할 때에는 「전별금품」을 받았다. 宴席은 바닷가에 假屋을 설치하고, 하얀 천막과 막을 둘렀다. 돼지·닭 등도 교환하고, 15종류의 요리가 진열되었다. 그 가운데에는 말린 대구를 네 조각으로 잘라서 겹쳐놓았으며 赤紙·黃紙로 세 곳을 연결하고 붉은 조화를 첨가하는 등, 눈으로 보기에도 아름다웠다. 그리고 술 한병·마른 안주 한절·쌀 네가마니·흰 광목 네필을 받았다.

3. 生業·生活과 朝鮮認識

1)朝鮮漂着 日本人이 본 것

위 ①~⑤의 다섯 가지 사례를 보면, 조선표착 일본인에 대한 송환절차가 규칙화되어 있었고, 일정한 기준에 따라 운용되고 있었다는 것을 추측할 수 있다. 그 점에 대한 검토는 다른 기회에 하기로 하고, 여기에서는 조선표착 일본인의 눈에 보였던 인상이나 느낌에 주목해보자.

예를 들면, 배의 구조나 사람들의 옷차림·말·용모는 자신들의 것과는 달랐다 (⑤). 또한 조선측이 준비했던 송별의 宴席에는 흔히 돼지·소·닭이 진열되었지만, 그것들이 도대체 어떤 것인지 조차 알지 못하는 경우도 있고(③), 먹어 본 것이 없었다.

한편, 조선반도에서 표착했던 일본인들은 표착지에서, 우선 표착지 사람들의 집에서 「죽」이나 「흰죽」을 제공받았다(①⑤). 조선측이 표류민들을 위해 준비했던 식사 가운데에는 「보리밥」(①)이나 「메밀국수」(③)가 있었다. 또한 「唐津의 그릇」에는 「가락국수의 樣成物」이 수북하게 담겨 있었지만(④) 「메밀국수」만을 먹었다. 또한 나왔던 술은 일본의 手酒같은 맛이었다(④)고도 말한다. 조선인이 만든 된장의 맛은 입에 맞지 않았지만(③), 그 경우는 보존상태에도 문제가 있었다고 생각된다.

여기에서, 일본민중이 남겼던 표류기에는 일본인과 조선인 양자에게 있어서 차이와 공통성에 대한 관찰이 있다는 것이 흥미를 끈다. 일본민중의 관찰은 자신들의 경험의 범위를 척도로 하여 차이와 공통성을 측정하고 있음을 알 수 있게 해준다. 쌀·보리·콩 등의 가공식품이 일본에서 일상적으로 먹는 것과 같은 종류의 것이라고 생각하였고, 그러면서도 맛에 차이가 있음을 발견한다.

또한 표류민들은 머리카락과 月代를 깎고 일본풍의 옷차림을 갖추고, 조선의 예의범절은 모방하여 따랐다(②). 여기에서 볼 수 있는 것은 공통성에의 시선과 상대의 문화에 대한 존중의 태도이다. 이러한 점에서 본다면, 근세일본민중의 조선인식이 어떠한 고정적인 선입견이나 편견에 구속되어 좁혀져 있었다고는 단정할 수 없다. 분명히 陵奧湊輕船의 경우에는 어떠한 선입견을 지니고 있었던 것을 엿볼 수 있다(⑤). 그러나 이 경우에서도 의사소통이 되어 오해가 풀리자 그러한 선입견과 편견이 아무런 근거도 없었다는 것을 실감한다.

2) 競合하는 生業과 朝鮮認識

조선정부는 15세기초부터 竹島(鬱陵島)의 空島化政策을 채택하여, 조선인의 渡航·居住를 금지했다. 이 정책의 결과 일본인은 울릉도는 무인도라는 인식을 가지게 되고, 17세기초에 목재와 어업자원이 풍부한 섬으로서의 竹島(鬱陵島)를 「發見」한 伯耆國 米子町人 大谷·村川兩家는, 그 섬 및 주변해역에서의 어업·상업활동을 자신들의 생업으로 하고, 대대로 그것을 가업으로 계승했다.

한편, 조선정부에 의해 울릉도에의 도항을 금지당했던 조선인어민 가운데에도 17세기말에는 竹島(鬱陵島)에 어업자원이 풍부함을 「발견」한 사람이 나타나고, 1692년 이후부터는 竹島(鬱陵島)에서 매년 日朝兩國의 어민이 경합하게 되었다. 그 때문에 이전과 같은 수확을 얻지 못하게 된 米子町人은 1693년, 鳥取藩主를 통하여 江戶幕府에 조선인의 竹島(鬱陵島) 출선금지를 요구하는 소송을 한다. 수년에 걸친 곡절을 지나, 1696년에 江戸幕府는 米子町人 大谷·村川양가의 竹島(鬱陵島) 渡海를 금지했다. 그 뒤부터 竹島(鬱陵島)가 조선領이라는 것이 幕府에 의해 확인되어 근세 일본인의 竹島(鬱陵島) 도해는 엄하게 금지되었다.

岡嶋正義의 『竹島考』는 鳥取藩士로서 米子町人의 竹島(鬱陵島) 도해생활을 기대하는 입장에서 米子町人의 竹島(鬱陵島) 도해의 역사와 정당성에 대해서 기록한 것이다. 그것은 鳥取藩이 幕府에 제출했던 모든 서류와 岡嶋가 수집한 민간의 기록류를 정리한 사료집이다.

거기에는 다음과 같은 것이 기록되어 있다. 1692년에 竹島(鬱陵島)에서 조선어민과 米子町人이 처음으로 경합했을 때에, 米子町人들이 竹島(鬱陵島)가 자신들의 것이라고 하여 조선인을 질책했다고 한다. 이 질책은 당시 米子町人들이 竹島(鬱陵島) 주변에서의 이권을 그때까지 배타적으로 독점해왔다고 생각하고 있으며, 더욱이 조선어민에 의해 지금 그 이권이 부당하게 저해 받고 있다고 생각하고 있음을 보여준다.

이 1692년의 경합사건에 대해서 어떤 옛 노인이 다음과 같은 발언을 했다는 것도 또한 『竹島考』에 기록되어 있다.

> (竹島=鬱陵島에서 조선인어민과 경합했을 때) 米子町사람들이, 이 일을 원만하게 끝마치고, 조선인어민과 함께 竹島주변에서 공존하여 수확을 거두게 했다면, 그 후에도 계속 竹島(鬱陵島) 도해가 가능했을 것이다. 그럼에도 불구하고 米子町人들이 사려깊지 못하고, 時勢도 분별하지 못하여, 조선인어민이 (竹島=鬱陵島에)오지 못하도록 응징한 결과, 불합리한 譴責으로 조선인의 분노를 초래했을 것이며, 오히려 米子町人의 竹島(鬱陵島) 도해가 불가능하게되어 버렸던 것이다.

이 노인의 입장은 竹島(鬱陵島)주변의 자원에 대해서 그것을 누군가가 배타적으로 독점하는 것이 아니라 공동이용을 하여 공존하는 것이 좋다는 것이었다. 岡嶋는 그 노인의 발언을 「落着以後(안정된 이후)의 分別」, 즉 이후의 지혜라고 하여 거절했다. 위의 노인과 같은 생각은 鳥取藩에서는 공감을 얻지 못했다. 오히려 鳥取藩에서는 다음과 같은 소문까지 떠돌았다.

즉, 對馬상인이 廣島에서 同宿했던 鳥取상인에게, 竹島(鬱陵島)에 배 10척 정도

100여명의 조선인이 와서, 일본인이 竹島(鬱陵島)에 근접하면 철포를 쏜다고 들었다는 것이다.

상인으로부터 위의 소문을 전해들은 對馬藩은 그 소문이 아무런 근거도 없다는 것을 바로 판단했지만, 鳥取藩에는 그 소문에 공감하는 분위기가 애당초부터 있었다. 竹島(鬱陵島)주변의 이권은 우선 鳥取藩領 米子町人이 「발견」하여 배타적으로 독점해 왔으며, 대대로 가업으로서 계승해 왔다고 이해하고 있었기 때문이다. 그들은 이러한 경합이 생업에 직접 관계된 利害와 지역사회에 공통하는 利害로서 받아들였기 때문에 竹島(鬱陵島)에서의 경합상태를 과장·왜곡된 소문으로 만들었다.

4. 맺음말

이상의 사례소개를 통해서 다음과 같은 것을 생각해보자.

15세기초 이래의 조선정부의 鬱陵島 空島化 정책은 17세기초에 鳥取藩領 米子町人에게 竹島(鬱陵島)를 「발견」하게 했다. 米子町人이 「발견」했다고 생각하는 것은 자신들만의 믿음이나 착각이었을지도 모른다. 그러나 당시의 米子町人에게는 조선정부의 「空島化政策」 등을 알았을 까닭이 없었다. 竹島(鬱陵島) 渡海라는 수세대에 걸쳐서 쌓아올린 생업의 역사는, 조선정부의 正史에서 본다면 일탈행위였을 것이다. 그러나 민중의 시각은 국가수준에서 정리해 놓은 「正史」의 시각과는 어쩌면 달랐으며 그것은 당연한 것이었을지도 모른다. 그리고 鳥取藩 지역사회의 공감을 얻는 것은 불가능했지만, 竹島(鬱陵島)주변의 자원을 일본민중과 조신민중이 함께 공동이용·공존한다면 좋을 것이라는 민중의 소리도 있었다. 또한 조선표착 일본인의 표류기에서 볼 수 있는 조선관찰의 시각은 민중자신의 경험을 기준으로 하여 차이와 공통성을 측정하고, 문화의 공통성에 착안하여 異文化를 존중하는 것이었다. 竹島(鬱陵島)를 둘러싼 일본민중의 인식과 조선표착 일본인의 조선인식은 그것이 좋은 것이던 나쁜 것이던 간에 민중자신의 수준에서의 인식이다. 민중수준에서 쌓아올렸던 인식·역사와 국가수준에서 쌓아올린 인식·역사와는 동일시할 수 없다는 것에 유의하자.

한편, 竹島(鬱陵島)를 둘러싼 鳥取藩領民의 인식 속에 그 이권을 둘러싼 경합상태의 설명에 대해서는 분명한 과장·왜곡이 인정된다. 그 배경에는 생업(의 확보·유지)의 문제가 관계되어 있었던 것은 아닐까? 일본민중의 조선인식에 왜곡이 발생한다고 한다면, 민중의 생업(확보·유지)의 문제와 국가수준에서 쌓아올린 인식·역사를 민중이 어떻게 받아들이는가의 문제의 두 가지가 결합하는 데에 초점이 있는 것이 아닐까?

參 考 文 獻 · 史 料

池內敏, 『近世日本と朝鮮漂流民』, 臨川書店, 1998年.

_____, 「『竹島考』ノート」, 『江戸の思想』 9, ぺりかん社, 1998年.

_____, 「竹島渡海と鳥取藩」, 『鳥取地域史研究』 1, 1999年.

岡嶋正義, 『竹島考』(寫本), 鳥取縣立博物館, 1828年.

倉地克直, 「二つの朝鮮漂流史料について」, 『岡山大學文學部紀要』 25, 1996年.

松田甲, 「享保乙卯日本人の朝鮮漂流記」, 同 『日朝史話』 第五編, 朝鮮總督府, 1929年.

「輪島の水主共朝鮮漂流談」, 『加能漂流譚』, 石川縣圖書館協會, 1938年.

「津輕船朝鮮江陵漂着記」, 『江戸漂流記總集』 1, 日本評論社, 1992年.

제3부 부 록

종합토론

주제 : 조선시대 표류민을 통해 본 한일관계
사회 : 정재정(서울시립대)
토론 : 한문종(경기대), 이일재(한림대), 홍성덕(원광대), 김동철(부산대)
　　　오 성(세종대), 윤치부(제주교육대), 강동엽(강원대)

사회자 : 오늘 이 자리에 앉아 있는 발표자, 토론자의 그 논문을 보면은 적어도 한국과 일본에서 조선시대 한일 관계사 전공을 하는 가장 선진의 길을 가는 학자들이 망라되어 있는 것 같습니다. 특히 한국과 일본 모두 전후 세대로서 새로운 시각을 가지고 한일관계사를 연구하는 그와 같은 분들이 전부 참석하였기 때문에 상당히 재미있는 토론이 되지 않을까 그런 생각을 합니다. 다만 한가지 아쉬운 것은 너무 많은 사람들이 짧은 시간에 토론하기 때문에 얼마만큼 깊은 이야기가 나올 것인가 하는 우려는 되지만, 될 수 있는 한 주어진 시간 내에 토론이 마무리되도록 하겠습니다. 대개 2시간 동안 앞으로 예정을 합니다. 그렇기 때문에 열 네 분이 하고 싶은 이야기를 전부 하다 보면 시간이 부족하기 때문에 질문하는 데는 5분, 그리고 답변하는데 5분해서 한사람이 한바퀴 도는데 대개 70분 정도를 쓰고, 그리고 나서 모처럼 일본에서까지 두 분이 참석하셨기 때문에 그분들과 국내 학자들과 서로가 의견이 다른 부분이 있을 겁니다. 그러한 것을 둘러싼 의견 교환을 한 뒤에 청중 여러분의 질문도 받는 시간을 하도록 하겠습니다. 발표자들은 오전에 소개했기 때문에 토론에 나오신 분만 소속과 성함을 제가 말씀드리겠습니다. 그 자리에서 간단하게 목례를 해주셨으면 좋겠습니다.
　손승철 선생님 포럼라인은 경기대학의 한문종 선생님, 그리고 아라노 선생님의

토론자는 한림대학 이일재 선생님, 이 훈 선생님의 토론자로 나와 있는 원광대학의
홍성덕 선생님, 그리고 정성일 선생님 토론자로 나와 계신 세종대학의 오 성 선생
님입니다. 민덕기 선생님 토론자로 부산대학의 김동철 선생님 나와 계십니다. 하우
봉 선생님 토론자로 제주교육대학에 윤치부 선생님 나와 계십니다. 池內敏 선생님
토론자로 강원대학의 강동엽 선생님, 발표자와 토론자를 옆자리에 붙여 놓은 것은
서로 싸우지 말고 사이좋게 이야기하라는 그러한 측면도 있고, 시간 절약을 위해서
사적으로 의견 조정을 해서 깔끔한 질문과 대답을 요하는 뜻도 있으니까 그것도
유념해 주시길 바랍니다. 모신 분들이 대개 그 소속을 보시면 알겠지만 전국을 망
라한 방방곡곡에서 오셨고, 심지어 일본에서까지 오셔서 다양한 색깔의 이야기가
나올 수 있는 그러한 분들이라고 생각합니다.

　순서는 먼저 제1주제 발표부터 시작해서 질문과 토론에 5분씩을 드려서 10분 정
도 시간을 드리겠습니다. 먼저 여러분들은 질문 요지가 이미 그 발표문 속에 들어
있습니다. 그러니까 그것을 참고로 하시면서 토론을 지켜봐 주시길 바랍니다. 한문
종 선생님부터 부탁드립니다.

　한문종 : 한문종입니다. 먼저 저명하신 여러 선생님 앞에서 토론을 하게 되어 영
광스럽게 생각합니다. 손승철 선생님의 발표는 조선의 표류·피로인 송환이 사
대·교린이라고 하는 동아시아 외교 질서의 틀에서 어떻게 이루어졌는가를 피
로·표류인의 송환 사례를 구체적으로 제시하시면서 명확하게 규명해 주셨다는
데 커다란 의의가 있다고 생각합니다. 제가 제대로 이해를 했는지 모르겠지만, 선
생님의 발표 내용은 크게 세 가지로 요약할 수 있다고 생각합니다. 첫 번째는 조선
과 일본간의 교린에는 중국의 책봉을 전제로 해서 성립되었다는 점, 두 번째는 중
국을 비롯한 조선과 일본 그리고 유구는 사대·교린정책 외교 체제에 입각해서 피
로인이나 표류인을 송환하였다는 점, 세 번째는 조선과 일본과의 피로·표류인의
송환은 조선이 대외통제책을 정비한 1443년 이전까지는 피로인의 송환이 중심이
되다가 1444년 이후에는 표류인의 송환이 중심이 되었고, 특히 그 일본에서는 표류
인의 송환을 조선과의 통교권을 확립하기 위한 하나의 수단으로 이용했다는 점을
들 수 있습니다. 선생님의 발표 내용에 대해서는 대체로 동감합니다만, 발표 내용
중에서 몇 가지만 질문 드리고자 합니다.

첫 번째는 용어 개념상의 통일문제인데요. 발표 요지문에 나와 있는 것처럼 선생님께서 대체로 '피로조선인'이나 '피로중국인'에 대해서는 통일된 용어를 사용하고 계시지만 표류인의 경우에는 '조선표류인' 또는 '표류조선인', '표류중국인' 또는 '중국표류인', '표착유구인' 또는 '표류유구인' 등의 여러 가지 용어를 사용하고 계십니다. 따라서 용어에 대한 통일이 필요할 것 같습니다. 또한 같은 용어상의 문제입니다만, 오늘의 심포지움의 주제가 '조선시대에 표류민을 통해 본 한일관계'인데요, 발표 내용에 보면 어떤 분은 '표류민' 어떤 분은 '표류인'으로 각기 다른 용어를 사용하고 있습니다. 따라서 이번 기회에 '표류민'으로 할 것인가 아니면 '표류인'으로 할 것인가 하는 용어의 문제도 논의를 통해서 통일하였으면 하는 바램입니다. 그 다음에는 개념상의 문제인데요. 선생님은 논문에서 사대·교린관계 또는 사대·교린체제, 사대·교린정책, 사대·책봉관계 등 여러 가지 용어를 사용하고 계십니다. 혹시 이러한 용어를 사용하실 때 어떤 개념상의 차이점이 있는지요? 있다면 보충 설명을 해주셨으면 합니다.

두 번째 질문은 조선과 명나라, 조선과 일본간의 외교 문제에 대한 것입니다. 11p를 보면 "조선은 명과 1403년에 사대·책봉관계를 수립했고, 일본과는 1404년에 명의 책봉을 공통으로 한 교린관계를 성립시켰다"고 하셨습니다. 먼저 조선과 명나라의 사대책봉관계의 성립 시기에 대한 문제인데요, 일반적으로 여러 개설서를 보면 조선과 명나라의 사대·책봉관계는 1401년으로 되어 있습니다만, 선생님의 경우에는 1403년에 사대·책봉관계를 수립했다고 하였습니다. 사대 책봉관계의 수립을 1403년으로 했을 때 어떤 의미를 가지고 있는지 궁금합니다.

또한 명의 책봉을 전제로 해서 조선과 일본간의 외교가 성립되었다고 하셨는데, 일본이 명나라의 책봉체제에서 벗어난 후에도 조선과 일본간의 외교체제는 지속이 되고 있습니다. 이러한 의미에서 볼 때 명의 책봉이 조선과 일본간에 외교정책을 성립시킨 전제조건은 되었을지 모르지만 그 이후 양국관계는 명의 책봉과는 관계없이 진행되었다고 생각합니다. 그럼에도 불구하고 선생님의 이번 발표에서 보면 조선과 일본간에 외교관계에 있어서 명나라 책봉을 너무 강조하신 것은 아닌지요?

세 번째 질문은 명과 일본간에 피로중국인 송환에 관한 문제입니다. 14p를 보면 일본에서는 피로중국인을 직접 중국에 송환하지 않고 조선이나 유구를 통해서 송환한 이유로서 일본이 책봉국이 아니어서 명에 입국할 수 없었기 때문이다라고 설명을 하고 계십니다. 그런데 『明太祖實錄』이나 『善隣國寶記』 등의 사료에 의하면 일본이 피로중국인을 직접 중국에 송환한 것은 네 차례에 불과하며, 이는 모두 일본이 명으로부터 책봉을 받은 1404년 이전에 행해진 것이며, 일본이 명의 책봉을 받은 이후에는 피로인의 송환이 한 건도 나타나고 있지 않습니다. 이는 결국 일본의 피로인 송환이 명의 책봉과는 관련이 없이 행하여졌다는 반증이 아닌가라는 생각을 해봤습니다.

네 번째 질문은 조선의 피로중국인 송환에 대한 문제입니다. 조선의 피로중국인 송환은 사대·책봉체제에 입각해서 행하여 졌으며, 특히 조선에서는 피로중국인의 발생할 때마다 적극성을 가지고 곧 바로 중국에 송환하였다는 이유가 조선이 명나라의 책봉국이었기 때문이다라고 설명을 하고 계십니다. 그런데 본문의 14p를 보면 1392년에서 1487년까지 일본으로부터 조선에 온 피로중국인 13건 중에서 6건만 중국에 송환하고 나머지 7건은 송환한 기록이 보이지 않고 있습니다. 뿐만 아니라 때에 따라서는 피로중국인을 송환하지 않은 사례도 여러 차례 나타나고 있습니다. 그렇다면 조선에서 피로중국인을 송환하지 않는 것은 사대·책봉외교체제에 어긋나는 것이 아닌지 질문드리고 싶습니다. 그리고 피로중국인의 범위에 여진인이 포함되어 있는지에 대해서도 질문드리고 싶습니다.

다섯 번째 질문입니다만, <표4>에 나타난 것처럼 단종~성종 대에 일본으로부터 표류조선인이 집중되어 있는데, 그 이유를 조선의 대외 통제책이 정비된 1443년 이후 일본의 통교자들이 표류인의 송환을 조선과 통교를 유지하는 수단으로 이용했기 때문으로 파악하고 계십니다. 그런데 단종~성종 때에 표류인의 송환이 집중적으로 이루어졌다고 하는 사실은 이 시기에 일본으로부터의 표류인 송환이 적극적으로 이루어진 하나의 결과라고 설명할 수 있겠습니다만 달리 생각하면 이 시기가 다른 시기보다도 표류인이 많이 발생하였기 때문이라고도 생각할 수 있습니다. 만약 이 시기에 표류인이 많이 발생했다면 그 이유는 어디에 있는지요? 예를 들면 이 시기 표류인의 발생과 조선의 해상정책의 변화나 또는 어로, 해상활동 등과는 관련성이 없는지 질문을 드리겠습니다.

마지막 질문은 <표6>의 김원진이란 인물의 출신에 대한 문제입니다만 『조선왕조실록』에는 그가 조선인 또는 왜인으로 각각 다르게 기록되어 있습니다. 선생님은 김원진의 출신에 대해서 어떻게 생각하고 계신지요. 이상으로 간단하게 저의 질문을 마치도록 하겠습니다.

사회자 : 곧 바로 손승철 선생님께서 간단 간단하게 대답을 하시죠.

손승철 : 네 감사합니다. 아주 중요한 지적을 많이 해 주셨는데 우선 첫 번째 용어 개념상의 문제로 피로인과 표류인, 그 다음에 어느 쪽에서 어느 쪽으로 피로가 되고 또 송환이 되고 해서 중국, 조선, 일본, 유구 이렇게 4개국을 다루다 보니까 상당히 좀 혼란스러웠습니다. 그래서 용어가 통일이 되지 않았던 것 같은데 특별히 그 용어를 예를 들어서 '피로조선인' '조선피로인'으로 구분할 이유는 없습니다. 다만 편의상 했는데 그것이 통일이 안됐다고 봅니다. 가급적이면 통일을 해서 사용하겠습니다. 그런데 제 생각은 그것보다도 중요한 것은 아까도 지적을 해주셨습니다만 예를 들어서 피로인이냐? 아니면 피로민이냐? 아니면 표류인이냐? 또는 표류민이냐? 할 때 '인'으로 할 것인가 '민'으로 할 것인가를 다르게 했을 때 어떤 차이가 있느냐? 이것은 우리가 앞으로 이 문제를 함께 의논해서 하나의 개념을 정의 내렸으면 좋겠다. 이런 생각을 개인적으로 갖고 있습니다.

그리고 용어 · 개념상 문제의 두 번째 사대 · 교린관계와 사대 · 교린체제 그 다음에 사대 · 교린정책 여러 가지로 말씀을 해주셨는데 시간 관계상 간단히 설명할 수 없지만 관계라고 했을 때는 기본적으로 양국 관계의 일반적인 형태를 관계라고 이야기했고요. 그 다음에 체제라고 했을 경우에는 그것이 어떤 정치제도라든지 외교 제도라든지 어떤 제도나 구조적인 차원에서 틀을 만들었을 때 그것을 체제라고 봤습니다. 그 다음에 정책이라는 것은 상대국에 대한 대외정책의 일환으로써 그런 정책을 취했을 때 정책이라고 이야기했고요. 그 다음에 사대 · 책봉관계라고 할 때는 사대를 하는 입장 또는 책봉을 받는 입장이 상호간에 성립되었을 때 그것을 사대 · 책봉관계라고 표현을 했습니다.

그 다음 세 번째 조선의 대명 · 대일 외교에 관한 문제인데, 우선 책봉 시기에 관한 말씀이셨는데요. 발표문에 12p에 <주4>에 간단한 설명을 했습니다. 한 선생님이 지적하신 대로 책봉을 받은 경우에는 반드시 전제가 되는 것이 고명과 인신이라는 것인데 그 고명과 인신을 명나라로부터 처음 받은 것은 1402년이 맞습니다.

그러나 그 당시는 명나라의 2대 황제 때인데 그 당시에 내란이 있었습니다. 곧 1403년에 성조가 즉위하면서 조선에서는 먼저 받은 고명과 인신을 무효로 하고 다시 책봉사를 보내게 됩니다. 그래서 성조한테 정식으로 받은 것이 1403년이기 때문에 저는 1403년이라고 그렇게 표기했습니다. 그 다음에 조선전기에 조선은 명나라로부터 계속 책봉을 받기 때문에 사대·책봉체제가 문제가 없습니다. 그런데 일본은 사실상 책봉을 받았던 시기는 그렇게 길지 않았습니다. 그랬을 때 그것을 일관되게 교린으로 설명할 수 있겠느냐? 그런 말씀을 하셨는데 그것은 상당히 중요한 문제입니다. 물론 조선은 계속 책봉을 받았고, 일본은 책봉을 받지 않았지만, 기본적으로 조선의 대일정책의 기본 입장은 책봉을 받은 입장에서 일본이 책봉을 받을 것, 내지는 받아야 된다고 생각했습니다. 따라서 일본이 책봉을 받아야 책봉국과 책봉국 간에 양국관계가 성립되면서 평화 우호 관계가 유지될 수 있다고 조선은 생각했습니다. 그래서 사실은 조선은 조선전기·후기를 막론하고 1868년에 명치유신이 일어날 때까지 약 400년간을 계속 그 입장에서 일관되게 책봉을 생각했습니다. 그렇기 때문에 예를 들어서 임진왜란에 의해 단절되었던 조·일 관계가 1607년에 다시 재개가 되는데, 그 때 여러분도 아시다시피 유명한 국서 개작 사건이 그때부터 약 30년간 일본 쪽에서 조선에 보내는 국서를 계속해서 위조하게 됩니다. 위조의 가장 포인트가 되는 점이 바로 책봉을 표기하는 겁니다. 다시 말해서 일본의 최고 지배자는 막부 장군이었지만 막부 장군이라 하지 않고 책봉을 받지 않았음에도 불구하고 조선에서 책봉을 요구하기 때문에 일본 국왕이라고 표기하게 됩니다. 그런 입장에서 본다면 일본이 책봉을 받았냐 받지 않았느냐 그것이 중요한 것이 아니라 기본적으로 조선의 대일정책이 어떤 입장이었느냐 이것이 중요하기 때문에 그런 입장에서 저는 명의 책봉이 전제로 된 대일관계를 지속하려 했다는 점을 강조한 것입니다.

그 다음 네 번째, 명과 일본간의 피로중국인의 송환에 관한 문제입니다만 일본이 명의 책봉을 받기 전에는 네 번의 송환 사실이 있습니다. 그런데 책봉 받기 전이었기 때문에 그 문제를 지적하셨는데 당시 피로중국인의 송환자가 모두 일본 사절이었습니다. 그런데 그 일본사절이 어떤 명칭을 갖고 있었냐 하면 일본국왕 또는 일본국을 대표하는 형식을 취하고 있습니다. 그래서 형식적으로는 책봉을 받기 전이지만 중국에서 그것을 요구했기 때문에 그런 입장을 취했다는 측면에서 책봉국의 형식을 취했다. 이렇게 파악을 했습니다. 그런데 여기서 혼란을 일어날 수가 있는데 아까도 여러 차례 말씀드렸지만 사실은 조선 전기에는 피로인이나 표류인 송환 체제가 정착이 안됐습니다. 아까도 발표 중에 어느 선생님께서 말씀하셨지만 조선 후기 1627경부터 양국사이에 제도적으로 정착이 되거든요. 조선 전기에는 사실 다소 무리한 감이 있습니다. 형식화시키기에는 그러나 기본적으로 그런 경향을 띠고 추진이 되었다. 저는 그런 입장에서 말씀을 드리는 겁니다. 그 다음 피로중국인을 조선을 통해서 송환하는 경우 조선과 일본의 통교를 중국에 알릴 우려가 있기 때문에 일본이 책봉을 받았던 시기에는 조선에서 자신 있게 송환을 해주는데 일본이 책봉을 받지 않았던 시기에는 아무래도 중국을 의식하지 않을 수 없었던 것 같아요. 그래서 바로 그시기에 피로중국인들은 그것 때문에 조선 쪽에서 피로 중국인의 송환을 기피했던 것이 아닌가? 그렇기 때문에 13건 중에서 5건은 송환이 안된 것이 아닐까? 이렇게 생각을 해봤습니다. 그리고 중국인 중에서 여진인들이 포함되어 있지 않겠느냐? 그런 지적을 하셨는데 아주 좋은 지적이십니다. 저는 미쳐 거기까지 생각을 못했는데 그 부분은 따로 조사해서 한 번 밝혀 보도록 하겠습니다.

그 다음 다섯 번째로 단종에서 성종 대에 표류인 송환이 급증하는 이유는 무엇인가? 그런 지적을 하셨는데 아직은 잘 모르겠습니다. 단종~성종 대가 되면 여러분들 잘 아시겠지만『해동제국기』가 1470년에 편찬이 됩니다. 그 1470년이 성종 대인데 그 때는 조・일관계가 굉장히 안정된 때이거든요. 안정이 되기 때문에 그 안정된 것을 통해서 일본 쪽에서 일본의 중소 영주들이 열심히 조선에 피로・표류인을 송환해 주고 그 대가로 통교의 경제적인 이득을 취했던 것은 아닌가? 그래서 급증하는 것은 아닌가? 현재는 이렇게 생각을 하고 있는데 그 외에 예를 들어서 해상정책이나 또는 어로활동이나 이런 것에 대해서는 아직 특별한 내용은 발견하지·못했습니다. 그 다음에 아까 생각을 하셨는데 김원진이라는 인물이 조선사람이냐? 아니면 일본사람이냐? 여러 가지 그 학설이 다양합니다. 왜냐하면『조선왕조실록』에도 굉장히 혼란 되게 표기가 되어 있습니다. 그런데 아직 그 문제에 대해서는 정확히 규명이 안됐습니다. 그것도 별도의 연구 과제로 앞으로 노력을 하겠습니다.

사회자 : 예 수고하셨습니다. 손승철 선생님 발표에 대한 질문 응답은 이상으로 마치겠습니다. 다음에는 아라노 선생님에 대한 질문과 답변이 있겠습니다. 여러분

들께서 레쥬메라든지 발표를 보시면 아시겠지만 대개 심포지엄의 내용 전개는 초반부에는 주로 송환 시스템이라든지 동아시아 국제질서와 같은 그러한 것들을 논의해 가면서 그것이 실제적으로 어떤 기능을 했느냐 하는 이제는 사례·검토가 이루어지고 마지막 단계에서 두 나라가 상대방을 어떻게 인식하느냐 하는 이러한 쪽으로 전개되고 있습니다. 마크로적인 것에서 미크로적인 것으로 구성이 되어 있으니까 그것을 염두에 두시고 토론을 좀 지켜봐 주셨으면 좋겠습니다. 아라노 선생님에 대해서는 한림대학의 이일재 선생님,

이일재 : 네. 이일재입니다. 토론 레쥬메에서도 말씀을 드렸지만 아라노 선생님 하시는 일에 대해서 토론할 지식이 별로 없습니다. 그래서 적당하지는 않은데 손승철 선생님께서 강제로 토론을 하라고 하셔서 하는 것이거든요. 나름대로 이것저것 보고했는데 역시 아라노 선생님의 새로운 학설이 상당히 중요한 것이기 때문에 토론의 레쥬메 있는 토론과는 별개의 질문을 하겠습니다. 선생님의 제목이『근세국제관계론』이라는 것인데 국제관계론이라는 것은 저희가 잘 모르는 것이기 때문에 국제관계를 하는 분께 여쭤 보거나, 책을 보면은 유럽에서도 1600년대 넘어서 17세기 이후가 되어야지 국제관계가 형성된다고 합니다. 동아시아에서는 1800년대에 중국과 영국사이에 일어났던 아편전쟁 이후가 되어야지 근대적인 국제관계가 이룩된다는 이런 이야기를 해 왔다고 합니다. 그런데 아라노 선생님께서는 보통 그런 기존의 학설관에는 19세기 이후에 동아시아 국제관계론이 형성된다는 이런 이야기인데 그것을 뒤집고 근세에 즉 1600년대·1700년대에도 일본과 중국과 조선이 3개국 또는 그 외에 유구라든지 여러 나라와 합쳐서 국제관계가 형성되어 있다. 이런 말씀을 하시고 있습니다. 역시 이번에는 기존의 국제관계와는 전혀 다른 새로운 국제관계를 말씀하시고 계신데요. 그것의 틀로서 역시 일본에서 이제까지 내려왔던 <鎖國>이라는 말 대신에 <海禁·華夷秩序>라고 하는 두 가지의 개념을 갖고 계십니다. 그래서 우리 입장에서는 이제까지 쇄국이라는 이름을 단어로 쭉 써 왔기 때문에 쇄국이라는 단어가 상당히 친숙해 있었는데, 1980년대부터 일련의 논문이라든지 저자를 통해서 쇄국이라는 개념은 좋지 않고 화이질서나 또는 해금이나 이런 두 가지의 경향으로 대개념을 말씀하셨는데 이 대개념 의해서 일본과 중국과 조선의 국제관계를 한 번 보자 이런 말씀을 하셨는데 그것의 골자요인은 역시 그

동아시아 전체적으로 해금이라는 것이 보편성을 갖고 있었다. 그런 식으로 지적을 하시고 계십니다. 그런데 사실은 우리나라든지 중국이라든지 일본에서 해금이라는 것이 진짜 그렇게 보편성을 갖고 있었는가? 하는 문제도 사실 있긴 있습니다. 그런데 그 문제는 차차로하고 먼저 선생님께 제가 여쭤 보고 싶은 것은 여태까지 쭉 내려왔던 쇄국이라는 개념을 버리고 새로운 개념인 해금과 화해 질서 이 두 가지 개념을 사용하시게 된 그 계기라고 할까 또는 그것을 생각하시고 그 가설을 전개하시는데 가장 기본이 되는 기초적인 개념이 어떻게 된 건가? 그것을 저희가 역시 한국에 있는 연구자들이 알아야지 왜 쇄국은 안되고 해금은 된다 이러한 것을 알 수가 있을 것 같습니다. 이 오늘 발표해 주신 논문에서 그런 것이 조금 조금씩 나오긴 나왔습니다만, 확실하게 모르는 상태이기 때문에 지금 그러한 것을 좀 시간도 없기 때문에 아라노 선생님께서 집중적으로 답변을 해 주시면 상당히 좋겠다고 생각을 합니다. 레쥬메에 있는 그 질문과는 다른 질문이 되겠습니다. 선생님의 질문에 대한 답변을 들어보도록 하겠습니다.

사회자 : 고맙습니다. 아라노 선생님에 대한 질문을 미리 레쥬메로 전달이 되어 있기 때문에 통역을 하지 않고 직접 답변을 듣고 그 통역은 신동규 선생님이 하겠습니다. 신동규 선생님은 강원대학교 사학과를 졸업하고 지금 아라노 선생님이 있는 릿쿄(立教)대학의 박사과정에 재학 중입니다.

신동규 : 신동규라고 합니다. 잘 부탁드립니다. 옆에 계신 선생님 말을 그대로 해 드리는 것은 무리가 있는 것 같아서 제가 알아서 줄일 건 줄이고 늘일 건 늘여서 말씀을 드리겠습니다. 지금 아라노 선생님께서 말씀드린 것은 아라노 선생님께서 한국말을 잘못하시기 때문에 미리 질문하신 것에 대해서 답변을 준비하고 그것을 가지고 제가 여기서 한글로 말씀하겠다 하는 말씀이셨습니다. 다음부터 이런 해석을 안 붙이고 그대로 직역을 해서 말씀을 드리겠으니 알아서 들어주시면 감사하겠습니다.

아라노(신동규) : 해금은 쇄국에 환원이 아니라는 것입니다. 쇄국론은 봉쇄의 체제를 해와 쇄로 생각하는 것에 특징이 있습니다. 해금은 누가 국제 관계를 어떻게 장악하고 있는가 그것이 어떠한 이데올로기에 근거하고 있는가를 명확하게 하기 위한 개념입니다. 때문에 근세국제관계론을 구축하기 위한 이론적 기둥의 하나가 될 수 있다고 생각합니다. 해금도 쇄국도 의논되고 있는 내용은 같은 것이 아닌가 하는 질문이었습니다만 같은 것이라고는 생각되지 않습니다. 쇄국론의 시대에는 단적으로 말하면 쇄국과 개국에 대한 의론 즉 그것도 서양과의 관계를 중심으로만 하고 있으며, 일·조관계와 일본·유구관계, 일본과 에조, 아이누를 말합니다만 에조와의 관계도 막번체제론에는 들어 있지 않았습니다. 그 상태를 타파하기 위한 계기를 만든 것이 朝尾直弘(아사오 나오히로)씨였는데 그것이 쇄국간의 혼란을 초래한 것은 발표문에서도 언급하고 있으며 얼마 전의 논문에서도 밝혔습니다. 한가지 더 추가해서 말하자면 쇄국, 즉 막번제론입니다만 여기서 특히 막번제론 중에서 아우타르기, 자급자족을 말하는 것입니다만, 그것에 대해서 저는 부정적인 의견을 가지고 있습니다.

다음에 질문은 해금에 오는 뉘앙스에 대한 질문입니다. 해금의 의미는 人臣 즉, 국왕 이외의 人臣을 말합니다만, 이 人臣의 사적인 해외 교류를 금지한다는 것입니다. 이러한 의미는 나라를 폐쇄한다. 즉 나라를 닫는다는 의미가 아니기 때문에 막부의 통제하에 4개의 창구(四つの口)가 열려 있었던 것입니다. 일반서민이 생각하고 있던 방식을 한마디로 언급한다는 것은 매우 어렵습니다. 일반서민이란 말에 대한 표현 그 자체가 매우 어렵기 때문입니다.

우선 일반서민이란 말이 없습니다. 소위 쵸우닌, 우리나라 말로 町人이라고 말합니다만, 이 町人과 백성에 속하는 이들이라도 커다란 계층의 차가 있으며 그것은 신분간의 차보다도 클 경우가 있습니다. 단지 근세의 일본에는 海禁思想이라고 부를 만한 思考의 한 형태가 있었고, 서민의 자유는 해외의 왕래에 대해서 부정적이었으며, 그 생각하는 방식은 일반서민도 공유하고 있었다고 저는 생각합니다. 저의 견해에 비판적인 사람에 대해서는 저도 잘 이해가 되지 않는 부분이 있습니다. 단지, 그 사람들은 일본 고유의 형태, 즉 일본적 특질이라는 것에 고집하고 있는 것이 아닐까 라고 저는 추측하고 있습니다.

세 번째 질문이 각기 국가에는 자기 나름대로의 華夷秩序가 있지 않은가? 라는 이런 화이질서에 대한 질문입니다만, 각기 국가에는 자기 나름대로의 화이질서를 갖고 있기 때문에 충돌하는 경우에는 전쟁이 일어날 수도 있지만, 균형 잡힌 화이

질서로 평화가 유지되기도 합니다. 민간 레벨의 차원에서 하나의 예로 일본을 들어 본다면, 나가사키에서 오란다와 중국과의 관계를 들을 수 있습니다. 즉, 오란다와 중국과의 관계는 나가사키에서 균형잡힌 외교질서에 의해 유지되어 왔던 것입니다. 지금까지 여러 가지 설명이 중복이 되어서 정리하기가 힘들어서 제가 간단하게 요점만 말씀드렸는데, 일본어를 아시는 분은 이해를 해서 잘 들어주시길 바랍니다.

네 번째의 질문이 표류민 송환체제에 관한 것입니다만, 세 가지의 질문이 있었습니다. 그에 대한 답변으로 첫 번째가 한편의 국가권력이 불안정한 경우에 대한 설명입니다. 송환되지 않은 경우도 있으며, 또는 송환에 국가가 전혀 관여하고 있지 않은 사례도 있어 절대, 안정된 상태라고는 볼 수 없습니다. 이것을 하나의 예를 들어본다면 중세 일본의 상황과 18세기 초기까지의 淸國을 들을 수 있습니다. 두 번째 답변입니다. 표류민 관계의 사료가 여러 가지가 있습니다만, 그 사료들을 어디까지 믿을 수 있는가에 대한 문제입니다. 이에 대한 답변으로서 기록자는 대부분 지배층이므로 지배층의 의식이 반영되고 있습니다. 이것은 당연하다고 생각합니다만, 저는 지배층과 피지배층을 기계적으로 분리해서 생각하지 않습니다. 의식의 공유라는 요소를 넣어서 생각하고 싶습니다. 세 번째 질문입니다. 통신국 통상국과 그 외의 것으로부터 송환민의 송환에 대한 대우, 즉 대우에 대한 차이에 대한 질문입니다만, 통신국 통상국과 그 외의 것에 대한 차이는 전근대 동아시아의 국제 시스템이 국가간의 관계를 지상 최고의 것으로 생각하고 있었으며, 소수민족 또는 민간레벨 이하라면 그 가치가 떨어지는 것으로 생각하고 있기 때문입니다. 그 일례로서 통상, 통신국으로 남은 것이라고 생각되는데 한가지 첨가해서 국가 지상주의 라는 것으로 본다면 근대사회 및 국제 시스템도 하나의 같은 형태라고 생각하고 있습니다.

끝으로 제가 근세 국제관계론의 구축을 목표로 한 이유를 여기서 세 가지로 설명을 드리겠습니다. 첫 번째로 말씀드리자면, 근세의 동아시아 제국의 관계가 엄밀하지 못했다 하더라도 상호관계 속에서 생활하고 있었다 라는 실태에 대해 정확하고 합리적인 의미를 부여한다는 것에 있습니다. 두 번째, 근세 국제관계론의 구축을 목표로 하는 것에 대해서 설명을 드리겠습니다. 당시의 사람들의 존재 형태와 의식 형태에 될 수 있는 한 가깝게 접근해보겠다는 것입니다. 그것에 의해 근세에 존재하고 있었으며, 근대에 들어와 버려진 것들에 대해 서 될 수 있는 한 복원하는 것이 그 목적입니다. 또 한가지 지금부터의 국제관계에 있어서 어느 형태의 가능성을 탐색해 보는 것도 하나의 목적으로 두고 있습니다. 세 번째 입니다만, 민족과 국가가 공존할 수 있는 방향성을 탐색해 보는 것입니다. 이상으로 이 선생님의 질문 사항에 대해서 답변을 말씀드렸지만, 조금 시간이 걸린 것 같아서 여러분들에게 죄송한 마음을 전하고 싶습니다. 이상입니다.

사회자 : 예. 수고하셨습니다. 신동규 선생님 통역하시느라고 수고하셨습니다. 아라노 선생님께서 시간을 빼앗으셨지만, 이 IMF의 어려운 상황에도 많은 경비를 들여서 불렀으니까 나중에 더 많은 질문을 해서 서로 이해를 넓혔으면 좋겠다는 것이 제 생각입니다. 그렇다고 해서 다음 분들이 흉내를 내서 시간을 많이 잡으면 좀 곤란합니다. 5분을 꼭 지켜 주셨으면 좋겠습니다. 다음에 이 훈 선생님 발표에 대해서는 홍성덕 선생님 질문하시겠습니다.

홍성덕 : 네. 홍성덕입니다. 앞에서 시간을 많이 쓰셨으니까, 저는 간단히 끝내도록 하겠습니다. 먼저 대체로 국내 연구자들을 쪽에서 표류민에 관한 그나마 많은 논문을 쓰신 선생님의 토론을 해야 한다는 것이 상당한 부담감으로 작용이 되어 있고, 특히 조선후기를 공부한 사람이 전기를 토론한다는 것도 만만한 작업이 아니었습니다. 먼저 이 훈 선생님이 국내 일본책에서 표류민연구를 상당히 오래 전부터 진행이 되어 왔고, 또 국내에서는 제가 알기로는 이 훈 선생님께서 90년대 이후에 집중적으로 연구를 하신 것으로 알고 있습니다. 그런데 이번 발표의 경우에는 기존의 선생님의 연구가 조선후기 쪽에 집중이 되어 있었던 반면에 조선전기까지 확장되고 있다는 점, 그런데 조선전기와 후기를 일관되게 파악하려고 하는 이러한 연구 시각은 대체로 일본측에서 한일관계를 연구하는 기본적인 시각과는 상당한 차이를 보이고 있습니다. 일본측은 조선후기가 에도시대를 기점으로 해서 그 이전과 그 이후를 분명하게 구분하고 있고, 반면에 한국의 경우에는 그것을 같은 시대에 같은 정책의 일관성 속에서 파악하여야 한다라는 서로 상이한 시각을 갖고 있는데 이러한 상이한 시각들에 어떤 접근을 추정해 내고 그것을 설명해 낼 수 있는 연구 영역의 확대로 보여집니다.

그 다음에 또 하나 관계사에서 가장 큰 문제점이 저는 종종 그런 소리를 듣고 있습니다만 "관계사 하는 사람은 양다리를 걸치고 있다"라고 보통 그랬습니다. 한쪽 발은 한국에 갖다 놓고 한쪽 발은 일본 쪽에 갖다 놔서 한국형 연구자들은 당신네들이 그야말로 한국사를 알고 하는 것이냐? 그리고 일본사를 하시는 분들은 당신들이 일본사를 알고 하는 것이냐? 이것은 관계사를 공부하는 사람들의 딜레마라고 합니다. 그런데 예컨대 이렇습니다. 한국사의 발전 과정에서 한일관계를 어떻게 설명해 낼 수 있느냐? 그 한일관계의 변화가 한국사가 변화되어져 가고 발전되어져 가는 과정에 어떠한 영향을 담당하고 있느냐? 이 문제는 상당히 중요하다고 생각하고 있습니다. 그런데 종래의 지금까지의 연구는 역시 관계사에만 집중되어 있습니다. 서로간에 오고가고 하는 그 실태에만 집중되었는데 그러한 실태에 기반하고 있는 한국정부의 기본적인 입장들, 그리고 그것이 국내 정세에 어떠한 연관성을 가지고 설명될 수 있느냐라고 하는 부분은 상당히 어려운 과제 중에 하나입니다. 그런데 이 훈 선생님께서 이번에 발표하신 것은 역시 그러한 대내적인 시각에 입각해서 표류민 송환을 이해하고 계신다라는 점, 이점은 상당히 앞으로 연구 방법론으로써 개발되어야 하는 분야라고 생각하고 있습니다. 이 훈 선생님께 한 두 가지 정도만 모아서 질문하겠습니다.

첫째는 이 대내적인 측면에서 표류민 송환 실태를 볼 때의 문제입니다. 그 토론문에 보면 맨 마지막 질문을 제가 두 페이지만 작성하라고 해서 마지막 질문이 가장 어렵기 때문에 그냥 제목만 써 놓고 내용은 쓰지 않았습니다만, 대일정책을 결정해 나가는데 물론 그것은 표류민 송환을 전제한 것을 포함한 그러한 정책결정과정에서 선생님께서 지적하신 것은 역시 사헌부·사간원의 대일정책과 비변사 중심의 대일정책의 차이를 설명하고 계십니다. 그런데 이것을 대내적인 상황 속의 시각에서 보게 되면, 이것은 역시 이 시기가 16세기에 이러한 문제들이 발생되고 있다는 점을 보게 되면 그것이 정부운영 세력의 변화라는 것과 연관지어서 설명되어야만 가능하다고 봅니다. 그런데 사림세력의 등장, 여러분 잘 알다시피 명종대 이후가 되게 되면 제가 알기로는 아마 三司는 사림들에 의해서 장악이 되어 가는 과정으로 설명할 수 있기 때문에 그렇다고 한다면 사림 세력들 특히 사헌부·사간원을 장악하고 있었던 정치세력들이 가지고 있는 대외정책이 기존의 보수세력, 글쎄 보수세력이라고 표현할 할 수 있을지 모르겠지만, 비변사라든지 의정부 또는 재상들이 가지고 있었던 대외정책과의 분명한 차별성을 두고 있다. 사헌부·사간원의 입장이라고 하는 것은 사대와 교린을 떼어놓고 보자 라고 하는 이런 태도를 취한 반면에 의정부나 또는 육조 또는 비변사에서는 그것을 같이 봐야 한다 라는 시각으로 설명될 수 있다라는 것입니다. 따라서 이러한 대일정책의 변화를 정부운영의 변화 속에서 파악할 수 있는 방법은 없는지 그러한 질문을 드리고 싶습니다. 따라서 그렇기 때문에 토론문에서 나오는 용어상에 어떤 문제점들, 예컨대 교린을 소홀히 하는 사대우선론 이라든지 또는 비변사의 강경노선에 따라 참획으로 기울어진 것이 교린의미가 쇠퇴했다든지 이러한 것들도 좀더 정부운영에 변화에 따른 해석 방법으로 다듬어져야 할 필요가 있지 않느냐? 라는 것입니다.

두 번째는 국가간의 관계는 일방적인 관계는 아니라고 봅니다. 어떠한 형태이던지 이것이 부정적이든 긍정적이든 상호간의 관계이기 때문에 특히 16세기에 들어와서 비변사의 의견이 강해지고 표류민들을 참획하는 사례가 많아졌다는 것은 일본의 대조선에 대한 일련의 정책들이 소위 신의를 바탕으로 하지 않는 그러니까 교린의 본래적인 의미를 파기했기 때문에 나타나는 현상이지 이것이 비변사가 과연 전국을 주도했기 때문에 나타나는 현상으로 볼 수 있느냐 라는 겁니다. 나아가서 해역의 안정이라든지 또는 해난사고, 연안 주민의 확보라고 하는 정책에서 표류민 송환 요청이라든지 표류민 송환 정책이 일관되게 지속될 수 있었느냐 라는 점이죠. 이것은 역시 첫 번째 발표의 손 선생님께서 이미 언급이 되었습니다만 역시 대일 정책의 전체적인 흐름 속에서 파악해야 한다. 조선정부가 적극적으로 표류민 송환하려고 했던 것이 연안주민의 확보와 해난 사고의 방지 때문이었다 라고 강하게 표현할 수 있을까 라는 것입니다. 이것은 역시 대일 정책의 왜구로부터 상인집단, 왜구로부터 무역인으로써의 변화를 시키고자 하는 전체적인 대일 정책의 흐름 속에서 거기에 더해지는 해난사고나 연안주민의 확보로 설명될 수 있진 않을까? 너무나 대대적인 시각에 치우쳐서 전체적인 대일정책의 흐름을 좀 놓치고 계신 것은 아닐까 하는 겁니다. 그리고 그것은 특히 16세기 이후에 다시 왜구가 등장하기 시작하면서 나타나는 현상들이기 때문에 역시 왜구로부터 상인집단으로 변화라고 하는 조선전기의 커다란 흐름 속에서 표류민 송환의 요청이라든지 토착한 일본인을 보내 주는 이러한 정책들이 시행된 것은 아닌가? 이 두 가지 점만 질문하고 끝내도록 하겠습니다.

사회자 : 네. 이 선생님 간단하게 말씀해 주세요.

이 훈 : 홍 선생님이 이미 말씀하셨듯이 주로 조선후기에 표류민 문제를 다루다가 조선전기로 올라와 보니까 정보가 굉장히 다양하고 많았습니다. 저도 이렇게 다양한 정보를 어떻게 정리해야 할지 논리를 구축하는데 상당히 어려웠는데요, 오늘 질문에서는 제가 불안하게 생각하던 부분을 다 지적해 주셨습니다. 우선 질문에 감사드립니다. 처음에 지적하신 사헌부·사간원의 대일정책과 비변사의 대일정책에 어떤 차이가 있는지, 실록을 보면, 중종·명종조에 비변사가 전국을 운영하면서 대일정책은 그 성격이 어느 정도 뚜렷하였는데, 사헌부·사간원의 대일정책은 사헌부·사건원의 관료들이 구체적으로 어떤 사람들이 어떤 주장을 하였는지 구체적으로 추적하기가 참 어려웠습니다. 홍 선생님의 첫 번째 지적은 앞으로의 과제로 생각하기로 하구요. 두 번째 질문에 대해서 답변하도록 하겠습니다. 홍 선생님의 질문에는 피로인과 표류민을 왜구금압이라는 측면에서 본질적으로 같은 범주에서 다루고 계신 것 같습니다. 저의 경우에는 피로인의 송환은 왜구 문제가 대두될 때마다 왜구금압이라는 측면에서 다루어진 것에 대해서는 동감합니다. 그러나 표류민 송환 요구 문제는 왜구 종식 이후 대마도와의 간접통교체제가 어느 정도 안정된 이후, 예를 들면 15세기 중엽에서 16세기초까지 비교적 조일 관계가 안정되어 있을 때 대두된 현안문제로서 궁극적으로는 다른 문제로 취급해야 될 것이라고 생각합니다. 물론 일본과의 문제에 있어서 조선이 항상 의식해야 하는 것이 왜구금압 — 왜구문제이긴 했지만, 모든 기준을 이렇게 왜구문제에 초점을 맞추어 버릴 경우에 시기적으로 변화해가는 대일정책이나 조선의 외교 이념으로서의 교린이나 표류민 문제 등은 별 의미가 없지 않을까 하는 생각이 듭니다. 만약에 표류민이나 피로인을 왜구문제라는 범주에서 취급하게 되면 조선후기 왜구문제가 종식된 이후 조선과 일본관계가 안정된 이후에 조일 해역에서 일어나는 표류민 송환은 현안으로서 다루어지지 않았어야 할 것이라고 생각이 됩니다. 그렇지만 표류민 문제가 조선후기에도 역시 현안이었다고 하는 것은 피로인 문제가 왜구금압·침구 등과 같이 한시적인 문제였던 것에 비해서 표류민이라고 하는 것은 항상적으로 일어날 수 있는 사고로 인식했기 때문에 조선후기에 있어서 상호·송환이 조일간에 교린을 유지할 수 있는 하나의 방법으로써 인식되지 않았을까 라고 생각이 됩니다. 그

리고 홍 선생님이 이미 지적하셨듯이 표류민 송환 문제를 국내 연안지대의 확장이라든지 해역의 안정이라는 문제와 관련시켜서 무리하게 논리를 추진한 것이 아닌가 하는 지적이 있었습니다만, 선생님이 지적하신 대로 국내의 연안지대라든지 해역의 안정 등과 표류민 송환이 직접적으로 어떤 인과관계에 있는 사료는 실제로 그렇게 많이 보이지는 않았습니다. 그러나 조선정부가 표류민 송환을 일본에게 요청하고 있던 시기는 대마도 정벌이 있었던 기해동정 이후로 15세기 중엽에서 16세기 초에 걸쳐서 많이 이루어지고 있는데, 이 시기는 조선내에서 거제도 등의 연안도서지방에 양전이라든지 군적실시를 병행해서 진행하고 있기 때문에 연안지대의 연장차원에서 표류민 송환에 관심을 가졌을 가능성은 충분히 있다고 생각이 됩니다. 그리고 홍 선생님이 지적하신 여러 문제들은 나중에 제가 조선후기 쪽을 공부하다가 전기쪽으로 올라오면서 부딪히게 된 것들로 시도에 가까운 논문이기 때문에, 앞으로 제가 논문으로 구체화시킬 경우, 이러한 지적을 참조로 해서 더 보안하도록 하겠습니다. 이상입니다.

사회자 : 예. 고맙습니다. 지금 벌써 시작을 한지 1시간 정도 지났지만 아직 반정도 가지 못했습니다. 앞으로 남으신 분들은 시간을 지켜 주시기 바랍니다. 오늘 발표 내용 중에 표류민들이 상대국에 가서 필담도 나누고 시문 창조도 했다고 하는데 요즘 말로 하면 음주 가무를 즐겼다고 그러한 이야기가 되는데 여러분들 아마 오늘 새벽까지 그렇게 한 것으로 알고 있는데 그렇게 하시면서 많은 이야기를 하셨을 테니까 여기서는 핵심적인 내용만 간단 간단하게 의견을 나누어 주셨으면 좋겠습니다. 그 다음에는 정성일 선생님의 발표에 대해서 오 성 선생님께서 말씀해 주시죠.

오 성 : 오 성입니다. 오늘 토론으로 나오신 일곱 분들 가운데 저만 빼놓고 이 방면엔 전문가들이신데 저는 한일관계 특히 표류민 관계에 대해서는 정말 순수한 아마추어입니다. 그리고 조금 다른 말씀을 드리자면 아까 한림대학의 이일재 선생님께서 손 교수님께서 나오라고 해서 강제로 끌려나 왔다는 식으로 말씀하셨는데 저도 그렇습니다. 그렇지만 저는 전혀 불쾌한 것이 없습니다. 대단히 즐거운 마음으로 왔습니다. 몇 번인가 이 아름다운 춘천에, 또 아름다운 강원대학 캠퍼스에 온

적이 있었습니다만 올 때마다 복잡한 서울을 떠나서 아주 가슴이 열리는 것 같은 그런 즐거운 마음을 가지고 오기 때문에 앞으로도 더 기회가 있는 대로 불러 주시면 또 오겠다는 말씀을 이 자리를 빌려 드리겠습니다. 그 다음에 오늘 표류민에 관해서 발표하신 일곱 분에 관해서 오히려 저희들은 거의 표류민 문제에 관한 완전 정복단계에 들어가지 않느냐 할 정도로 많은 것을 배웠습니다. 정말 대단한 성과를 얻고 돌아간다는 그런 뿌듯한 마음도 있고요. 한가지 유감스러운 것은 제가 이런 방면에 대한 지식이 없어서 토론자로서의 역할과 책임을 다하지 못할 것 같다는 그런 생각 때문에 두려운 마음이 앞섭니다. 아까 사회 보시는 정재정 선생님께서 발표자와 토론자를 같이 붙여 놓았으니까 다투지 말고 사전에 협의해서 정리하라고 해서 저희는 정 선생님 말씀에 충실하게 따랐습니다. 초록을 보면 제 토론 요지가 있습니다만 한 여덟 가지 정도 문제를 적어 놓았습니다. 그 가운데 1번과 2번은 생략하도록 하겠습니다. 그 다음에 세 번째 문제인데요. 아마도 이케우찌 선생님의 논문에서 인용하신 것이 아닌가 싶은데요. 우선 1599년부터 1872년까지 274년간이라는 기간과 후자인 1873년부터 1888년까지의 16년간은 기간의 장단이라는 점에서 너무 차이가 납니다. 대략 비슷한 기간을 놓고 추세를 비교한다든지 그렇게 해야 할텐데, 한쪽은 거의 300년 가까운 기간이고 한쪽은 20년도 채 안 되는 기간에 변동 상황, 그것을 과연 비교 대상으로서, 샘플 사이즈 면에서 과연 얼마만큼 우리가 타당성 있게 받을 수 있겠느냐? 하는 그런 문제를 우선 말씀드리겠습니다. 또 반드시 시기를 그렇게 나누어 보아야 할 특별한 이유라도 있는 것인가? 1872년과 1873년을 기준으로 구분해야 하는 이유 또 274년하고 16년 동안이라는 기간을 비교해 보아도 별로 무리가 없다 라는 근거가 무엇인지 그런 것에 대한 것들이 궁금하게 생각되었습니다. 그 다음 네 번째로 말씀드렸던 그 페이지는 잘못되어 있습니다. 전에 정 선생님 발표문을 받고 거기에 적혀 있는 페이지를 했기 때문에 여러분 가지고 계시는 발표문은 아마 66p라고 알고 있습니다. 내용을 보면 표착건수나 표착인수 면에서 조선 측이 일본보다 압도적으로 거의 10배에 가까운 상당한 차이가 나 있는데 궁금합니다. 왜 이렇게 차이가 나느냐? 무슨 선박의 기능 면에서 차이가 있는지, 아니면 일본이 해양 국가이니까 항해술이 조선보다 더 특별하게 발달한 것인지, 상대적으로 조선 측의 기술이 떨어진 것인지, 그런 점들이 선박사 측면에서 보완이 되어야겠다는 생각입니다. 제 개인적인 생각으로는 조선의 선박의 기능이라든가 항해술이 특별히 일본보다 낮았기 때문에 표착을 조선 측의 사람들이 많이 했고 일본은 적었다. 그렇게는 생각이 안된단 말씀이에요. 여러분 잘 아시겠지만 1875년에 소위 말하는 운양호 사건이 있지 않았습니까? 그 운양호라는 배도 사실 대단한 배가 아니거든요. 1870년 영국에서 건조된 汽帆兩用의 목조선인데 그 다음 해인 1876년 10월에 小松原 해안에서 좌초, 침몰된 배였다는 말씀이죠. 19세기 중반 이후에도 그랬는데, 물론 일본이 우리보다 기술이 좀 나았으리라는 짐작은 듭니다. 어쨌든 바다와 많이 접하니까요. 그러나 그런 것이 결정적인 이유가 될지 아니면 또 다른 사정이 있을지 궁금한 사항이기 때문에 한번 말씀을 드려 봤습니다. 그 다음에 5번, 6번은 넘어가겠습니다. 7번은 한일간의 교류 협력의 추진 중인 지역이 과거 표류민·표착민들이 빈발하였던 지역과의 관련성이 있다 하면서 하나의 예로서 강원도 지역과 돗토리현의 예를 들으신 것 같습니다. 그런데 정 선생님께서 제시하였던 82p와 83p에 나와 있는 1998년 작년도 행정자치부 내부자료에 따르면 한국의 여러 지역과 도시들이 자매결연을 맺고 있는 현안이 나와 있습니다. 그 다음에 그것에 대한 하나의 예로서 71p 그림<3>을 보면 우리나라와 일본·구주간에 자매결연의 계기가 된 하나의 이유를 들고 있는데, 71p 그림<3>을 보면 지리적인 어떤 연관성이라 할지 과거에 표류·표착이 있었던 그런 이야기는 전혀 보이지 않는단 말씀이죠. 이것은 표류민과 표착민의 역사적인 의의를 너무 지나치게 현재화하려 했던 것이 아닌가 하는 그런 생각이 듭니다. 그 다음에 그림<3>에서 표에 하나의 계기가 되는 여러 가지 기준 가운데 지리적 유사성이라고 되어 있는데 이것은 잘 이해가 안됩니다. 지형적으로 유사하단 말씀인지 아니면 어떤 뜻인지 지리적 유사성이라고 해 가지고는 어떤 사정 때문에 두 지역이 자매결연을 맺게 됐는지 잘 납득이 안 되어서 표류민에 대한 일을 너무 현대화시키다 보니까 이런 식으로까지 전달된 것이 아닌가 하는 생각이 들고 제 생각에는 조금 자세하게 재 검토하셔도 좋지 않을까 그런 생각이 들었습니다. 이상으로 마치겠습니다.

사회자 : 고맙습니다. 그러면 정성일선생님 답변을 부탁합니다.

정성일 : 감사합니다. 여러 가지로 저한테 앞으로 논문을 쓰는데 도움이 될 만한 그런 지적을 많이 해 주셔서 감사합니다. 오성 선생님과는 개인적으로는 다른 학회

에서도 제 발표에 대해서 몇 차례 토론도 맡아 주시고 하셔서 여러 가지로 신세를 많이 지고 있습니다. 세 가지 정도를 집중적으로 말씀을 해주셨는데 먼저 시간을 절약하기 위해서 세 번째 61p 질문 먼저 답변을 드리겠습니다. 이 통계는 아무래도 이케우찌 선생님이, 조사한 것이기 때문에 저보다는 오리지날 사운드로 해서 직접 듣는 것이 좋겠습니다만 제 생각은 이렇습니다. 오성 선생님이 말씀하신 것처럼 그 1599년부터 1872년까지 이기간은 270년이 넘는 장기간이고 1873년부터 1888년까지는 20년도 안 되는 짧은 기간인데 이것이 과연 두 시기를 연평균 집계를 만들어서 비교했을 때 그것이 얼마나 통계학적으로 의미를 갖겠느냐? 대표성을 갖겠느냐? 이런 이야기입니다. 제가 이런 의문을 가지고 있어서 이번에는 모르겠습니다만 이것을 포함해서 과연 지역적인 빈도의 차이, 시기적인 빈도의 차이, 이것이 과연 통계학적으로 의의가 있는 것인지 이것은 별도로 검증을 해볼 생각입니다. 그래서 이 자리에서 타당하다 그렇지 않다, 다시 말해서 통계학적으로 유의적인 차이가 있다 없다는 말씀을 드리기엔 곤란합니다만, 만약에 이것이 유의적인 차이가 있다면 저는 이렇게 생각하고 있습니다. 이케우찌 선생님께서는 전기를 주로 근세의 시기로 설정하고 있고, 후기를 다시 말해서 1873년 이후를 표류의 역사에서 근대로 이렇게 설정하고 있는 걸로 알고 있습니다. 그렇게 1870년대 이후에 잘 알려진 것처럼 조선과 일본 사이에 개항이 되고, 그러면서 많은 바다를 통한 접촉과 교류가 확대되는 그러한 시기입니다. 그래서 그 전에 비해서 기술적인 조건이 특별하게 달라지지 않았다면, 그 다음에 두 번째로 바다의 조건이 특별하게 달라지지 않았다면, 경제적인 측면의 그런 변화가 영향을 미친 것이 아닌가? 이러한 가설을 가지고 있습니다. 개항 즉 근대 이후에 들어가면서 서로 바다를 통한 교류가 빈번해지고, 그런 만큼 항해술이나 배의 조건 등 기술적인 조건이 뒷받침이 되지 않을 때, 표류인은 좀 더 전기에 비해서 빈번하게 발생하는 것이 아닌가? 이런 가설을 세우고 있습니다만, 역시 이것의 검증은 앞으로 치러야 할 과제로 생각하고 있습니다.

　그 다음에 네 번째 조선에서 일본으로 표류해 가는 것이 그 반대의 경우 보다 8배에서 10배 많은 것에 대한 원인입니다. 오전 발표에서 제가 바다의 조건에 대해서는 말씀을 드렸습니다. 별지로 나누어 드린 자료를 통해서 바람이라든가 해류의 방향 등 개별적인 바다의 조건, 이것이 영향을 미치지 않았겠느냐? 다시 말해서 조선에서 표류하는 것이 시기적으로는 가을에서 겨울, 봄철에 집중적으로 나타나고,

반대로 일본에서 표류해 오는 것은 여름이 가장 많은 것을 보면 한반도와 일본 열도를 둘러싼 그 지역의 바람의 조건과 해류, 이러한 것이 영향을 미친 것이 아닌가 이런 생각을 하고 있고, 또 하나는 날씨가 추운 겨울철에는 수온이 떨어지는데, 물고기들이 깊은 바다는 온도가 따뜻하기 때문에 깊은 바다 쪽으로 이동한다는 겁니다. 한반도 해역은 수심이 80m정도 그 정도인데, 대마도 부근으로 갈수록 이것이 150m, 200m 깊어지면서 겨울철에는 물고기가 대마도 부근의 따뜻한 지역으로, 즉 수심이 깊은 지역으로 이동한다고 이렇게 오늘날 밝혀져 있습니다. 이런 것들을 당시 조선인들이 알고 있었을까? 그러한 정보를 가진 어로활동이 표류와 직접 관련이 있었던가? 이것을 자료를 통해서 검증해야겠습니다만, 추정할 수 있는 것은 그런 조건이 있는 것 같고, 그 다음에 배의 항해 이런 것들도 말씀하셨지만, 일본의 문화인류학을 하는 분 중에 논문이 있는데 조선 배가 아무래도 먼 바다를 항해하기에는 일본 배에 비해서 상대적으로 떨어지는 것은 아니냐? 이런 취지에 분석을 한 것이 있습니다. 그래서 저도 과연 그러한 것인지 이러한 것들을 표류민의 예를 가지고 앞으로 검증을 해볼까 이런 생각입니다.

그 다음에 마지막 일곱 번째 현재 지역간 교류하고 있는 것하고 과거의 표류·표착이 빈번했던 지역하고의 관련성입니다만, 지적 해주신 것처럼 아무래도 너무 비약이라고 할까, 실증성이 다소 의문시되는 부분이 있는 것으로 알고 있습니다. 오히려 거꾸로 저는 71p 조사를 참고할 필요가 있다고 생각합니다. 현재 九州 지역하고 자매결연을 맺고 있는 우리 나라 지방자치단체의 국제 교류 담당 공무원들이 있습니다. 그 공무원들한테 이런 항목을 주고, "당신의 지역은 어떤 계기로 해서 일본과 자매결연을 맺었습니까?"라고 설문을 했을 때, 이런 답변을 했다는 것입니다. '지리적 유사성'이라는 것은, 예컨대 부산과 후쿠우카를 생각해 보기로 하면, 거리가 가깝다는 그런 것도 하나 있습니다. 그 다음에 전라남도 고흥군과 일본 사가켄의 가시마시가 결연을 하고 있습니다만, 이것은 갯벌이 가지고 있는 해안의 조건이 유사하다는 이런 것 등등이 지리적 유사성 안에 포함되어 있습니다. 이런 것들이 바로 표류·표착의 문제하고 현재 오늘날 지역간 자매결연의 체계와 관련시킬 수 있는 것인가 하는 데는 다소 무리가 현재로서는 따르고 있습니다만, 저는 거꾸로 이런 과거의 역사적인 사실을 제시하면서 앞으로 양국간에 자매결연을 좀 더 활성화시키는 쪽으로 가져가면 어떨까 하는 생각을 하고 있습니다. 이상입니다.

사회자 : 예. 고맙습니다. 다음에는 민덕기 선생님 발표에 김동철 선생님 토론해 주십시오.

김동철 : 예. 부산대학교의 김동철입니다. 오늘 민덕기 선생님께서 정보의 교류에 대한 것을 특히 정보통신연구소 이 회의실에서 발표를 하다보니까 연구소의 회의실이 빛을 더 발휘하는 것 같습니다. 앞서 하우봉 선생님께서는 주로 인식에 대해서 말씀을 하셨습니다만 아마 이러한 정보의 교류라고 하는 것도 이런 인식이 없으면 교류도 없다는 생각이 듭니다. 그랬을 때 또 그 인식을 정부에서 어떻게 활용할 것인가 하는 것은 인식보다는 또 한 단계 차원 높은 문제라는 생각이 듭니다. 그렇기 때문에 그 인식이 정보로써 과연 가능한가 가능하지 않은가 하는 것을 판단하는 것이 상당히 어려운 문제라는 생각이 듭니다. 하지만 이 토론에 대한 요지는 발표문에 나와 있기 때문에 간단하게 몇 가지만 정리해서 말씀드리려고 합니다. 먼저 하우봉 선생님 논문에서도 이야기했었습니다만 표류민 신분이 대개 어민이나 상인이 많기 때문에 이들의 어떤 경험이 정보로서 활용되기가 상당히 어렵다는 생각이 듭니다. 즉 다시 말하면 그들이 어업을 한다든지 상업을 하는데 있어서는 항운 정보는 가치가 없다 라는 생각이 듭니다. 그렇기 때문에 이것을 정보로써 활용하는 것은 주로 국가이지 않느냐 그런 생각이 듭니다. 그랬을 때 특히 일본의 경우에는 앞서 하우봉 선생님의 논문에서도 이야기했습니다만 조선정부 자체가 일본 사정에 대해서 구체적인 정보를 얻고자 하는 데에는 상당히 문제점이 있다고 지적을 하셨습니다. 그래서 표류민의 체험이 정보적인 가치를 가지는 것과 이것이 정보로서 활용되는 문제는 좀 별개라는 생각이 듭니다. 그때 대개 여기에서 이야기하는 표류민의 정보라고 하는 것은 어떤 생생한 증언을 갖춘 상당한 정보적 가치는 가지고 있습니다만, 그것이 전문적 수준에 용어는 그런 것이 아닌가 하는 생각이 듭니다. 그랬을 때 선생님께서 말씀하시는 정보의 교류라고 했을 때 그것이 가지는 전문과 정보로서의 의미 같은 것을 어떻게 인식하고 계시는지 그것을 묻고 싶습니다.

그 다음에 선생님께서 낸 결론 가운데 중요한 것이 조선 정부가 일본 정보에 대해서는 상당히 소극적인데 비해서 유구에 대해서는 상당히 적극적인 노력을 하고 있다라는 것이 이야기하고 있습니다. 그것이 왜 그러한 국가 양국간에 있어서 어떤 차이점을 보이느냐 하는 국가적인 차이점과 혹시 이런 것이 시기적으로 어떤 차이점을 달리하는 것은 아닌가 하는 생각이 듭니다. 그 다음에 정보의 교류라고 하는 이런 측면에서 본다면 물론 여기에서는 지면 관계상 상대국에 대한 것은 이야기는 하지는 않았습니다만, 일본과 유구가 조선의 정보 습득에 대해서 어떤 국가적인 차이를 보이고 있는지, 그런 유사점과 차이점에 대해서 묻고 싶습니다. 그 다음에 선생님께서 정보가 민간에 어떠한 영향을 끼쳤느냐? 하는 것에 대해서 특히 표류기에 나타나 있는 유구태자의 제주표착과 살해설에 대해서 많은 지면을 할애해서 상세히 설명을 하고 있습니다. 그런데 101p에도 나와 있습니다만 1662년에 송환된 무안 출신이나 1663년에 송환된 김려휘의 경우에는 이 사람들이 무사히 송환되었을 때 유규태자의 살해설이 송환에 어떠한 영향을 끼쳤는지 하는 것에 대해서 알고 싶고, 그 다음에 선생님께서 유구태자 살해설의 경우에는 표류민의 체험이 민중적 정보로서 활용되지 못한 사례로서 언급을 하고 있습니다만 실제 이것이 물론 부정확한 정보이지만은 이 정보야말로 국가적 차원의 정보가 아니고 민중적 정보의 차원에서 정착된 대표적인 사례로서 역으로 해석할 수 있는 소재가 있지 않느냐 하는 생각이 듭니다. 여기에 대해서 어떻게 생각하시는지 묻고 싶습니다.

사회자 : 민 선생님 오전 발표에서 시간을 가장 모범적으로 절약해 주신 아주 훌륭하신 분입니다.

민덕기 : 저는 어릴 때부터 부모님 말씀을 잘 들었거든요. 그래서 사회자님 말씀도 잘 들었던 것 같습니다(웃음). 또한 오전과 마찬가지로 더 자세히 말씀드릴 만한 것이 없다는 이야기도 되죠. 김동철 선생님께서 좋은 지적을 많이 해 주셨는데요. 견문과 정보의 차이라? 글쎄요. 견문이 정보적 차원으로서, 또는 국가적인 정보로서 어느 정도 활용되었는가? 이제까지 이 논문을 써 가면서도 계속 스스로 반문하기도 했던 것이었습니다. 조선이, 예를 들어서 "유구가 일본에 복속되어 있다"라는 기존 정보를 이미 가지고 있으면서도, 1600년대 후반기 표착해 온 유구 선박에서 일본 화폐나 일본 연호가 쓰여진 일본 서적 등을 발견하고는 "유구가 일본에 복속되어 있는 것인가?"라고 다시 의문을 제기하기도 합니다. 이런 사례들을 보면 표류

민을 통한 어떤 축적된 정보를 체계적으로 활용하려 한다거나 하는 시도가 없었지 않았나 생각해 보기도 합니다. 아무튼 선생님 지적대로 '정보'에 대해 계속 유념할 생각입니다. 그런데, 일본에 대한 정보 습득에 조선 정부가 소극적이었다, 라고 제가 말한 것은, 다른 루트를 통한 정부 입수의 기회가 많았다는 것, 조선후기의 경우에는 특히 에도막부와의 관계가 정상화되었기 때문에 표류민에 의한 정보에 소극적이지 않았을까 생각됩니다. 그러나 유구에 한해서는 직접 유구 사정을 파악할 길이 없었기 때문에, 표류민을 통해서 구체적이고 다양한 정보를 입수하고 축적한 것이 아닌가 생각이 듭니다. 세 번째로, 정보가 민간 차원에서 과연 민중적 정보로 정착된 것인가와 관련해서, 「유구태자 살해설」과 「안남태자 살해설」을 말씀해 주셨습니다. 제주도는 그렇게 넓은 땅이 아니지요? 그런데 오늘 제가 소개한 두 사례에서, 제주도에서 살해된 사람은 「유구태자」가 아니라 「안남태자」였다는 것이 밝혀졌음에도 불구하고, 그 이후에도, 그 좁은 제주도에서 살해된 사람이 「유구태자」라고 전승되어 갔다는 것입니다. 이렇게 볼 때, 표류민에 의해 밝혀진 새로운 사실이 제주도에서조차 반영되지 않고 전승되어 왔다는 점이 의아하게 느껴집니다. 이문제에 대해서는 죄송합니다만 제주도에서 오신 윤치부 교수님께서 혹시 아시는 것이 있으면, 제가 3분쯤 쓴 것 같은데, 남은 시간에 설명해 주시지 않겠습니까?

사회자 : 하우봉 선생님 발표에 대해서 윤치부 선생님 5분 이내에 발표해 주세요.

윤치부 : 제주교육대 윤치부입니다. 하우봉 교수님께서는 우리나라 문헌만 아니라 일본 문헌까지 섭렵하시어 조선 표류민들이 일본에 대해 어떻게 인식하고 하고 있는지 그런 의미들을 도출하고 계십니다. 뿐만 아니라 그것을 관리와 민중의 부분으로 나누어서 어떠한가를 파악하고 계십니다. 저로서는 하 교수님의 논문에 대부분 동감을 하고 있습니다. 특별히 그 가운데서도 제가 인상적이었던 내용들을 보면 한국측 자료로서 제시하고 있는 『朝鮮王朝實錄』이라든지 『備邊司謄錄』, 『邊例集要』를 비롯해서 이지항의 「표주록」, 저로서는 이번에 새롭게 알았습니다만 이종덕의 「표해록」, 이런 것들을 통해 가지고 대부분 우리 조선 표류인 들이 일본에 대해서 우호적으로 생각했다 라고 하는 것을 의미를 도출하고 계십니다. 그 뿐만 아니라 일본 문헌인 『漂民對話』, 앞에서 「표민대화」에 대해서는 일본에서도 많이 이루어

졌다고 했는데 이전에는 우리나라도 꽤 오래 전에 소개했던 자료이기도 합니다. 「표민대화」나 「복산비부」 같은 자료를 통해서도 우리 조선인들이 일본에 대해서 우호적인 시각을 갖고 있었다 라고 하는 이야기를 하고 계십니다. 결국 그러한 이야기들은 결론적으로 조선 피류민들이 일본에 대해서 긍정적으로 생각했다 라는 그러한 이야기로 선생님께서는 하시고 계십니다. 그런데 거기에는 전반적으로 동감은 합니다만 우리가 일본 인식이라고 하는 것이 어떤 면에서 본다면 정치사적인 흐름을 파악하는 그러한 것이 있기 때문에 이 문제는 저도 「표해록」에 관심을 갖고 공부하면서 고민이기도 하고 그래서 또 이 기회에 하 교수님께도 드리는 말씀일 수도 있을 것 같습니다. 우리가 「표해록」과 같은 작품을 분석함에 있어서 예를 들어서 그런 자료들에 나타난 문맥의 의미, 예를 들어서 우호적이다 라고 하는 의미를 어느 정도 일본에 대한 인식으로 파악해야 하는 그러한 문제입니다. 왜 그런가 하면 그런 기록이라고 하는 것이 사실은 인간의 한 표현일 수는 있겠지마는 한 인간의 의식의 흐름이라든지 제가 생각하기로는 그렇게 단정적으로만 나타나지 않으리라고 봅니다. 어떤 대상에 대해서 좋을 수도 있고 나쁠 수도 있고 그런 것이 이유이기도 하고, 우리가 표류민이라는 자체가 그쪽에 표류되어서 그들이 가장 긍정적인 욕망이라고 하는 것은 귀환하는데 있다고 봅니다. 그렇기 때문에 결국은 그들에게 어떻게 하든 잘 보여야 만이 돌아올 수 있고 이러한 입장이기 때문에 어떤 의미에서 본다면 자기 심층 의식과는 별개로서 과대 포장된 의식으로 나타낼 수 있으리라고 봅니다. 하나 하나를 꼼꼼히 파악해야 한다고 생각합니다. 예를 든다면 이지항이 선전부에 약50여년 동안 체류하는 동안에 일본사람들이 요청해서 약 100권 정도 써졌다고 하는데 그것은 굉장히 중요한 정보이면서 일본을 인식하는 하나의 자료로 생각될 수 있습니다. 왜 그런가 하면 이지항은 武官입니다. 武官이라고 해서 예를 들어 詩라든지 그런 것을 잘 하지 말라는 법은 없겠지만 아마 무관이라고 한다면 文官에 비해서 우리가 일반적으로 시 능력이 떨어졌을 것이라고 생각이 됩니다. 그럼에도 불구하고 이지항의 글을 받기 위해서 많은 사람들이 몰렸다는 것은 일본이 우리나라에 대한 인식을 간접적으로 역추적하는 계기가 될 수 있지 않느냐? 라고 생각이 든다는 겁니다. 이것은 우리가 1607년부터 1811년까지 12차례에 걸친 조선통신사의 그리고 거기에는 뽑힌 사람들은 보통 문관으로 뽑혀서 갔는데 그들도 「표주록」 편찬과정에서 보면 처음에는 일본인들로부터 굉장히 대접받는 입장인 것을 볼 수 있습니다. 그들이 남긴 『해사록』 작품 등 그러한 것이 나오는데 그러다가 중간쯤에 이르면 우리 쪽 대표들이 잘못하게 되어서 그들이 쩔쩔매는 경우도 있습니다. 하 교수님께서는 경쟁 심리 이러한 쪽으로 생각을 했는데 그러면서 나중에 보면은 후기로 갈수록 12차례에 근접할수록 일본의 승려들이 굉장히 탁월한 시적 능력을 갖고 있는 것으로 인식되는 것을 우리가 그 작품으로 역추적하게 되는데 그와 같은 쪽에서 본다면 바로 이런 정도나 의미들이 일본을 의유적으로만 해석하는 것은 아니었지 않나 라고 생각이 듭니다 이를테면 장회이의 「표류기」에 나타난 일본사람들이 환도와 서도, 차고 다니는 문제라든지 또 이종덕의 「표해록」에서 대마도에 대한 부정적인 인식이라든지 그러한 것도 우리가 『표해록』의 본연되는 일본을 인식하는데는 굉장히 중요한 정보로서 활용을 해야 할 것이 아닌가 생각을 하고 있습니다.

그 다음에 두 번째 문제는 우리가 표류기라고 하는 것이 지금 남아 있는 것이 직접 자기가 표류해서 자기가 쓴 작품보다는 일종의 제3자가 기록된 작품들을 많이 의존해서 그 속에서 인식을 축출하고 있습니다. 예를 들어 『조선왕조실록』이라고 하는 자체가 바로 예조나 홍문관에서 왕께 보고하게 해 가지고 쓴 표류의 내용들이 『조선왕조실록』에 기록되어 있는 것을 볼 수 있습니다. 한가지 예를 들어서 중국에 표류되었던 이 섬이라고 하는 제주 정의현감의 표류기가 누가 기록하고 있는가 하면 유명한 김정직 선생님이 필기를 기술해서 왕께 보고한 것이 『조선왕조실록』에 나올 정도라는 겁니다. 그것은 일종에 원작이 아니라 각색된 작품이고 그 각색되는 과정에서 그 사람들이 국문학전공을 하는 작가 의식이라고 볼 수 있는데 그런 것이 들어갈 수밖에 없었다는 것입니다.

또 우리가 그것은 왕께 보고한다는 글이라고 하는 것은 일종의 많은 제한을 받았지 않았을까 하는 것도 생각할 수 있고 또 그 당시에 기록하는 사람들의 사관 그러한 것들이 바로 표류기 속에 들어가지 않았겠느냐 라고 하는 생각이 듭니다. 하 교수님께선 그러한 문제를 예를 들어서 우리나라 사람들이 일본에 대한 정보 탐색에 열의가 없었지 않았나? 하는 문제나 또는 표류민들이 나중에 돌아와서 자기의 신분상에 불안을 가지고 가급적 줄여서 말하려고 했다는 그러한 쪽으로 접근을 해서 말하셨는데 그런 의미도 있겠지만 오히려 그보다는 아마 많은 것들을 물어 보았겠지만 그 가운데서 왕께 보고 드렸던 형식적인 제한이라든지 그런 속에서 굉장히 여유가 되었지 않겠느냐 라는 그러한 것들도 우리가 고려해 보아야 할 것이 아닌가 하는 생각이 듭니다. 한가지 단적인 예를 든다면 하 교수님이 예를 들고 있는 『서이방익사』라는 글이 박지원의 연암집에 나오는데 『서이방익사』라는 그 자체가 왜 박지원이 쓰게 되느냐 라는 문제입니다. 이것은 여러분이 잘 아시는 것처럼 박지원이 이명원을 따라서 청나라에 갔다 오고 『여류일기』라는 책을 남겼는데 그것이 굉장히 공격의 대상이 됩니다. 여러분 잘 알다시피 벽파와 시파의 정조대의 싸움이 그것이 문치당쟁으로 번지고 그래서 반대파로부터 연암 박지원의 문체가 정통 문체에서 벗어난다고 해서 공격적인 상술을 올리지 않습니까?

그런데 정조대왕이 박지원을 아끼는 입장이기 때문에 바로 이러한 그 당시는 특이한 사실 아버지는 일본—나가사키에 필했고, 아들은 중국에 필했던 굉장히 특이한 사실을 글을 소재로 주어 가지고 글로 써서 내도록 합니다. 정통문체로 쓰라고 하면서 냅니다. 그것이 바로 아들인 박충채가 쓴 『과전록』인 이야기들로 밝혀지고 있는데 그렇게 된다고 본다면 그 작품 자체는 순수한 이방인의 표류기나 이방인의 표류 의식을 찾기보다는 굉장히 많은 부분이 연암의 의식이 반영된 것이고 그 당시 정조대왕이 요구하는 그런 쪽의 글로서 추측할 수밖에 없지 않느냐 라고 하는 그런 생각을 하게 됩니다. 이것도 우리가 「표류기」를 통해서 어떤 대외 인식을 분석할 때는 굉장히 깊게 생각해야 할 문제가 아닐까 라는 생각을 저 자신에게 한번 해보기도 하고 또 이렇게 하 교수님께 드려 보기도 합니다.

그 다음에 조금전에 민 교수님께서 유구태자 살해설 관계를 말씀을 하셨는데 저도 제주에서 쭉 자라서 이 표류민을 관심을 갖기 전까지, 이런 논문을 접하기 전까지 유구태자의 쪽으로 알았습니다. 왜냐하면 제주도는 「탐라지」가 밝혀진 바로는 17종류가 있습니다. 이원진의 「탐라기」로부터 시작을 해서 그런데 대부분의 「탐라지」만 하더라도 안남태자가 죽은 것으로 되어 있지 않고 유구태자가 죽은 것으로 되어 있습니다. 그런데 제가 이 안남태자라고 하는 것을 다시 의문을 갖고 느낀 것은 바로 장한철의 「표해록」에서 이런 것이 생각 외라고 느꼈던 겁니다. 그러다가 민덕기 교수님도 논문에서 밝히고 계십니다만 정동휘의 「주영편」에 보면 바로 고성민이라고 하는 제주사람이 안남에 표류를 한 표류기 내용이 적혀 있습니다. 이렇게 앞부분에 가면 안남이 그 당시 여자 국왕이었는데 국왕이 자기 태자가 제주에 표류해서 살해했던 얘기를 밝히고자 하는 대목이 나옵니다. 그럼 두 개의 문들은 바로 안남태자가 제주에서 살해되었다고 하는 그런 것을 간접적으로 증거하는 것 인데 그러면 왜 유구태자로서 그렇게 했을까 하는 것도 그 동안 정리된 것도 고민을 해 보았는데 그 당시 제주도 한해의 표류기도 그렇지만은 제주도는 예를 들어서 통역관 체제가 잘 운영되지 않았던 것으로 파악을 하고 있습니다. 바로 그런 속에서 그들과 통역 그런 것이 굉장히 하나의 잘못된 식으로 풀이될 수도 있지 않겠느냐는 것도 생각을 해 보면서 그건 저만의 지식이 모자라서 그럴 수도 있겠지만 그 당시 아마 일본과 우리나라의 외교적인 문제라든지 여러 가지 복합적인 요인도 물론 있을 수 있겠지만, 개인적으로는 그렇게 생각하고 있습니다. 그래서 지금 제 생각으로는 고성민이 안남에 표류민으로 갔을 때 그 문제라든지 장한철이 표류하다가 중간에 중국상선에 구출되었을 때 거기에 타고 있던 안남인들의 그 태도를 보면 이것은 안남태자 살해설 쪽이 맞지 않을까? 라는 생각을 해 봅니다. 그런데 이원진의 「탐라지」나 지지들에는 유구태자로 되어 있는데 예를 들어 『조선왕조실록』이라고 하는 것이 일종에 제주목이나 이런데서 울린 장계에 따라서 기록되는 그런 의미가 많다고 한다면 그 제주지지인 「탐라지」에 기록된 것은 자연스럽게 『조선왕조실록』에도 그대로 유구태자로 중복이 되어 있지 않겠느냐? 하는 망상일지도 모른 그런 생각도 한번 해보고 있습니다. 이것이 진짜 이야기가 되는지 모르겠습니다.

사회자 : 예 고맙습니다. 하 선생님 말씀하시죠.

하우봉 : 저는 아까 시간을 많이 잡아먹었으니까 간단히 하겠습니다. 아까 제가 표류에 관한 국내 연구사를 이야기하면서 국내에서는 이 훈 선생님이 하시고 나머지는 별로 없다고 했는데 실은 실언에 가까운 실례를 했습니다. 역사 쪽에서 그렇다는 이야기이고, 실은 금방 토론해 주신 윤치부 선생님께서 일본만이 아니고 각지에 표류한 여러 표류민들의 기록을 모아 가지고 문학적으로 분석・정리해서 『한국 해양문학연구』라는 아주 선구적인 노작을 남기셨습니다. 아까 제가 국내에 연구가 별로 없다는 것은 역사 쪽의 이야기고, 문학 쪽에서 윤 선생님의 연구성과가 있다는 사실을 말씀드립니다. 오늘 지적해 주신 두 가지는 전적으로 공감합니다. 아주 좋게 지적해 주셨는데, 전반적으로 저의 논문내용에 우호적인 인식쪽으로 많이 강

조된 것은 제가 지금까지 해 온 것이 주로 실학자나 통신사의 행원들의 일본사행록을 보다가, 이번에 표류민 관계기록을 보게되면서 대조적인 측면이 많이 느껴지게 되고, 그런 쪽을 강조하다 보니까 다소 일방적인 내용으로 흘렀다는 느낌을 저도 가지고 있습니다. 기본적으로 표류기가 가지고 있는 규정성이라고 할까 이것을 고려해야 한다는 지적과 또 제 삼자가 기록했을 때 거기에 개입될 수 있는 것을 한번 더 스크린해야 하지 않나 하는 지적은 당연하게 받아들일 수 있는 내용입니다. 단지 『조선왕조실록』에 나오는 표류기록들을 조사해 보고한 기록들을 보면서 느낀 인상은 국가 이데올로기가 개입된 흔적은 별로 없고, 『조선왕조실록』에 나와 있는 그런 견문 보고사항은 가치판단을 내리지 않고 사실 그대로 기술하는 점이 특징입니다. 개인에 의해서, 즉 지식인이나 관리들에 의해서 지어진 표류기들은 스크린할 필요가 있겠죠. 지적 고맙습니다.

다시 마이크를 잡을 기회가 없을 것 같으니까 한마디만 더하겠습니다. 아까 모두에서도 이야기했듯이 현재 표류에 대해서는 국내의 연구가 출발 단계라고 해도 과언이 아니니까 우선 기초 작업으로 문집이나 야사집, 혹은 야담집이나 그 외에 다른 형태의 문학작품으로 형상화된 것이라든지 혹은 구전으로 내려온 설화라든지 그런 여러 가지 작업들을 조사하게 되면 굉장히 많은 새로운 자료들을 발굴할 수 있지 않을까 하는 기대를 가지고 있습니다. 충분히 나올 수 있다고 저는 생각합니다.

그리고 또 하나는 하나의 표류기가 여러 가지 異本도 생기고, 가사로 된다든지 다른 형태의 문학작품으로 형상화되는데, 그럴 때에 처음에 정보와 인식문제를 말했습니다만 저는 그 정보가 다른 異本이나 문학적으로 형상화 될 적에 어떻게 인식으로 정착되어 가느냐 하는 과정에 큰 관심을 가지고 있습니다. 그리고 이 부분을 잘 분석할 수 있느냐, 형상화될 적에 어떻게 굴절되고 변형되어 가는가, 하는 모습이야말로 정보와 인식간의 관계에 굉장히 중요한 고찰의 대상이라고 생각되는데, 그런 측면에서 윤 선생님께 많은 기대를 가지고 있습니다. 그것을 발굴하는 작업을 저를 포함해서 우리 역사를 하는 친구들이 다 같이 노력을 하겠습니다만 문학 쪽에서도 발굴하는 작업, 또 중간에서 의미를 해석하는 작업들을 저희들도 할 테니까 윤 선생님도 앞으로 많이 해 주셨으면 하고 부탁드립니다. 그래서 이런 자리에서 토론할 수 있는 기회가 있었으면 훨씬 더 많은 의미를 캐낼 수 있지 않을까 하는 생각을 하고 있습니다. 예 고맙습니다.

사회자 : 예. 수고하셨습니다. 마지막으로 이케우찌 선생님 발표에 대해서 강동엽 선생님 코멘트 해주시기 바랍니다.

강동엽 : 네. 여러분 발표하시다 보니까 제 순서가 마지막으로 돌아왔네요. 이케우찌 선생님이 아마 상당히 지루하게 기다렸을 텐데 저한테 허용된 시간이 5분이니까 적절하게 쓰겠습니다. 우선 이케우찌 선생님 발표에 대한 제 의견을 이야기하기 전에 잠깐 한가지만 먼저 발표하시면서 토론하신 내용에 대해서 제 의견을 하나 첨가하고 싶은 부분이 있습니다. 조금 전에 윤치부 선생님 말씀하셨을 때 민덕기 선생님 발표 평가 내용에서 유구태자와 안남태자 관계 문제인데 마침 제가 이 관계의 논문을 쓰고 있어서 문헌을 뒤지다가 저도 고민에 빠졌던 것인데 주현필이라든지 장한철의 표해록에서 나오는 이야기를 충분히 이해는 합니다. 그런데 문제는 유구태자라고 기록되어 있는 문헌들이 후기 실학자들의 글에 나타난다는 점입니다. 아시다시피 후기 실학자들의 학문적 사조라는 것이 박학다식하고 고증학적인 그런 학문에 성향을 가지고 있다고 한다면 대단히 치밀하게 따져 갔지 않겠느냐 하는 그런 개연성이 있고, 조선초에는 유구태자라는 설명을 하면서도 어떤 내용이 나오는가 하면 아시다시피 유구가 사스마항에 의해서 정벌되고 난 뒤에 그 왕이 잡혀갔다는 겁니다. 그 기록의 내용이 그래서 그 왕자가 그 부왕을 속향하기 위해서 유구가 가지고 있는 보석 중에서 酒石이라는 것을 가지고 가다가 표류되어서 제주에 왔는데 그것을 탈취해서 죽였다는 것입니다. 이런 이유와 전후 시나리오에 대해서 아주 소상하게 이야기하고 있다는 것은 충분히 그럴 개연성이 있다는 것이죠..나아가서 안남태자의 살해설 쪽으로 본다면 혹, 안남의 태자나 전해진 사람들이 제주도라고 생각을 했는데 그것이 제주도가 아니고 다른 섬이었을 가능성도 있지 않겠느냐? 그런데 그것을 오해해서 제주라고 생각한다면 안남 사람들이 가지고 있는 제주에 대한 적개심이 상당히 강하게 작용할 수 있을 것이라고 생각을 해서 저도 제가 쓰고 있는 논문의 내용상 안남태자 이기를 바라는 사람 중에 한사람입니다. 그러면 이야기가 좀 되니까 그런데 아무리 봐도 이 두 개는 상당한 검토가 있어야 될 것이 아니겠느냐 그런 생각에서 제가 외람 되게 사족를 달았습니다.

그 다음 이케우찌 선생님의 논문에 대해서 말씀드리겠습니다. 저는 고백하자면 역사학자가 아니고 조선 후기문학을 공부하는 문학 연구자입니다. 어떤 인연에 의해서 한일관계사 연구회에서 저보고 이케우찌 선생님의 논문에 대해서 의견을 말해 달라는 부탁을 받았고 논문을 읽으면서 고민도 많이 했습니다. 잘 알려진 바와 같이 이케우찌 선생님은 일본에서도 한일 특히 표류민 관계에 대해서 많은 연구를 하신 분 중에 한 분이고 근래에도 저서를 간행한 분입니다. 그래서 제가 함부로 말씀드리기가 대단히 난처한 부분이 있습니다. 그래서 논문을 읽으면서 몇 가지 제 소견을 적어서 발표초록 뒤에다가 우선 첨가를 해 놓았습니다. 선생님 논문 잘 읽고 또 발표도 잘 들었습니다. 그런데 제가 발표를 들으면서 한 번 느낀 것이 외국어란 것이 정말 묘하다는 것을 느꼈습니다. 왜냐하면 발표요지를 읽으면서 글자 그대로 이케우찌 선생님이 글을 애매하게 쓰셨구나 하는 생각이 들은 부분도 더러 있었는데 알고 보니까 그것은 번역하는 과정에서 나타난 그런 결과도 있었다는 것을 나중에 발표하시면서 들었습니다. 그 점에 대해선 학회를 주선한 대표는 아니지만 이케우찌 선생님께 우선 사과 말씀드리겠습니다. 제가 몇 가지 의견을 이야기한 것 중에는 이런 것이 있었습니다. 이케우찌 선생님의 주제를 보니까 아까 사회자님도 말씀하셨지만 앞에 부분이 분들이 양국의 표류민의 표착과 제도라든지 관행 쪽으로 봤다고 한다면 후반부에 계신 분들은 상호·상대에 대한 인식에 초점을 주어서 발표를 하신 걸로 설명을 하셨는데 저도 이케우찌 선생님 논문을 그런 쪽으로 이해하려고 했습니다. 그런 관점에서 본다면 제가 앞에 분들이 지적한 그 느낌 몇 가지를 우선 말씀드릴 수 있겠습니다. 첫 번째는 발표하시면서 수정 확인했습니다만 예를 들어서 대마도에 있는 관리들이 설명한 이야기는 아마도 제가 논문을 읽을 때는 의문을 가졌는데 선생님이 보충 설명하실 때 보니까 에도시대에 제가 일본을 잘 모릅니다만 식생활하고 다른 점이었기 때문에 그렇게 설명했다고 이야기하니까 그건 제가 충분히 이해하겠습니다. 그런데 그 뒤에 나오는, 선생님이 예를 들은 다섯 개의 예시 중에서 몇 개를 보면, 일본에서 이쪽으로 표류해 왔을 때 우리나라 사람들이 흰죽을 또는 죽을 끓여서 먹였습니다. 저도 식품 영양학이나 과학적 지식이 없어서 그런 쪽의 전문가에게 물어 보았습니다. 제 관습하고 한국인의 식생활하고 관계되는 부분인데 대체적으로 오랫동안 공복 상태에 있었을 때는 그렇게 먹이는 것이 대단히 중요하다고 합니다. 그래서 식품 영양학 하는 분한테 여쭤 보았어요. 내 의견이 어떠냐고? 그것은 아마 과학적으로 이미 증명된 이야기이기 때문에 논의가 필요 없다고 그렇게 이야기합니다. 이케우찌 선생님께 부탁드리고 싶은 것은 다음 기회에 한국인의 식문화라고 할까요 뭐 이런 것에 대해서 한번 참고 해주셨으면 좋겠다 라는 생각이 우선 들었습니다.

그 다음에 상호 인식 문제라는 것은 선생님이 쓰신 저서를 참고하면서 이번 논문을 읽으면서 제가 제나름대로 욕심을 부리고 싶으면서 선생님께 바랬던 것은 일본에서 한국에 건너온 표류민들의 눈에 비친 조선의 풍경을 통해서 그것을 표류민 즉, 일본의 민중이 그것을 어떻게 인식하고 조선을 이해하려고 받아들였느냐 여기에 대한 이케우찌 선생님의 평가를 듣고 싶었는데 그 점에 대해서는 대단히 외람된 이야기이지만 조금 말씀을 많이 하지 않으신 것은 아닌가? 발표 논문 속에서 그 다음에 그런 자세에서 보면 선생님 후반부에서 이야기하신 『생업·생활과 조선인식』에서 두 번째 항목에 나오는 경합하는 생업과 조선인식 부분으로 건너 뛰셨는데 선생님은 논문을 쓰시면서 충분히 나름대로 의도하는 바가 있었을 줄로 압니다만 이 두 번째 부분은 선생님이 제시하신 주제와는 직접적으로 잘 연결되어 가지 않는다는 생각이 우선 들었고, 만약에 그렇게 연관이 있다고 생각을 하셔서 쓰셨다고 한다면 이 부분에 대해서는 대체적으로 한일 관계사나 한국사에 대한 한일 심포지엄에서 대체적으로 대단히 미묘한 문제들이 많이 나오는데 그런 것을 염두해 두면서 제가 조심스럽게 질문 요지에도 썼습니다만 이 울릉도 부분에 대한 일본 쪽의 시각 그러니까 이것은 민중의 이야기이고 그 당시에 있었던 이야기라고 말씀하시지만 그 부분과 일본민중의 표류민을 통한 조선민중의 조선에 대한 인식과는 다소 거리를 가지고 있는 것은 아닌가 그런 점을 이케우찌 선생님께 여쭤 보고 싶다는 생각이 들었습니다. 제가 현실 정치를 잘 모릅니다만 요즘의 한일관계에서 어업의 현안도 있고 특히 울릉도와 독도 쪽이 공동수역이 되면서 상당히 관심이 있어서 이 발표 요지가 공개가 되었기 때문에 이런 부분에 대해서도 다른 독자들도 상당한 관심을 가졌을 줄로 생각을 합니다. 이케우찌 선생님의 의도와는 관계없이 그 부분에 대해서는 아마 선생님께서는 조금은 보충적인 설명이 있어야 되지 않겠느냐? 물론 아까 선생님 발표하시면서 울릉도를 죽도라고 명명하신 것은 역사적 사실에 대한 것을 기록하신 것이라고 하셨기 때문에 저는 이해는 합니다만 저는 문학을 하는 사람이기 때문에 표현이 이상합니다만 원래 한국식으로 표기를 하면 울릉도(죽도)이렇게 합니다. 왜냐하면 울릉도라는 것은 한국에서 공식적으로 명명하는 지명이고 죽도는 특정한 시기 특정한 이유 때문에 쓰여졌던 지명이라고 저는 생각을 합니다. 그렇다고 한다면 아마 표기적 방법도 상당히 그런 부분이 있지 않겠느냐, 그래서 선생님은 오랫동안 한일관계사를 연구하시면서 저서를 많이 쓰셨기 때문에 경험이 많이 계실 것인데도 이렇게 표현하셨을 때는 그 나름대로 이유가 있었겠지만 그런 점에 대해서 선생님이 한번 보충 설명해 주시고 정말로 선생님의 말씀, 쉽게 이야기하면 그 다섯 개의 사료에서 나타나는 일본 표류민이 한국을 바라보고 전한 이야기에 대한 선생님의 평가, 제 개인적으로 생각하는 것은 너무 관대했다. 과연 다 이랬을까? 굉장히 의심스럽습니다. 아까 하우봉 선생님의 글에서도 우리나라 사람들이 일본에 표류해 가면 굉장히 이렇게 이렇게 했다. 참 좋게 우호적인 표현을 참 많이 쓰셨는데 그것은 좋은 부분만 쓰신 것이고 그렇지 않은 부분도 서로 있다고 생각합니다. 그래서 이케우찌 선생님의 그 점에 대한 오늘 토론의 대미를 장식하는 의미에서 몇 가지 선생님의 소견을 말씀해 주기를 부탁합니다.

사회자 : 네 수고하셨습니다. 地內敏 선생님 지금 질문에 답하시겠습니까.

地內敏 : 네 대강 알았는데요 실력도 없고, 시간도 없는데 어떻게 할까요. 제가 질문에 대해서 하나 하나 대답하기보다는 선생님의 질문에 대해서 어떤 생각을 가지고 있느냐 하는 것을 말하고 싶어요.

사회자 : 네. 그렇게 하세요.

地內敏 : 근데 이번보고는 솔직히 말하면 조금 무리가 있었어요. 왜냐하면 다섯 가지 사례를 소개하고서 다섯 가지 사례를 최소화 시켜서 그것을 그때 일본사람들이 조선 문화에 대해서 어떤 인식을 갖고 있느냐 그것을 생각하고 싶었는데, 아직까지는 다섯 가지 사료에 대해 하나하나에 대해서는 검토를 해야 한다고 생각하고 있습니다. 앞으로 하나 하나에 대해서 좀더 공부를 하겠습니다. 물론 죽이든 흰죽이든 식량에 대한 질문이 있었는데요. 죽이든 흰죽이든 쌀이든 어떤 것도 괜찮은데

일본에도 있고 조선에도 있고 공통성에 대한 당시 일본 사람들의 추측이 있다. 그런 점에서 저는 관심이 있습니다. 에도시대 17세기 내지 19세기 사이에 일본사람들이 한국사람들을 보고 거기에 공통성이 있다 그것을 느끼고 안심감을 느꼈다 그것이 중요하지 않을까 그렇게 생각합니다. 다시 말하면 일본은 고대부터 현재까지 — 神功皇后의 三韓征伐 — 이라는 말이 있습니다. 한국에 대한 고정적인 멸시감이나 편견보다는 현실이 중요하지 않을까 그런 생각하고 있습니다. 편견이 고대의 이야기를 만든 것이 아니고 현실에 있는 문화 정도에서 생긴 것이 아닐까, 그래서 그 당시의 일본사람이 한국사람을 어떻게 보았을까 그 점을 지금 연구하고 있습니다. 오늘 발표의 앞부분하고 뒷부분이 조금 관련성이 없지 않으냐 하는 그런 지적도 있습니다만 사실 그런 느낌도 있어요. 왜냐하면 옛날에는 저는 교류에 대해서 관심이 많았고 지금도 물론 관심 있지만 지금은 竹島에 대해서 죄송합니다. 울릉도에 대한 관심이 많아서 그렇습니다. 그래서 이런 부분도 조금 문제가 있다고 생각합니다.

사회자 : 감사합니다. 대충 우리말 알아듣고 대부분 답변을 하신 것 같습니다. 설명이 부족한 부분은 조금 뒤 리셉션 장소에서 다시 계속하기 바랍니다. 이상으로 발표자와 토론자 한바퀴 돌면서 질의 응답을 했습니다만 주체자의 손승철 선생님께서 저한테 늦어도 5시30분이면 끝마쳐 달라고 했는데 지금 5시30분인데 어떻게 할까요? 여기 괜찮습니까? 더해도 됩니까?

손승철 : 괜찮습니다.

· **사회자** : 여러분은 한 말씀하셨으니까 괜찮은데 아침부터 딱딱한 의자에 앉아서 기다리신 분들이 있어서 도저히 여기서 끝낼 수 없을 것 같으니까 청중 여러분께서 서 너 사람 질문을 해주시기 바랍니다. 다만 간단하게 명료하게 하세요. 서론과 본론을 길게 하시면 곤란합니다. 예 지금 녹음이 되고 있습니까?

손승철 : 네. 녹음이 되고 있습니다.

사회자 : 그럼 마이크를 갖다 드리고 질문자께서는 소속과 함께 큰소리로 말씀해 주세요.

이광래 : 강원대학교의 철학과 이광래입니다. 오늘 장시간 동안 표류민에 대해서 너무 완전정복을 한 기분이라 대단히 감사합니다. 두 가지만 이케우찌 선생님께 철학의 입장에서 질문을 하겠습니다. 이케우찌 선생님의 보고서 제목이 저 같은 철학 — 근세 일본민중의 조선 인식이란 제목인데, 제목만 보면 인식의 주체는 일본민중입니다. 그리고 인식의 대상은 일본의 민중이 아니라 인식주체가 일본의 표류민입니다. 또 인식의 대상은 조선이 아니라 표류민이 표착한 지역에 조선인의 생활상이거나 풍속이고 또 그 지역에 제한된 것입니다. 이렇게 일본 표류민이 표착한 특정 지역에 소수지식인의 생활상 아니면 풍속에 지나지 않는 것을 왜 일본민중의 조선인식이라고 하는 아주 어마어마한 제목을 붙이셨는지 대단히 의문이 갑니다. 그리고 더 더욱이나 인식이라는 단어가 대단히 걸립니다. 제 생각에는 이것은 인식이 아니라 표류민의 표착지에 대한 인상이나 체험에 불과한 내용들인데 이것이 인식이라는 단어를 쓰신 특별한 이유가 있는지, 보통 경험적 인식의 프로세서에서 보면 이 다섯 가지의 내용들은 전부다 임프레션입니다. 이것을 인식이란 단어를 쓰기 어렵다는 제 생각은 이 다섯 가지의 소재는 적어도 인식이라고 할 수 없는 단별현상의 리프레션이 없습니다. 이것은 적어도 단별 현상의 리프레션의 과정을 거쳐야만 인식이라는 단어를 쓸 수 있는데 다섯 가지 사례가 표류기조차도 아닙니다. 이것은 체험의 내용이지 인식의 내용이 아니라고 저는 생각합니다. 그럼에도 불구하고 굳이 인식이라는 단어를 쓰신 특별한 이유가 있으신 지 하나 궁금하고요.

또 하나 질문은 103p 선생님의 결론 부분에 해당하는 문장입니다. 윗 단락의 마지막 줄에 해당하는 '민중 수준에서 쌓아 올렸던 역사인식과 국가수준에서 쌓아 올렸던 역사인식과 동일시 할 수 없다는 것에 유의하자' 대단히 중요한 결론이라고 생각합니다. 여기에서 마지막에 역사인식과 동일시 할 수 없다 라고 단정하셨는데 누가 동일시 할 수 없다는 것인지 동일시 할 수 없다는 주체가 누군지 의심스럽고 그 다음에 그렇게 동일시 할 수 없다는 것에 유의하자고 하셨는데 이유가 뭔지 왜 유의하자고 하는 이런 요구를 구태여 했는지 이것이 상당히 암시적인 표현이라서 좀더 명확하게 의미를 밝혀 주셨으면 좋겠습니다. 이 다섯 가지 사례와 지금 이 결론적인 주장과는 상당한 논리적 비약이 있다고 저도 역시 아까 지적하신 마지막 강동엽 선생님의 의견과 동의하는 바입니다.

사회자 : 네 아주 중요한 지적을 해 주셨는데 이케우찌 선생님 질문 내용을 이해 하셨습니까?

地内敏 : 네. 다 맞습니다. 첫 번째 질문에서는 역시 이번 발표의 제목이라는 큰 제목이였습니다만 사실은 저희 마지막 연구 목표입니다. 이번에는 조선반도에 포착된 일본사람의 인상에 대해 소홀히 했었습니다만 저는 작년에 근세 일본과 조선 표류민이라는 책을 출간하였어요. 그 가운데서는 일본열도에 포착된 조선사람들이 일본에 대해서 어떤 느낌을 가지고 있는가 그러한 내용으로 썼습니다. 그래서 이번에는 조금 노력을 해서 한반도에 포착된 일본사람에 관한 사료들을 소개해 보았습니다. 저는 먼저 인식에서부터 시작하기보다는 구체적인 사료 하나 하나로부터 시작하고 싶었습니다. 연구자는 두 가지 타입이 있고 먼저 큰 틀로 시작하는 연구자와 또 하나는 밑으로부터 시작해서 위로 올라가는 타입의 연구자가 있어요. 저는 후자예요. 그러니까 하나하나 인상이나 체험을 모아서 그것을 마지막에는 그 당시의 일본 사람이 한국에 대해서 어떤 인식을 가지고 있느냐 하는 것을 분명히 하고 싶습니다. 특히 오랫동안 일본에서는 일본사람의 한국에 대한 인식이란 제목 아래 사상가에 대한 연구만 있었습니다. 그래서 민중들은 어떤 감상이나 인상이나 체험을 가지고 있었을까 그런 것을 통해서 연구하고 싶어서 그랬습니다. 하지만 역시 인식이란 제목은 큰 제목이었습니다. 그리고 두 번째 질문에서 주체는 국가적인 인식과 민중적인 인식을 혼동하면 안 된다는 그런 저의 주장의 주체가 누구냐 라는 것인데 이것은 연구자입니다. 연구자들이 국가하고 지역을 구별하고 문제를 재구축 해야 한다고 그러한 생각을 하고 있습니다. 오늘도 다른 연구자들의 발표를 들어서 저도 느꼈는데 한국에서는 사람의 의식과 국가의식을 혼용하기 쉽다는 것을 느꼈어요. 하지만 저는 민중은 국가와는 거리가 있어야 한다는 그런 생각을 하고 있는데 그래서 일부러 이렇게 해보았습니다. 죄송합니다.

사회자 : 이케우찌 선생님께서 멀리서 왔으니까 한국어가 부자연스러워 할 예기

다 못했다 하면 곤란하니까 일본어로 하고 싶은 것이 있으면 일본말로 해 주세요. 통역을 할 테니까요. 그 대신에 시간은 많지 않으니까 간단하게…….

地內敏 : 일본어설명…….

사회자 : 대개 아까 한 이야기의 되풀이였습니다. 결국은 국가의 인식과 민중의 인식과 구별한다고 하는 것은 상당히 타당한 측면이 있는데요. 국가의 인식이라는 것도 결국은 민중의 인식이 쌓이고 쌓여서 하나의 정형화된 프로세서가 있기 때문에 반드시 구별해야 되지 않아도 되는 측면이 있다 라고 하는 점에 유념할 필요가 있다. 특히 한국과 일본과 같은 경우에는 국가에 인식이라고 하는 것들이 가공해서 나오는 것이 아니라 역사 과정을 통해서 민중들의 인식이 쌓이고 쌓여서 형성되는 측면도 있다고 하는 점도 유념할 필요가 있지 않나? 하는 것이 제 생각입니다. 대답하지 않으셔도 좋습니다.

다른 질문 있으신 분 없으십니까? 네 나종우 선생님.

나종우 : 이것은 질문이 아니라 아까 오 성 선생님 말씀하신 것에 대해서 — 절대 그렇지 않습니다. 그것은 이미 역사스페셜 시간에서도 나왔지마는 고려시대도 마찬가지고 조선시대도 마찬가지고 배의 구조라던가 건조문제라던가 항해술문제라던가 — 일본 사료에도 이렇게 나왔다 라는 그런 사료를 그대로 인용하는 것은 상당히 위험한 논리라고 생각합니다. 제가 보았을 때는 보다 구체적으로 일본 사료를 들고 한국적 사료는 이런 사료인데 이렇게 이렇게 된다. 이것보다는 바로 조류의 문제를 해야 한다. 예를 들자면 연안이라든가 이쪽 한국 측에서 라면 봉지는 일본에 그대로 흘러들어 가고 있습니다. 그 반대로 일본 해안에서 흘러나오는 것이 한국으로 오는 경우는 거의 없습니다. 이런 것들을 놓고 우리가 판단을 해야 그것을 합리적으로 보는 것은, 또 — 양국 측에 나와 있는 것을 — 인용을 해야된다고 봅니다.

사회자 : 네 고맙습니다. 한 20분 지났는데 손승철 선생님 어떻습니까? (네) 오성 선생님 간단하게 대답을 하시죠.

오 성 : 지금 나종우 선생님께서 말씀하셨는데 제가 아까 분명히 정성일 선생님께 질문을 드릴 때 조선 측의 선박의 기능이라던가 항해술이 일본보다 뒤떨어져서 표착인이 많았을 것으로는 생각하지 않는다 라고 제가 분명히 말씀드렸어요.

사회자 : 저도 변명을 해야겠어요. 일본 표류민 지역에서 보면 분명히 조선 배와 일본 배의 차이에 대해서 언급이 있습니다. 아까 하우봉 선생님께서 표류기 분석하시면서 몇 차례 말씀을 하셨습니다. 『표민대화』에도 나와 있는 걸로 알고 있습니다. 이런 것들을 가지고 이런 연구자들 중에 그것이 造船技術의 우리배와 차이를 보여준 것이다 라는 증거로 활용하는 연구가 있다고 했습니다. 이건 제가했다는 것이 아닙니다. 여기에 대해서 저는 앞으로 검토를 해봐야겠다. ─ 왜구들이 항복을 했을 경우에 소위 일본 피로인이 되는데 그 경우는 조선에 귀화하는 경우가 있고 또 조선에 귀화를 안하는 경우에는 지방에 안치시켜 가지고 살게 하는 경우가 있고 여러 가지 경우가 있습니다.

사회자 : 다른 질문 있습니까? 여기 토론자, 발표자께서 이것만큼은 꼭 한마디해야겠다고 하는 그런 것이 있다면은? 없습니까? 정성일 선생님 하셨잖아요? 그것은 이야기가 복잡해지고 미묘해져서 지금부터 다시 토론을 해야 할 정도의 문제이니까 일단은 여기서 끊도록 하고 나중에 이야기합시다. 그럼 제가 정리를 하면서 오늘의 토론을 마치도록 하겠습니다.

오늘의 발표 주제가 「조선시대 표류민을 통해 본 한일 관계」라고 하는 것입니다. 이것은 아마 한국에서 조선시대 한일관계에 가장 활발한 업적을 내고 있는 젊은 연구자들이 공동연구를 하고 있는 주제인 것으로 제가 알고 있습니다. 그렇기 때문에 언젠가는 이것이 단행본으로 출간이 되지 않을까? 그런 점에서 중간 점검 할 수 있는 기회가 되었으리라 생각합니다. 특히 일본에서 이러한 문제를 연구하시는 두 사람의 전문가를 불러다가 의견을 들었다고 하는 점 그런 것들이 대단한 수확이 아닌가 생각합니다. 앞으로 유념해야 하는 것이라고 할까 제 나름대로는 발표와 토론을 보면서 느낀 점은 역시 세 가지 부분으로 연구가 나누어져 진행이 되는데,

　하나가 전근대사의 특히 한국에선 조선시대, 일본에선 에도시대 해당되는 것 같습니다만 동북아시아의 외교 시스템 그 속에서 현실적으로 발생하는 표류민·표착민 이러한 것들을 어떻게 처리했느냐 하는 처리의 방법 시스템 이러한 것을 연구하는 쪽, 거기에는 상당히 여러 가지 개념이 들어갈 수밖에 없습니다. 오늘 손승철 선생님과 아라노 선생님이 발표한 쪽이 거기에 해당합니다만, 그런데 그러한 개념화된 시스템이 실질적으로 그러한 일들이 발생했을 때 구체적인 적용 사례들에 보면은 상당히 사료들이 풍부히 제시된 가운데 두 분이 만들어 놓은 개념이 흔들리는 부분이 있지 않은가 저는 그렇게 생각을 해보았습니다. 한 예를 들면 아라노 선생님 발표의 표류민을 대접하는데 통신을 하고 있는 조선과 통상을 하고 있는 중국이나 네델란드를 대하는 입장이 달랐다 그러면서 조선 같은 경우에는 일본측 비용으로 전부다 송환을 책임져 주었다고 하는데 이 훈 선생님의 발표를 보면은 오히려 송환에 대한 비용은 조선 측이 더 후사를 하는 것으로 해 가지고 일본측에서는 막대한 돈 즉 경제적 이익을 얻기 위해서 환대하는 측면들이 부각이 되는 그런 점에서 하나의 시스템과 현상 이런 쪽에서는 해체가 되는 측면에서 이런 것들도 아울러 조정을 해 볼 필요가 있다.

　또 하나가 제시되었던 그 다음 문제들이 상호 인식의 문제인데 역시 인식에 대한 문제는 아까 플로워에서 질문하신 분 적절하다고 생각하는데요. 이 인식이라고 하는 것은 대단히 정제된 하나의 관념이라고 할까 이런 것인데 표류민들이 봤던 것들은 인식이라기보다는 인상 내지는 간단한 체험 이런 것이라고 볼 수 있는데요. 그런 것들하고 인식의 문제하고 어떻게 결부시켜 논할 것인가 하고 이것을 유행하는 말로 정보라는 말을 쓰는데 이것이 섹시한 말이 되어서 보통 사람들에게 흥미를 많이 이끄는 그런 것이지만 실질적으로 우리가 여기서 말하는 정보라는 것은 상당히 엄밀성, 과학성을 따져야 하고 그런 것들이 있기 때문에 그 외의 문제 이런 것도 공동 과정에서 논의하면서 정해 가야 하지 않을까 그런 생각이 납니다. 하여튼 간에 표류의 문제와 같은 개별, 구체적인 문제를 가지고 한일관계를 본다. 아마 이런 연구는 최근에는 없었던 앞으로는 아마 많이 이런 쪽으로 가겠습니다만, 그런 의미에서는 이케우찌 선생님이 말하는 식으로 개별적이고 구체적인 사실들을 하나씩 하나씩 연구해 가면서 큰 것으로 올라가는 역사의 틀을 잡아가는 한 예라고 생각이 되고 우리 연구자들한테도 그러한 것들은 앞으로 각방면에 있어서 계승하고 발전시켜 가야 되지 않을까? 하는 생각을 합니다. 이런 것들이 아마 오늘 여기에 나와 있는 젊은 학생들한테 자극을 주어서 조그마한 주제를 가지고 깊게 연구를 해서 그것을 쌓아 올려 가는 그러한 학습 방법이라고 할까요. 이런 것들을 익혀 갔으면 하는 생각을 합니다. 할 얘기는 많이 있습니다만 시간은 자꾸 가니까 이 정도로 해서 정리를 마치겠습니다. 오늘 아침부터 저녁 늦게까지 이 자리를 빛내 주신 청중 여러분께 특히 감사를 드립니다. 고맙습니다.

한·일간 표류민 연표

1. 조선인의 일본표착과 송환

1) 조선전기 조선인의 일본 표착과 송환

	송환 연도	표류민 및 출신지	표착지	송 환 자	인솔자 및 사자	기타
1	1408(태종)	통신부사 李藝		大內殿(盛見)		
2	1424(세종 6)	민 12명		肥州田平寓鎭海州太守 源省後室融仙	熟使 (金)源珍	
3	1425(세종 7)	張乙夫 등, 평해인 10명		石見州長浜因幡守		
4	1444(세종 26)	金目		肥前州太守源義	牛丹都老	
5	1448(세종 30)	莫金, 제주인	五島	五島宇久守源勝	사역원판관 皮尙宜	
6	1451(문종 1)	万年·丁蘇 제주인				
7	1453(단종 1)	조선국 인민	琉球	琉球國中山王尙金福	使 道安	
8	1453(단종 1)	李金金 등 7명 제주인		關西路薩隅日三州太守 源(島津)貴久	人	
9	1455(단종 3)	朴元生		對馬島主 宗成職	對馬島敬差官僉知中 樞院事元孝然	
10	1455(세조 1)	我漂流人		司直 源茂崎		
11	1456(세조 2)	본국 표류인구		對馬島主 宗成職·宗貞國		
12	1457(세조 3)	표류인	五島	五島 宇久守源勝		
13	1460(세조 6)	통신사 宋處儉의 선군 韓乙		對馬太守宗成職守護代官 宗右馬助盛道	皮古汝文	
14	1460(세조 6)	표류인		對馬州上津郡追浦平朝臣 宗伯耆守守茂次	宗伯耆守守茂次	
15	1460(세조 6)	표류인		豊後州日田郡太守源朝臣國光		
16	1463(세조 9)	표류인, 제주		왜인 三末而老等	왜인 三末而老等	
17	1464(세조 10)	표류인 4, 김해		宗伯耆守守茂次		
18	1467(세조 13)	金石伊·僧性淡		京極京兆尹江岐雲三州刺史住 京極佐佐木氏兼大膳大夫源生道	人	
19	1467(세조 13)	표류인		筑前州려崎津寄住臣 藤原孫右衛門尉安直	使	

	송환 연도	표류민 및 출신지	표착지	송 환 자	인솔자 및 사자	기타
20	1467(세조 13)	표류인		筑前州려崎津寄住臣 藤原兵衛次郎直吉		
21	1467(세조 13)	표류인		冷泉津布永臣平与三郎重家		
22	1467(세조 13)	표류인		肥後州大將軍大橋源朝臣政重		
23	1468(세조 14)	표류인		(周防州)富田津代官源朝臣盛祥	使	
24	1471(성종 2)	표류인		長門州赤間關鎭守高石藤原忠秀	使	
25	1474(성종 5)	귀국 僧 등 39명		對馬州太守宗貞國 長門州三島尉田原貞成	僧 其小只 使 要溫而老	
		僧徒 20명		肥前州下松浦 五島宇久守源勝	人	
		僧徒 5명		五島鳴州源繁	人	
26	1475(성종 5)	표류인 3명		倭中樞信重	使 新衛門	
27	1486(성종 17)	제주 상선 僧 斯湜 등, 9명		一岐州居住本城源一 大智賀島守護兼尾州太守源幡		
28	1487(성종 18)	金自貞, 10여명		(대마도주)	(平茂續)	
29	1501(연산군7)	內贍寺노비 張廻伊, 제주		平順治	使 送而羅多羅	
30	1514(영정 11)	東萊 3명 梁山 2명 大丘3명 (唐人 8)			使 四郎右衛門尉 (經實)	
31	1514(중종 9)	표류자			서文愁戒	
32	1515(영정 12)	唐人			いなのえびね治部尉	
33	1515(중종 10)	표류인		對馬島主宗盛順		
34	1515(중종 10)	표류인		豊崎守盛俊		
35	1525(중종 20)	조선인 9명	五島	일본국 사자	대마도	僞使
36	1525(중종 20)	조선인	平戶			
37	1534(중종 29)	표류 조선인		왜인 平成允		
38	1536(중종 31)	어부 김공 등 14명, 제주	一岐			도망
39	1536(중종 31)	11명, 제주인		日本古東島太守親忠	사자	
40	1540(중종 35)	襄万代 등 보성인	一岐		(대마도)	
41	1540(중종 35)	강연공 등, 4명 제주인	五島	五島	五島	
42	1557(명종 12)	조선여성 福蔵		대마도주 宗盛長		
43	1587(선조 20)	4명, 제주도민	대마도	대마도주		
44	1587(선조 20)	제주도민		대마도주		
45	1591(선조 24)	9명, 울산인	대마도			

* 위의 표는 關周一씨의 「15世紀における朝鮮漂流民送還體制の形成」(『歷史學硏究』 617,1991)의 <표 1 : 日本 からの朝鮮人漂流民の送還>을 바탕으로 1515년 이후의 사례를 보충하여 가공한 것임.

2) 조선후기 조선인의 일본표착과 송환

번호	출선일	표착일	표착인원	출신지(출항지)	신분(직업)	목적지	조난지	표착지	출전	기타
0001		1627.2	20	흥양발포	어민			대마		
0002		1628.3	28인	延日, 長鬐				筑前		
0003		1629.4	7	경주				加羅沙只		
0004		1631.4	4					대마		
0005		1634.10	4	영일				石見		
0006		1641.9.5	5(남녀), 1소	고성				대마		
0007		1641.1	불명	동래				대마		
0008		1643.1.25	24, 4소	울산	어민			대마		
0009		1643.1.26	20, 3소	경주	어민			대마		
0010		1643.10.19	6	장기	어민			石見		
0011		1644.12.10	12, 1소(어선)	장기	어민			長州		
0012		1644.12.11	8, 1소(어선)	장기	어민			長州		
0013		1644.12.15	8, 1소(어선)	상기	어민			長州		
0014		1645.9.9	11(남녀), 1艘	순천해창	어민			대마 (豆酸浦)		
0015		1647.11.16	12, 1소(어선)	통영	어민			長門		
0016		1648.윤1.15	6, 1소	장흥	렵선			대마		
0017		1648.12.4	19, 3소	울산	어민	11.27 출어표류		筑前		
0018		1650.3.28	8, 1소	장기				長門		
0019		1651.10.10	11, 1소	제주	거민			비전 오도		진상감자지 참10.6표류
0020		1651.11이전	5(익사 1), 1소	남해				대마		
0021		1651.11.6	10, 1소	통영		魚상매차장기 11.2 귀로 울산표류	울산	筑前		상매차 경상도
0022		1651.12.1	9, 1소	진주		공물납부 11.27표류	다대포	筑前		
0023		1652. 봄	14, 1소	해미	어선			五島		
0024		1652.11.19 (18)	6, 1소	울산				대마		
0025		1652.12.3	9, 1소 (어선)	장기				대마		
0026		1656.3.9	9, 1소	나주	상선			대마 (豆酸浦)		3.5 표류
0027		1656.8.27	11, 1소	보성	상선	*제주		비전 오도		진상鰒구입차 6월 제주에 8월귀로표류
0028		1657.10.9	13, 2소	부산	어민			대마		
0029		1657.10.9	14, 2소	수영	어민			대마		
0030		1657.10.9	7, 1소	영일	어민			대마		
0031		1658.3.10	12, 1소 13(여1), 1소	보성	어민(?)	흥양 麻島 (2.28)		대마 (內院浦)		3.8 귀로표류

번호	출선일	표착일	표착인원	출신지(출항지)	신분(직업)	목적지	조난지	표착지	출전	기타
0032		1659.9. 晦日	12(남8,여4), 1소 18(남12,녀4, 젓2) /1소	강진	漁父漁婦 (가족?)			대마 (府內浦)		9.23 출어시표류
0033		1659.9.16	7, 1소(어선)	장기	어민			長州		
0034		1659.10.상순	8	동래수영	어민			石見		
0035		1659.10.상순	75, 4소	전라 강진 경상 청하	어선			長門 一岐 肥前		9.26 어선 5소 97인 표류
0036		1660.11.17 (19)	15, 2소	울산	어민	11.18 출어표류		대마		
0037		1661.8.13	18(남녀), 1 소	무안	어민			琉球		7.27 유규표류 1662.5.29 대마회착
0038		1661.윤8.27	2, 1소(어선)	울산	어민			대마		
0039		1662.8.28	3, 1소	동래 울산	어민			대마		
0040		1662.10.5	32(남녀), 1 소	해남	상선		제주도 외양	琉球		교역 1663.5.27 대마회착
0041		1662.12.27	5, 1소	울산	어민			壹岐		
0042		1663.11.3	19, 1소	흥양	상선	경상도 영해		隱岐		1664.4.6 대마회착
0043		1664.1.3	46, 1소	영암 秋子島관인 河源島관인				五島 (蛯峨嶋)		
0044		1664.11.10	16, 1소	결성	상선			대마도 鳥浦		
0045		1666.12.6	6(사망 5), 1 소 (어선)	울산	어민			長州		
0046		1668.10.4	14	진주	백성	京에 미곡납부 귀로표류		肥前		경기도
0047		1668.10.5	10, 1소	부산	어민			長門		
0048		1668.10.22	17, 1소	영암	상선 어선			長門 阿武郡 江嶋		
0049		1668.10.22	10, 1소	울산	어민			長門		
0050		1669.3.9(2.18)	14(여2), 1소	해남	(어선)	영암군 注之島		七嶋		2월 영암 출어중표류
0051		1669.3.15	21(여6), 1소	해남	(어선)			琉球 永良部島		2.26 출어중표류
0052		1670.10.4	8, 1소	김해	어민	魚구입차 울산 착 귀로표류		대마		상매차 경상도
0053		1673.9.21	15(남녀), 1 소(상선)	양산 8 김해 7	(상인)	거제행 9.19 귀로표류		대마		상매
0054		1674.3.7	5, 1소	부산		3.3 표류		대마		

번호	출선일	표착일	표착인원	출신지(출항지)	신분(직업)	목적지	조난지	표착지	출전	기타
0055		1675.3.4	4(사망1), 1소 (어선)	울산	어민	3.1 출어표류		長門		
0056		1676.3.12	13, 1소(어선)	거제도	어민	3.12 출어표류		대마		
0057		1676.10.6	5, 1소	김해	농민	10.1 부산포 출선표류		石見		
0058		1676.11.晦日(25)	4(익사2,병사1), 2소	장기	어민	11.25 출어표류		出雲		
0059		1677.1.4	2, 1소	웅천	촌민	12.29 표류		대마		
0060		1677.윤12.8	18, 1소	강진	상인	12, 기장 두모포 교역, 1, 울산	경상도 울산	筑前 大島		경상도에서 교역시 표류
0061		1677.윤12.8	19(익사 1), 1소(어선)	거제도	어민			대마		
0062		1678.1.8	18, 1소	영암	어선(실제 상선?)	12.18 경상도 長鬐縣 君寧縣	(경상도 장기 근처)	長門 矢玉浦		1.2귀로시 1.5 표류
0063		1678.10.29	5, 1소	울산		9.29 출선 10.26 기장 10.27 귀로표류		대마		
0064	1678.10	1679.1.24	26(전원익사)	제주				薩摩 甑島		진상용 감자상자 적재
0065		1679.10.24	8, 1소	창원	거민	10.19 출선표류		대마		
0066		1679.10.27	10, 1소	장기	어민	10.25 표류		長門		
0067		1679.12.24	41, 1소	강진(제주)				대마 豆酸浦		京師에 토산물 바친 후귀로시, 11.18표류
0068		1680.1.26	17, 1소	순천	어민	11.26 순천 통영, 거제 80.1.23 기장	경상도 기장	長門 向津浦		1.23 기장출어시 표류
0069		1680.1.14	4, 1소	부산		1.11 경주미곡 부산이송차(경주향) 출선 표류		長門		공무
0070		1680.1.23	18, 1소	동래수영	어민	1.13 울산출어 1.22 귀로표류		대마		
0071		1683.12.13	10, 1소	영해	생민	12.10 출어표류		長門		
0072		1684.3.29	3, 1소	창원	거민	2.13 선박구입차 강원도착 2.23 귀로표류		長門		선박구입차 강원도
0073		1684.11.26	4, 1소	거제도	상인			肥前		
0074		1685.12.6	34, 2소	울산	어민	12.6 표류		壹岐		
0075		1685.12.7	19, 2소	울산어민 8 영해 11	어민			대마		
0076		1685.12.7	25(9/7/9), 3소	울산				대마		
0077		1685.12.7	18(8/10), 2소(어선)	울산 8 장기 10				대마		
0078		1685.12.8	123(동사 1), 16소(2소파괴)	울산 경주	어민	12.6 출어표류		筑前		
0079		1685.12.8	8, 1소	울산	어민	12.6 출어표류		대마		

번호	출선일	표착일	표착인원	출신지(출항지)	신분(직업)	목적지	조난지	표착지	출전	기타
0080		1685.12.8	132(익사 10, 동사 1, 행불5 사체 1), 15소	경상도 강원도	상인 어민	12,6 표류		筑前 長門 石見		
0081		1685.12.18	7(동사 2, 병사 1), 1소	고성	상인	11.2 전라도홍양 11.18 전라도 순천 11.26 표류		肥前		장사차 전라도
0082		1686.10.晦日	5, 1소	웅천	어민	9.19 경주출어 10.24 귀로표류		石見		
0083	1688.1.1	1688.11.4	20(남10,여10), 1소	강진	어민	10.16 영암군 추자도출어	(추자 도 근 처)	五島 岐宿村 西津浦		11.1귀로 에 출어 중표류
0084		1688.12.24	1(시체)	낙안				長門 阿武郡 須佐浦		
0085	1689.8.4	1689.8.20	13, 1소	진도	(교역?)	7.11 교역차 추자도	(추자 도 근 처)	薩摩 甑島		8.4 귀로시표류
0086		1690.11.28	9, 1소	성주	거민	11.27 출어표류		대마		
0087		1690.12.12	9, 1소	울산	거민	12.11 출어표류		대마		
0088		1691.1.8	3, 1소	延日	생민	1.3 선박구입차 육로로 청하 1.5 출선표류		대마		
0089		1691.1.13	5, 1소	울산		1.13 출어표류		대마		
0090		1691.1.14	7, 1소	울산	거민	1.12 출어표류		대마		
0091		1691.11.26	5(병사 1), 1소	삼척	어민			石見 唐鐘浦		
0092		1692.2.1	6, 1소	동래 1 거제 5	거민	1.28 장사차 지세포 1.晦日 귀로표류		대마		장사차 경상도
0093		1692.11.9	8, 1소	경주	어민	11.6 출어표류		筑前		
0094		1693.2.9	9, 1소	경주	어민	2.7 표류		長門		
0095		1693.9.22	5, 1소	영해	거민	2.7 출어표류		대마		
0096		1693.10.28	8, 1소	부산 6 동래 1 원주 1		10.24 魚상매차 영해 10.24 표류	장기	長門		장사차 경상도
0097		1693.11.14	6, 1소	고성	거민	11.13 출선 (거제향) 표류		대마		
0098		1694.2.20	12, 1소	장기		2.18 출어표류		長門		
0099		1694.7.24	11, 1소	동래	里民	7.22 출어표류		대마		
0100	1694.1.13	1694.11.13	11, 1소	홍양	어민	3.23 교역차 출선 윤5.20 강원도간성 10.22 귀로	경상도 초량 외양	대마 西泊浦		11.13 귀로시표류
0101		1694.12.3	9, 1소	영해	거민	12.1 출어표류		長門		
0102		1695.1.20	55(병사 1), 6소(어선)	장기 17 경주 38	생민	1.18 출어표류		長門		
0103		1695.1.20	9, 1소	장기	어민	1.18 출어표류		石見		
0104		1695.1.21	10, 1소	경주	거민	1.18 출어표류		筑前		
0105		1695.1.22	17, 2소	경주 8 장기 9	거민	1.18 출어표류		대마		
0106		1695.1.22	12, 1소	장기	어민		.	대마		

번호	출선일	표착일	표착인원	출신지(출항지)	신분(직업)	목적지	조난지	표착지	출전	기타
0107	1695.1.18	1695.1.23	7(동사 1), 1소	울진	출어			出雲 神門郡		
0108		1695.10.11	7, 1소	부산포	생민	10.6 출어 10.8 표류	장기	대마		
0109		1695.10.17	7, 1소	부산포		10.8 출선 炭薪운반차 10.13 다대포 표류	다대포	대마		공무
0110		1695.12.9	5, 1소	동래 4 양산 1		12.1 동래출선 公米의 경주납부차 12.3 표류		長門		공무
0111		1696.1.3	23, 1소	흥양	상인	95.9.19 김해-울산	(경상도 울산 근처)	筑前 沖島		96.1.2 울산에서 귀로시표류
0112		1696.3.3	3, 1소	기장 지세포	거민	3.1 부산출선, 표류		長門		
0113		1696.5.12	8, 1소	동래 2 부산 2 울산 4		4.13 출선 하이도매물적재 5.28 표류	강원도 울진	?		전라도 매물
0114		1696.11.2	3, 1소	순천군 海倉	거민	10.18 경상도 기장	(경상도 기장근처)	대마 伊那郷 支多留浦		11.1 기장출선 귀로시 11.2 표류
0115		1696.11.2	60(남녀), 2소 a 남15,여23 1소 b 남13,여9 1소	장흥군 止川	(어민)			a 五島田浦 b 五島玉浦		각각,10.5/10.8 출어중표류
0116		1696.11.23	3(익사 2), 1소	흥해	어민	11.12 선박구입차 영해 11.15 표류		出雲		구매차 경상도
0117		1696.12.28	11, 1소	흥양	어민			筑前 玄界島		11.13 출어중 표류
0118		1696.12.30	8, 1소	울산	어민	12.28 출어표류		대마		
0119		1696.12.30	8, 1소	울산	어민	12.28 출어표류		壹岐		
0120		1696.12.30	6, 1소	울산	어민			筑前		
0121		1697.7.26	2(익사 1),1소	웅천	어민	7.24 가덕포 7.25 귀로표류		대마		
0122		1697.12.21	8(익사 3),1소	영해	어민	12.16 출어표류		長門		
0123		1698.12.7	54(병사2),1소	나주(제주)	거민	11.23 출선 11.29 추자도 표류	(추자도 근처)	薩摩 屋久島		추자도로 항하던중 표류
0124		1699.1.29(2.19)	9, 1소	장흥	상인	1.23 출선 2.17 장기	(경상도 장기 해역)	出雲 宇龍		장기에 해상차가 다가 표류
0125		1699.2.19	15, 1소	장흥	상인	1.28 출선 2.16 장기	(경상도 장기 해역)	長門 見嶋郡 宇津		粟米싣고 상매차장기로가다가 표류

번호	출선일	표착일	표착인원	출신지(출항지)	신분(직업)	목적지	조난지	표착지	출전	기타
0126		1699.5.3	4(남3,여1), 1소	강진(제주)	거민	2.15 古今島 海菜채취		五島		고금도 에서 강진 귀로 시 표류
0127		1699.6.10	16, 1소	가덕 (웅천군)	거민	3.12(22) 출선 상매차 6.9 영해출선 (다대포항) 표류		대마		상매차 경상도
0128		1699.10.4	15, 1소	영암	상인	교역차, 경상도 울산 10.3 부산향	경상도 오륙도	대마 佐護鄕		장사
0129		1699.10.14	10,' 1소	영덕	거민	10.10 출어표류		長門		
0130		1699.11.11	44,	光州 제주 42 京中 1 장흥 1		10.29 구황용 粟米구 입차 경상도 향애 출선	(羅羅島, 근처)	薩摩 취방		구황용 식품 구입
0131		1699.12.24	5, 1소	흥해	상인	12.12 상매차 영해 12.19 귀로표류		出雲		상매차 경상도
0132		1700.11.晦日	10, 1소	통영(고성군)		7.6 상매차 울산 11.24 출선표류	기장	筑前		상매차 경상도
0133		1701.1.晦日	8, 1소	창원	거민	1.13 행상차 장기출선 1.27 표류	장기	長門		행상차 경상도
0134		1701.1.7	18, 1소	장흥	거민	1700.11.25 영덕 (청어구입) 1701.1.5 장기향	경상도 장기 앞 바다	長門		구매차 장기 향발
0135		1701.1.9	9, 1소	장흥	거민	1700.12.6 흥해 (청어구입) 1701.1.5 귀로	경상도 장기 앞 바다	長門 瀨戶崎		구매차 흥해 향발
0136		1701.3.16	4, 1소	울산	어민	10.16 출어표류		대마		
0137		1701.3.16(20)	6, 1소	장기	어민	10.16 출어표류		대마		
0138		1701.10.11	11, 1소	경주	어민	10.9 출어표류		筑前		
0139		1701.10.11	8, 1소	경주	어민	10.8(9) 출어표류		長門		
0140		1701.10.12	8, 1소	경주	어민	10.9(10) 출어표류		筑前		
0141		1702.1.6	42, 1소	무안(제주)	생민	1701.10.상순 상매차 전라좌수영 12.25 귀로		薩摩 屋久島		상매차 전라좌 수영
0142		1702.2.3	6, 1소	영암	거민	1.22 행상차 경상도거제	경상도 가덕도 근처	대마 唐洲浦		행상차 경상도 향발
0143		1702.8.15	16, 1소	강진	생민 (海土)	윤6.6 전라도 三島출어 8.10 귀로 표류	(전라도)	五島 寺島		
0144		1702.8.20	17, 1소	영암	거민	행상차 고금도 추자도 8.18 귀로표류	(전라도)	平戶 生屬島		행상차 전라도
0145		1703.11.9	10, 1소	낙안	거민	4.7 행상차 경상도 영해 11.6 귀로시 표류	경상도 장기근 처	石見 久城浦		행상차 경상도
0146		1704.1.27	39(익사2), 1소	영암군 덕진(제주)	거민	1.4 속미구입차 추자도 1.9 해남 향하던 중 표류	(해남 근처)	薩摩 永良部 島 (류구?)		구매차 전라도

번호	출선일	표착일	표착인원	출신지(출항지)	신분(직업)	목적지	조난지	표착지	출전	기타
0147		1704.12.19	37, 1소	나주(제주)	거민	10.10 미곡구입차, 경상도거제 12.12 귀로시 추자도 근처표류	(추자도 근처)	肥前 平戶		구매차 경상도 전라도 표류
0148		1705.2.2	6, 1소	울산	어민	1.24 장기전양 출어 1.29 귀로표류		대마		
0149		1705.9.21	12, 1소	순천	거민	8.4 출선 상매차 강원도 울진 9.16 경상도 장기 근처	경상도 장기 근처	長門 見島		구매차 강원도
0150		1706.2.5	7, 1소	강진(제주)	생민	1.15 전라도 청산도에 가서 穀粟구입 2.2 귀로표류	(청산도 근처)	五島		구매차 전라도
0151		1706.10.14	6, 1소	부산포	거민	10.9 공무출선(경주항), 표류		長門		공무
0152		1706.10.16	6, 1소	웅천	농민	9.27 구입차 영해 10.10 귀로표류		石見		구매차 경상도
0153		1706.10.16	11, 1소	부안(제주)	농민	10.8 상매차.강진 10.13 귀로표류	(강진 근처)	平戶 (五島)		구매차 전라도
0154		1706.10.18	7, 1소	기장	어민	10.16 출어표류		대마		
0155		1706.11.8	7, 1소	하동 5 남해 1 사천 1		11.7 상매차 영해향표류		대마		상매차 경상도
0156		1706.11.18	11(병사 1), 1소	영해	어민	11.14 출어표류		長門		
0157		1707.11.14	8, 1소	울산	어민	11.13 출어표류		대마		
0158		1707.12.12	18, 1소	영해	농민	12.9 출선 곡물구입차 12.10 표류	경주 감포	長門		구입차 경상도
0159		1707.12.18	21, 1소	해남(제주)	농민	10.13 상매차.완도 12.12 귀로표류	(완도 근처)	肥前 斑島		구매차 전라도
0160		1707.12.22	28(익사3, 병사2), ?	강진(제주)	상인	10.5 곡물상매차, 경상도 통영 12.8 귀로표류	추자도 앞바다	五島 岐宿村		상매차 경상도 전라도 표류
0161		1708.8.12	11, 1소	부산포	거민	7.15 출선 지세포에서 상매 8.11 귀로 표류	가덕	대마		판매차 경상도
0162		1708.8.13	13, 1소	남천	어민	8.11 출어 표류		대마		
0163		1708.10.25	7(익사 5), 1소	창원	상인	7.13 출선 강원도 8.3 강릉착 10.22 귀로 표류		石見		장사차 강원도
0164		1709.2.29	9, 1소	울산	어민	2.27 출어 표류		대마		
0165		1709.2.30	6, 1소	영해	어민	2.26 출어 표류		筑前		
0166		1709.10.28	8, 1소	기장	어민	10.27 출어 표류		대마		
0167		1711.2.10	7(남6,여1), 1소	순천	어민	2.6 출어중 2.8 표류		平戶		
0168		1711.2.10	10, 1소	남해	어민	2.8(6) 출어 2.8 표류	전라도 순천 소리도	대마		
0169		1711.2.11	9, 1소	남해	어민	2.6 출어 2.8 표류	전라도 순천 소리도	대마		

번호	출선일	표착일	표착인원	출신지(출항지)	신분(직업)	목적지	조난지	표착지	출전	기타
0170	1711.11.14	10, 1소	울산	어민	11.12 출선표류		筑前		
0171	1712.1.28	9, 1소	순천	어민	1.25 출어 경상도장기. 홍해출어 귀로표류	장기 앞바다	長門		출어차 경상도
0172	1712.2.6	10, 1소	울산	거민	2.4 출어 표류		長門		
0173	1712.2.7	8, 1소	순천	거민	1711.12.하순,경상도장기 출어	장기 앞바다	石見		출어차 경상도
0174	1712.2.7	7, 1소	울산	거민	2.4 출어 표류		長門		
0175	1712.2.7	23, 2소	경주	거민	2.4 출어 표류		長門		
0176	1712.11.6	11, 1소	울산	거민	11.4 출어 표류		筑前		
0177	1712.12.28	1, 1소	장기	거민			대마		
0178	1712.12.29	8, 1소	경주	거민			대마		
0179	1713.3.14 (15)	8, 1소	울산	거민	3.11 출어표류		長門		
0180	1713.3.14	21, 2소	장기 10 울산 11	거민	3.11 울산출어 표류		長門		
0181	1713.3.14	8, 1소	울산	거민	3.11 출어표류		長門		
0182	1713.3.15	10, 1소	울산	거민	3.11 출어표류		대마		
0183	1713.10.11	2, 1소	울산	거민	10.8 장생포 10.8 귀로표류		長門		
0184	1713.10.21(22)	5, 1소	김해	거민	9.2 강원도 10.12 발선 10.19 표류	장기	長門		
0185	1714.2.15	19(남13, 여4,유아2) 1소	진도	어민	2.2 영암 추자도 출어	영암근처	平戸		
0186	1714.1.22	6, 1소	울산	어민	1.21 출어표류		대마		
0187	1714.11.23	22, 2소	울산 14 경주 8	어민			대마		
0188	1715.1.16	22, 1소	강진(제주)	거민	1.5 구매 보성 1.13 제주도	추자도 앞바다	五島		구매차 전라도
0189	1715.10.13(12)	6, 1소	영해	생민	10.8 강원도 울진 출어 10.10 표류	평해	長門		
0190	1715.10.13	10, 1소	영해	거민	10.9 강원도 출어 10.10 표류		長門		
0191	1715.11.13	11, 1소	경주	거민	11.10 출어표류		長門		
0192	1715.11.14	6, 1소	경주	거민	11.10 출어표류		筑前		
0193	1715.12.18	12, 1소 (파선)	지세포	거민	공납차 牧場 12.17 귀로표류		대마		
0194	1716.1.6	7(남녀), 1소	남해		1.1 출어 1.3 귀로표류		대마		
0195	1716.2.8	9, 1소	경주	거민	2.7 출어표류		대마		
0196	1716.2.9	10, 1소	경주	거민	2.7 출어표류		대마		
0197	1716.2.9	9, 1소	거제	거민	1.27 울산출어 2.7 표류		대마		
0198	1716.2.9	11, 1소	울산	어민	2.7 출어표류		대마		
0199	1716.2.9	10, 1소	울산	어민	2.7 출어표류		대마		
0200	1716.2.10	10, 1소	울산	거민	2.7 출어표류		대마		

번호	출선일	표착일	표착인원	출신지(출항지)	신분(직업)	목적지	조난지	표착지	출전	기타
0201		1716.2.晦日	2, 1소	울산(남천)	거민			대마		
0202		1716.윤2.4	6, 1소	延日	어민	2.20 영해에서 선박구입 2.29 승선 귀로 표류		대마		선박구입차 경상도
0203		1716.11.27	7, 1소	울산	어민	11.23(25) 출어표류		長門		
0204		1716.12.2	7, 1소	김해	어민	11.24 장기출어 11.29 표류		石見		
0205		1716.12.27	12, 1소	사천	상민	12.15 상매차 울산 12.26 귀로표류	동래 해운대	대마		장사차 경상도
0206		1717.1.13	11(익사1), 1소	고달도(제주)	거민	제주도 1.10 경상도로 곡물수송차, 제주출선시 표류	영암 보길도 앞바다	肥前 五島		구매차 전라도 경상도
0207		1717.1.14	13, 1소	장흥	상민	16.12.27 경상도 울산·장기 17.1.11 귀로표류	울산 해역	대마 鰐浦		구매차 경상도
0208		1717.1.14	13, 1소	낙안	상인	경상도 장기 1.11 귀로표류	장기 挾西里	長門 矢玉浦		구매차 경상도
0209		1717.1.14	18, 1소	장흥	상인	경상도 장기 1.11 귀로표류	장기 협서리	長門 肥中浦		구매차 경상도
0210		1717.1.16	22, 1소	강진	상인	경상도 장기·연일 1.11 표류	장기 협서리	筑前 韓泊浦		구매차 경상도
0211		1717.2.4	5, 1소	동래사천	거민	1. 부산 2.2 귀로표류		대마		
0212	1717.1 1.14(11)	1717.11.14	6, 1소	강릉	어민			石見 彼來浜		
0213		1717.11.14	8, 1소	장기	어민	11.11 출어표류		石見		
0214		1717.11.晦日	8(병사 1), 1소	장기	거민(어민)	11.28 출어표류		대마		
0215		1717.12.1	8, 1소	장기	거민	11.17 출선 경주부의 倭供米 적재 부산 납부 11.28 귀로 표류	장기 대진	長門		
0216		1717.12.1	5, 1소	경주		11.18 출선 경주부의 倭供米적재 부산납부 11.28 귀로표류	경주근처 利見臺	長門		공무
0217		1718.1.10	10, 1소	순천	어민	17.12.7 출선 17.12.15 경상도 영일출어 18.1.8 표류	장기 軍學浦	長門		출어차 경상도
0218		1718.2.15	5(익사1), 1소	동래	농민	2.11 상매차 기장 2.13 귀로표류		筑前		장사차 경상도
0219		1718.3.1	31(관1,종자3,병사5), 1소	영광(제주)	거민	1.6 제주 나주 우수영 2.27 보길도 제주에	순천 근처	肥前 平戸		
0220		1719.1.19	19, 1소	낙안	상인	魚상매차 경상도 장기 귀로표류	장기 협서리	長門 大津郡		구매차 경상도
0221		1720.11.18	15(사망1), 1소	진도(제주)	거민	11.9 상매차 장흥 제주 제주출선 진상감자.귤 적재	(제주 근처)	壹岐		구매차 전라도 진상물 수송

번호	출선일	표착일	표착인원	출신지(출항지)	신분(직업)	목적지	조난지	표착지	출전	기타
0222		1720.12.6	16, 1소	영해	어민	12.3 延日출어	축산 전양	長門		
0223		1721.11.13(14)	5, 1소	부산	거민	11.13 사천에 官租운송		대마		
0224		1722.1.28	5, 1소	부산	거민	1.26 鰐浦에서 (부산항) 표류		長門		공무
0225		1722.10.7	8, 1소	기장	어민	10.5 기장출어 표류		대마		
0226		1722.10.9	4, 1소	동래 수영	거민	10.4 기장출어 10.5 표류		대마		
0227		1722.12.26	10, 1소	강릉	어민		경상도 영해	長門 向津具浦		
0228		1723..3.晦日	26, 1소	영광(제주 旌義)	상인	22.8.18 제주출선 진상물공납차 京에감. 12.5 경 출발 3.5 영광착 3.25 순천에서 제주 귀로시 표류	(순천· 제주)	五島		공납
0229		1723.4.9	25(제주17, 충청1,황해 3,전라1,京 3), 1소	나주(제주)	상인	4.7 제주출선 4.8 표류	(제주?)	五島		진상물 공납
0230		1723.4.10	11, 1소	나주 (제주)	어민 거민	3.16 출어 4.2(4.8) 제주출선 강진항	(제주?)	五島		
0231		1723.10.13	9, 1소	울산	어민	10.8 장기출어 표류		長門		
0232		1724.1.4	10, 1소	장기	어민	1.2 장기출어 표류		筑前		
0233	1724.2. 7	1724.2.9	9, 1소	강릉	어민			石見 津間浦		
0234		1724.2.10	6, 1소	양양 (강릉)	어민			長門 須佐浦		
0235		1724.2.14	4, 1소	흥해 2 영일 2	어민	2.7 흥해출선(영일항) 2.8 표류		長門		
0236		1724..2.17	60(관1), 1소	나주(제주)	상민			대마 久根浦		유배중인 죄인운송 중 표류
0237		1724.10.12	4, 1소	울산 2 평해 2	어민	울산출선 강원도평해 10.9 귀로표류		石見		강원도
0238		1724.11.13	11, 1소	나주(제주)	생민	11.3 穀粟상매 차長座島 11.7 제주기근 때문에 해남에 곡물매입 차향		五島		구매차 전라도
0239		1725.12.7	9, 1소	경주	어민	12.5 경주출어 표류		長門		
0240		1725.12.9	9, 1소	삼척	어민	충청도 은진	장기	長門 阿武郡 須佐大浦		
0241		1725.12.21	15, 1소	장흥	상인	경상도 가덕 12.19 귀로표류	(경상 도해 역)	대마		구매차 경상도

번호	출선일	표착일	표착인원	출신지(출항지)	신분(직업)	목적지	조난지	표착지	출전	기타
0242		1726.1.9	7, 1소	순천	어민	순천 率里島 출어	(전라도)	대마		
0243		1726.1.12	23, 1소	거제	어민	1.2 출선 울산 1.9 출어	가덕 전양	筑前		·
0244		1726.1.19	6, 1소	울산	어민	1.17 출어표류		筑前		
0245		1726.1.21	9, 1소	양산	거민	12.3 흥해 1.16 귀로표류	장기	石見		
0246		1726.1.21	18, 1소	장흥	거민	1.2 상매차 경상도영일 1.15 표류	경주 禾念浦	長門		상매차 경상도
0247		1726.10.10	11, 1소	부산우암	어민	10.9 출어표류		대마		
0248		1726.10.10	10, 1소	좌수영	어민	10.9 출어표류		대마		
0249		1726.10.18	9, 1소	울산	어민	10.16 출어 10.18 표류	장기근 처	대마		
0250		1726.11.14	2, 1소	부산	거민	11.12 절영도에 탄채 취차 표류	절영도 외양	대마		공무
0251		1727.1.30 (3.1?)	5, 1소	순천	어민	1(2?).29 출어파선		대마		
0252		1727.2(3?).1	7, 1소	장흥	거민	윤1(2?).29 흥양 마도 출어		壹岐		
0253		1727.11.14	13, 1소	영덕	어민	11.11 영덕출어 표류		長門		
0254		1728.1.16	10, 1소	영일 8 흥해 2	상인	1.2 상매차 함경도에서 귀로표류		長門		상매차 함경도
0255		1728.1.21	4, 1소	통영	어민	1.16 울산출어 1.19 표류		대마		
0256		1728.9.7	9, 1소	장기	어민	9.2 장기출어 표류		石見		
0257		1728.10.3	7, 1소	영일	거민	(남천항) 10.1 표류	울산	대마		
0258		1729.10.2	20(제주목 15,정의 5) 1소	나주(제주)	상인	9.7 강진 윤9.7 경상도상매 윤9.24 표류	(경상도)	肥前 五島		상매차 경상도
0259		1730.10.3	11, 1소	영덕	어민	9.28 영덕출어 표류		대마		
0260	1731.1 2.28	1731.1.9	10, 1소	고성 8 경흥 2 (함경도)		울진		長門 兒嶋		
0261		1731.10.27	11, 1소	동래 해운대	어민	10.26 출어표류		대마		
0262		1732.1.31	13, 1소	기장 두모포	어민	1.11 기장출어 표류		대마		
0263		1732.1.29	7, 1소	장기	어민	1.25 장기출어 표류		筑前		
0264		1732.1.晦日	16, 1소	곤양 8 사천 8	거민	1.2 출선 함경도 1.25 표류	영덕	筑前		
0265		1732.2.1	4, 1소	장기	어민	1.25 장기출어 표류		石見		
0266		1732.10.14	13, 1소	기장	어민	10.11 출어표류		대마		
0267		1732.10.20	15, 1소	울산	어민	10.15 장기출어 표류		대마		
0268		1732.10.22	16, 1소	울산	어민	10.15 출어 10.18 표류	장기	筑前		
0269		1732.11.8	7, 1소	부산	생민	11.8 출선표류		대마		
0270		1732.11.23	8, 1소	부산	거민	11.18 다대포 11.22 표류		대마		

번호	출선일	표착일	표착인원	출신지(출항지)	신분(직업)	목적지	조난지	표착지	출전	기타
0271		1732.12.21	25(남2,여3아사) 1소	강진	생민	완도 도기상매 12.14 제주향 출선	추자도	五島		상매차 전라도
0272		1732.12.28	12, 1소	부산 두모포	어민	12.27 출어표류		대마		
0273		1732.12.28	12, 1소	부산	어민	12.27 출어표류		대마		
0274		1733.1.5	6, 1소	부산	거민	32.12.22 울산출어 12.28 표류		대마		
0275		1733.1.6	11(익사2), 1소	영암	거민	12.5 영암소안도에서 추자도로 12.5 귀로표류	(추자도 근처)	五島		乾石 적재 하고 추자 도로 향하 다 표류
0276		1733.1.7	10, 1소	부산	거민			대마		
0277		1733.1.10	2, 1소	진도	거민	나주 영암	(영 암 근처)	五島		漢船 구조도중
0278		1733.1.18	9(남녀), 1소	김해 명지도	어민	32.9.20 거제도 1.16 귀로표류	거제도	대마		
0279		1733.3	1	부산				대마		
0280		1733.3	7	부산				대마		
0281		1733.4.9	13, 1소	나주	생민	長砂島 4.5 귀로표류	(전라도)	肥前		
0282		1733.11.13	8, 1소	울산	어민	11.11 출어표류		대마		
0283		1734.1.10	14(영산6, 전주6, 경기2＝제주), 1소	영산	상인	한성에서 미곡 상매차 영산 출선 七島출선시 표류	(전라도 칠 도 근 처)	薩摩		상매차 서해안
0284		1734.6.20	7(여1), 1소	나주(제주)	생민	3.26 나주출선 보성에서 미곡상매	(전라도)	肥前		상매차 전라도
0285		1734.11.7	7, 1소	흥양	어민	11.3 출어	(전라도)	五島		
0286		1735.11.18	2, 1소	청하	어민	11.15 출어표류		出雲		
0287		1735.11.26	13, 1소	덕원	상인	함경도 홍원		石見 大浜浦		魚구입차 함경도
0288		1735.12.21	37, 1소	나주(제주)	거민	10.5 진도에서 소말 40필 구입 12.21 귀로표류	(진도 근처)	肥前		구매차 전라도
0289		1736.3.14	28(남18, 여10), 1소	순천	생민	35.4.20 제주 鰒 출어 9.8 귀로표류		薩摩		
0290		1736.10.6	18, 2소	감천 10 초량 8	생민	10.4 거제외양 출어표류		대마		
0291		1736.10.8	5, 1소	흥양	거민	平島 10.6 귀로표류	(평도 근처)	肥前		해삼 관부납부
0292		1738.2.14	13, 1소	영산(제주)	거민	37.12.6 진도에서 米魚菜竹器 구입 38.2.8 영산귀로시 표류	(전라도)	五島		구매차 전라도
0293		1736.12	8	동래사천				대마		
0294		1737.11.15	13, 1소	웅천	거민	11.3 가덕출어. 표류		長門		
0295	1739.1.16	1739.1.25	9, 1소	평해		전라도 낙안		筑前 若松浦		
0296		1739.10.28	13(행 불 3), 1소	영덕	거민	10.26 출어표류		石見		

번호	출선일	표착일	표착인원	출신지(출항지)	신분(직업)	목적지	조난지	표착지	출전	기타
0297		1739.11.1	8, 1소	영덕	거민	10.26 해상작업 표류		長門		
0298		1739.12.26	10(남4,여6), 1소	강진	거민	12.10 출어 12.22 귀로 표류	(전라도)	五島		
0299		1740.10.22	10, 1소	청하	거민	10.19 출어표류		長門		
0300		1740.10.23	14, 1소	청하	거민	10.19 출어표류		長門		
0301		1741.8.21	3(익사 1), 1소	창원	거민	8.14 출선(猪島港) 표류		五島		
0302		1741.10.14	15, 1소	고성남촌	거민	9.28 남촌출선 두모포착 황해기근 구제차 청하. 흥해의 보리 이출 10.13 출선표류	부산	대마		공무
0303		1741.10.15	19, 1소	진도	거민	9.2 출어중 표류		薩摩 硫黃島		
0304		1741.10.23	15, 1소	곤양	거민	10.20 표류	장기 앞바다	長門		
0305		1741.11.27	10, 1소	밀양 1 고성 2 거제 7 (포항)	거민	10.4 밀양출선 11.23 표류	장기	長門		
0306		1742.12.1	5, 1소	경상도	어민			石見		
0307		1742.12.28	15, 1소	고성				石見 大浦		
0308		1743.8.15	16(여), 1소	남해	거민			대마		
0309		1744.10.7	14(익사4), 1소	우수영 (제주)	거민			肥前 五島		屬島 순시 중 표류
0310	1744.1 1.하순	1744.12.2	6, 1소	양양	출어			石見 鹽田浦		
0311		1745.9.18	4, 1소	부산	거민	9.17 절영도에서 採樵중 표류		대마		
0312		1745.12.22	12, 1소	나주	거민	12.상순 미곡상매차 경상도 12.중순 귀로표류	경상도 거제 근처	壹岐		상매차 경상도
0313		1746.12.26	11, 1소	나주(제주)	거민			肥前 平戶		
0314		1747.11.17	14, 1소	울산	어민	11.13 울산개운포 출어 11.14 귀로표류		長門		
0315		1748.1.27	4, 1소	강진(제주)	거민	1.25 출어중 표류		肥前 五島		
0316		1748.9.25	8, 1소	동래 해운대	거민	8.24 기장출어 8.25 귀로표류		대마		
0317		1749.9.28	11, 1소	영앞(제주)	거민	경상도향 9.18 표류	강진 앞바다	薩摩 七島		
0318		1738.윤10.21	1, 1소	웅천 가덕	거민	김해쌀 수취차 10.19 표류	김해 앞바다	대마		
0319		1750.1.15	11. 1소	삼척	어민			長門 見嶋		
0320		1750.10.16	4, 1소	장기	어민	10. 중순 표류		隱岐		
0321		1750.10.17	4, 1소	장기	어민	10. 중순 표류		石見		

번호	출선일	표착일	표착인원	출신지(출항지)	신분(직업)	목적지	조난지	표착지	출전	기타
0322		1751.1.15	11, 1소	기장	어민	1.13 (부산항) 표류		筑州		
0323		1751.10.2	13, 1소	영암(제주)	백성	9.28 구매차 松枝시장 9.회일 귀로표류	(전라도)	대마		구매차 전라도
0324		1752.1.5	8, 1소	김해	거민	51.11.하순 청어조달차 부산 12.하순 (장기항)표류		石見		구입차 경상도
0325		1752.2.12	13, 1소	통영	거민	1.초순 전라도나주 1.중순 귀로표류		薩摩		전라도 ???
0326		1752.10.15	8, 1소 6, 1소	평해	어민			長門 見嶋		
0327		1752.10.15	8, 1소	영해	어민	10.12 公用漁차 출선표류		長門		공무
0328		1752.12.14	9, 1소	창원 2 진해 6 고성 1		12.초순 함경도영일에서 千魚 조달 (함흥항) 표류		石見		조달차 함경도
0329		1754.1.12	8, 1소	기장	어민			石見		
0330		1754.윤2.1	12, 1소	나주(제주)	거민			肥前		
0331		1754.11.11	10, 1소	두모포	어민	11.9 표류		대마		
0332		1755.1.1	9, 1소	경주	어민	12.28 출선표류		대마		
0333		1755.1.8	10, 1소	순천	거민	경상도통영 靑魚조달 1.6 귀로 표류	(경상도)	石見		청어조달차 경상도
0334		1755.1.9	9, 1소	순천	백성	54.12.20 청어 조달 경상도 기장 1.7 부산향 표류	(경상도)	대마		청어조달차 경상도
0335		1755.1.9	13, 1소	순천	거민	경상도통영 청어조달 1.6 귀로표류	(경상도)	石見		청어조달치 경상도
0336		1755.9.27	9, 1소	부산포	백성	9.24 공용炭 적재차 (거제항) 표류		대마		공무
0337		1755.12.2	9, 1소	통영 8 다대포 1	거민	公用차 (부산항) 출선표류		대마		공무
0338		1755.12.4	1, 1소	두모포	거민	출어표류		대마		
0339		1756.2.6	8, 1소	장기	거민	2.2 公用鰤 채어차 출선표류		長門		공무
0340		1756.3.3	4, 1소	영암(제주)	거민	경상도울산 충청도향 2.29 표류		五島		구매차 경상도 충청도
0341		1756.3.3	12, 1소	강진	거민	나주 귀로표류	(전라도)	肥前		곡물조달차 전라도
0342		1756.3.3	15, 1소	해남	거민	임파 귀로표류	(전라도)	五島		곡물조달차 전라도
0343		1756.3.3.	10, 1소	나주	거민	해남	(전라도)	平戸		곡물 배급 받기 위해 해남
0344		1756.11.8	11, 1소	고성	거민	10.17 출어 11.5 표류		長門		
0345		1756.11.12	7, 1소	부안	거민	9.18 경상도 영덕에서 鰯 조달 11.5 귀로표류	(경상도)	出雲		鰯 조달차 경상도
0346		1756.11.14	13(익사 1), 1소	개성부		충청도 은진		長門 大井浦		상매차 충청도

번호	출선일	표착일	표착인원	출신지(출항지)	신분(직업)	목적지	조난지	표착지	출전	기타
0347		1757.1.26	6, 1소	영덕	거민			石見		
0348		1757.1.27	6(동사 2, 익사 2), 1소	장기	어민	1.23 출어표류		出雲		
0349		1757.9.晦日	7, 1소	김해	거민	9.하순 상매차(장기항) 표류		出雲		장사차 경상도
0350		1757.10.12	3(남녀), 1소	강진(제주)	거민	一嗚	(전라도)	五島		田地수확차
0351		1757.12.13	7(익사2), 1소	영광	어민	11.24 추자도출어 12.4 귀로표류	(전라도)	薩摩		
0352		1757.12.17	40, 1소	홍양		제주 12.중순 제주귀로 표류		肥前		제주에 麥 납부차
0353		1757.12.22	14, 1소	영광	거민	제주 12.중순 제주귀로 표류		五島		제주에 麥 납부차
0354		1758.9.10	10(남녀, 익사4), 1소	강진	거민	8.하순 一嗚 식용 열매 채취		薩摩 硫黃島		
0355		1758.10.21	21, 1소	나주(제주)	거민	헌상용 버섯. 전복. 조개적재 표류		五島		
0356		1759.9.21	20, 1소	부산	거민	9.초순 강원도 평해 9.중순 귀로표류		出雲		
0357		1759.10.14	22, 1소	강진	거민	10.초 감사에게 납부용 해태 적재		五島		
0358		1760.10.23	10, 1소	초량	어민	10.23 출어표류		대마		
0359		1761.1.2	26, 1소	순천	어민	60.11.21 경상도 울산 출어(장기항)	(경상도)	長門		경상도 출어
0360		1761.11.13	25, 1소	영암(제주)	거민	11.9 진상감자 경성		肥前		
0361		1762.1.27	7, 1소	장흥	거민	61.12.19 청어상매 경상도 장기 62.1.24 귀로표류	(장기 근처)	대마		상매차 경상도
0362		1762.1.27	9, 1소	김해	어민	61.11.12 靑魚漁차 장기 1.24 장기출선 표류		대마		
0363		1762.1.28	10, 1소	개성부		경상도 장기		長門 豊浦郡 鳴戶浦		청어상매차 경상도
0364		1762.10.13	13, 1소	제주대정		한성 10.8 출선 10.9 표류		肥前		진상품 하물운반
0365		1762.12.16	12, 1소	해남	거민	11.10 출선 울산 동래향 표류	(경상도)	대마		靑貝조달차 경상도
0366		1762.12.16	13, 1소	고성	거민	7.8 상매용 물건 조달차 함경도함흥 12.10 함흥출선 12.15 표류	울산 앞바다	대마		
0367	1763.1.5	1763.1.20	21, 1소	고성		경상도 영일		石見 津摩浦		목면구입차 경상도

번호	출선일	표착일	표착인원	출신지(출항지)	신분(직업)	목적지	조난지	표착지	출전	기타
0368	1763.2.1	10(익사2), 1소		해남(제주)		경상도 상주 향		五島		이전하물 접수차 경상도
0369	1763..3.21	6(남3,여3), 1소		강진	어민	(홍양)		대마		공용 미역. 전복 수취차 전라도
0370	1763.12.23	16, 1소		웅천 13 양산 3	거민	12.22 魰.청어 조달차 출선표류		대마		
0371	1764.4.1	11(남7,여4), 1소		강진(제주)	거민	(小島)		대마		헌납 海菜 수취차 전라도
0372	1765.9.1	7, 1소		영암(제주)	어민	8.29 출어표류		대마		
0373	1765.9.2	7, 1소		강진	어민	8.27 출어표류		壹岐		
0374	1765.12.23	11, 1소		나쥬(제주)	거민	12.5 흑산도 건해채 구입 12.15 귀로표류	(흑산도 근처)	肥前		구매차 전라도
0375	1766.1.20	10, 1소		영덕	어민	1.16 출어표류		長門		
0376	1766.12.2	7, 1소		울산	거민	11.晦日 출어표류		長門		
0377	1766.12.3	11, 1소		경주	거민	12.2 헌납대구어 채납차 출어표류		대마		공무
0378	1766.12.4	9, 1소		동래	거민	11.晦日 공납청어 채어차 출어표류		長門		공무
0379	1766.12.5	10, 1소		장기	거민	12.2 공납대구어 출어표류		石見		공무
0380	1766.12(11).5	10, 1소		영덕		12.2 출어표류		長門		공무
0381	1766.12.6	11, 1소		영덕		12.2 헌납대구어 출어표류		長門		
0382	1767.1.24	12, 1소		순천	거민	66.12.중순 청어구입 경상도 67.1.22 귀로표류	(경상도)	石見		청어구매차 경상도
0383	1767.윤9.8	5(익사 1), 1소		장기	어민	8.21 출어표류		伯耆		
0384	1767.윤9.24	8, 1소		부산(울산)	어민	윤9.23 출어표류		대마		
0385	1767.11.12	8, 1소		해남(제주)	거민	(한성) 11.8 출선 표류		五島		한성 미역진상차
0386	1767.12.26(27)	9, 1소		부산	어민	12.중순 출어표류		대마		
0387	1767.12.26	9, 1소		부산	어민	12.17 헌납 魚 출어표류		대마		공무
0388	1767.12.26	10, 1소		부산	거민	12.17 출어표류		대마		
0389	1768.2.10	8, 1소		강진(제주)	어민	2.3 출어표류		五島		
0390	1768.3	34		울산 6 기장 9.9.10				대마		
0391	1769.9.7	1(익사6), 1소		강진(제주)				五島		관인전송시 표류
0392	1770.5.5	37(사망24), 1소		영암(제주)		1.28 영암출선 (소안도향)		駿河		상매차 전라도

번호	출선일	표착일	표착인원	출신지(출항지)	신분(직업)	목적지	조난지	표착지	출전	기타
0393		1770.10.1	9(남녀), 1소	좌수영(제주)		9.23 표류		대마		친족방문
0394		1770.12.28	18, 1소	창원	백성	12.10 가덕에서 청어잡이 12.25 (장기항) 표류		石見		
0395		1770.12.29	32, 1소	순천		12.10 경상도 가덕 청어조업 12.25 장기로 이동중 표류	(경상도)	石見		경상도 출어
0396		1771.9.24	14, 1소	제주	백성	(한성) 추자도	(추자도 근처)	肥前		공납차
0397		1771.9.28	7, 1소	다대포(동래)		9.19 조달차 부산 9.21 귀로표류		대마		상매차 경상도
0398		1771.10.7	12, 1소	강진		8.14 출선 경상도 울산 10.4 울산에서 귀로 표류	(경상도)	대마		상매물 조달차 경상도
0399		1771.11.9	9, 1소	장기	어민	11.6 출어표류		長門		
0400		1771.11.19	11, 1소	해남	백성	(한성)		五島		상납품 적재 표류
0401		1771.11.19	9, 1소	영암 추자도	백성	(강진) 11.13 추자도 출선 표류		五島		상매용 물건적재 전라도
0402		1771.11.21	21, 1소	영암(제주)	백성	(한성) 11.6 출선표류		五島		상압품 적재
0403		1771.11.21	20, 1소	영암 조안도	백성	(한성) 11.10 출선		五島		상납품 운반
0404		1773.1.19	9, 1소	울산	어민	1.10 장기 출어표류		대마		
0405		1773.1.28	15, 1소	홍양	백성	72.12.24 경상도 淸河에서 청어조달 1.26 청하 출선표류	(경상도)	대마		청어 조달차 경상도
0406		1773.12(11) .6	8, 1소	경주	어민	11.4(12.초) 헌상 鰒 출어표류		대마		공무
0407	1773.12.하순	1774.1.4	7, 1소	삼척	어민			出雲 外園浦		
0408		1774.1.8	12, 1소	안변	상매	경상도 영일 귀로 표류		出雲 輕尾浦		상매차 경상도
0409		1774.2.21	5, 1소	제주	거민	2.중순 상매차 흑산도 귀로 표류		五島		상매차 전라도
0410		1774.9.21	8(익사 1), 1소	울산	어민	9.중순 출어표류		대마		
0411		1774.10.6	8(남3,여5), 1소	통영	백성	9.26 전라도 돈벌이 10.4 귀로표류		肥前		
0412	1774.10.23	1774.11.5	6, 1소	간성	어민			出雲 秋鹿郡		
0413		1774.11.8	8, 1소	장흥	거민	9.2 상매차 경상도장기 건어물(干鰒)구입 11.4 장기출선 표류	(경상도)	長門		상매물 조달차 경상도
0414	1774.10.29	1774.11.11	7(동사 1), 1소 7, 1소	함흥 7 홍원 7	어민	출어 표류		석견 淺利浦		

번호	출선일	표착일	표착인원	출신지(출항지)	신분(직업)	목적지	조난지	표착지	출전	기타
0415		1775.2.22	8, 1소	울산	거민	2.20 출어표류		대마		
0416		1775.2	8					대마		
0417		1775.3.13	4, 1소	영암	거민	(영암)		五島		목재운반
0418		1775.11.1 (晦日)	7, 1소	강화	상인	경상도 울산		대마도 泉浦		鰡상매차 경상도
0419		1776.5.27	21, 1소	고성	백성	2.3 출선 2.16 상매차 함경도홍원 도착 5.17 귀로표류		石見		상매차 함경도
0420	1776.1 1.12	1776.11.16	6, 1소	강릉	어민			石見 溫泉津浦		
0421		1776.11.29	11, 1소	장흥	백성	7.17 상매차 강원도삼척(鰡조달) 11.17 삼척출선 표류		長門		상매물 조달차 강원도
0422		1777.1.10	12, 1소	울산	어민	1.8 출어표류		筑前		
0423		1777.2.26	7(남녀), 1소	진도	백성	2.7 해남착 2.17 귀로표류		薩摩		진헌 감귤 적재
0424		1777.10.6	13, 1소	간성 11 영일 1 (경상도) 덕원 1 (함경도)		경상도 영일		隱岐		상매차 경상도
0425		1777.10.24	10, 1소	강진	어민	8.18 추자도출어 10.20 출어중표류		五島		
0426		1777.11.12	8, 1소	울산		11.2 출선 11.9 귀로표류		長門		
0427		1777.12.20	11, 1소	기장 9 부산 2		12.18 기장출어 표류		筑前		
0428		1778.3.8	9, 1소	강진	거민	(수영) 2.27 출선표류		五島		진상용 곡물적재
0429		1778.3.27	7, 1소	강진	거민	(충청도염포) 3.18 강진출선 표류		薩摩		상매차 충청도
0430		1778.8.24	43(남11, 여32), 1소	강진	어민	4.18 출선 4.24 제주착 8.21 귀로표류		五島		상납용 전복 적재
0431		1778.12.14	2, 1소	양산	거민	12.3 양산출선 소금구입차 기장 12.12 기장출선 표류		대마		소금구입차 경상도
0432		1779.3.19	6, 1소	홍양	거민	78.11.12 미곡상매차 함경도문천 79.2.20 경상도 홍해착(청어조달) 3.16 출선표류	(경상도)	出雲		상매·조달차 함경도 경상도
0433		1779.3.19	14, 1소	경주	어민	3.17 출어표류		長門		
0434		1779.3.21	7, 1소	경주	어민	3.16 출어표류		石見		
0435		1779.9.16	11, 1소	영안(제주)	거민	9.5 상매차 소안도(건미역조달) 9.7 귀로표류		五島		구매차 전라도
0436		1779.9.21	19(익사1), 1소	강진(제주)	거민	출선표류		五島		진상용 물품적재

번호	출선일	표착일	표착인원	출신지(출항지)	신분(직업)	목적지	조난지	표착지	출전	기타
0437		1779.10.26	10, 1소	두모포	어민	10.24 출어표류		대마		
0438		1779.10.26	8, 1소	두모포	어민	10.24 출어표류		대마		
0439		1779.10.26	12, 1소	두모포	어민	10.24 출어표류		대마		
0440		1779.10.27	8, 1소	두모포	어민	10.23 출어표류		대마		
0441		1779.10.28	6, 1소	기장	어민	10.25 출어표류		대마		
0442		1779.11.2	11(병사 2), 1소	기장	어민	10.25 진상 魚 출어표류		石見		
0443		1779.11.7	7, 1소	하동	거민	8.13 출선 상매차 영해 11.3 귀로표류		壹岐		상매차 경상도
0444		1779.11.8	8, 1소	창원 7 (전)강진 1	거민	11.5 창원출선 상매차 강원도평해 11.2 귀로표류	장기 근 처	筑前		상매차 함경도
0445		1779.12.11	30, 1소	강진	거민	11.7 상매차 추자도 12.1 귀로 표류		筑前		상매.조달 전라도
0446		1780.1.26	27, 1소	강진	거민	1.8 송지도 1.17 송지도 출선표류		肥後		하물운반
0447		1780.12.11	7, 1소	울산	어민	12.9 출어표류		대마		
0448		1781.9.28	2, 1소	다대포	백성	9.중순 김해에서 船 과網 구입 9.23 출어표류		長門		구입차 경상도
0449		1781.10.17	7, 1소	김해	백성 (어민)	10.5 출선 10.7 어류상매차 울산 염.어구입 10.13 귀로표류		石見		구입차 경상도
0450		1781.10.21	7(병사 1), 1소	부산	어민	9.26 출선 9.29 울산 10.12 울산출어 표류		筑前		
0451		1782.1.6	27(익사10, 아사10), 1소	강진(제주)	백성	81.12.16 출선표류		五島		진공귤 적재
0452		1782.1.25	12, 1소	우암포	어민	1.15 출선 기장착 1.23 기장출어 표류		대마		
0453		1782.12.1	21, 1소	영암 추자도(제주)	거민	9.21 한성착(鰒헌상) 11.7 귀로표류		薩摩		진상차 한성
0454		1782.12.5	2, 1소	홍양	거민			肥前		친족방문
0455		1782.12.23	8, 1소	삼척	상매			石見 ?摩郡		
0456		1783.1.22	6, 1소	영해	어민	1.20 출어표류		長門		
0457		1783.1.24	8(동사 1, 사망 1), 1소	평해	어민			長門 大津郡		
0458		1783.1.24	5(아사 1, 병사 1), 1소	영해	어민	1.20 출어표류		石見		
0459		1783.3.20	10, 1소	영일	거민	3.10 공무출선 3.13 표류		隱岐		
0460		1783.11.6	29, 1소	낙안	어민	11.1 출어 11.4 순천표류	전라도	대마		

번호	출선일	표착일	표착인원	출신지(출항지)	신분(직업)	목적지	조난지	표착지	출전	기타
0461	1783.12.6	1783.12.9	8, 1소	평해	어민			長門 立石浦		
0462		1783.12.18	9, 1소	웅천	거민	12.2 출선 강원도기근 경상도미곡 적재 12.11 표류		石見		
0463		1783.12.23	8, 1소	두모포	어민	9.6 출선 경주 12.8 경주출선 표류		長門		
0464		1783.12.23	9, 1소	흥양	거민	11.29 미곡상매차 (강원도) 12.18 표류		筑前		
0465		1784.1.2	11, 1소	陽城 6 경상도 칠원 4 강원도 울진 1		경상도 칠원 강원도 평해		長門 萩 玉江浦		곡물운반 차 경상도 강원도
0466		1784.1.13	13, 1소	김해	거민	83.11.27 강원도흉작 김해곡물 적재 84.1.1 평해착 1.9 귀로표류		長門		
0467		1784.1.23	9(아사 1), 1소	통천		평해		隱岐		
0468		1784.1.27	14, 1소	웅천	거민	83.12.2 강원도기근 웅천미곡 적재 84.1.15 평해이송 1.20 귀로표류		出雲		
0469		1784.10.16	7, 1소	두모포	어민	10.15 출어표류		대마		
0470		1784.11.7	15, 1소	간성		경상도 영일		隱岐		미곡구입 차 경상도
0471	1785.9.晦 日		11, 1소	거제	거민	9.24 출선 魚 구입차(장 기향) 9.29 표류	다대포 앞바다	대마		구입차 경상도
0472		1785.10.13	10, 1소	강진(제주)	어민	10.7 출어 표류		五島		
0473		1785.12.29	35, 1소	순천	어민	12.7 출어 경상도 장기착 12.23 장기출선 표류	경상도 장기근 처	長門		출어차 경상도
0474		1786.1.2	6, 1소	흥양	거민	85.12.17 魚구입차 경상도영일 12.25 영일포구 표류	경상도 영일	石見		구매차 경상도
0475		1787.10.19	7, 1소	하동	거민	3.27 출선 어(鰯)상매 강원도평해 10.13 평해출선 표류	장기 포구	長門		상매차 강원도
0476		1787.11.18	9, 1소	영덕	어민	11.16 출어표류		長門		
0477		1786.2.24	7(행불 2), 1소	고성	거민	85.11.10 출선 魚상매차 강원도삼척 2.18 삼척출선 흥해 2.20 표류	흥해	石見		상매차 강원도
0478		1786.10.4	9, 1소	부산	거민	9.25 출선 상매용 鹽 조달차 좌수영 9.29 표류	좌수영	石見		조달차 경상도

번호	출선일	표착일	표착인원	출신지(출항지)	신분(직업)	목적지	조난지	표착지	출전	기타
0479		1787.9.25	8, 1소	장흥	어민	7.20 흥양출어 9.19 흥양표류	전라도 흥양	五島		출어 전라도
0480		1787.11.20	4(동사 2), 1소	경주	어민	11.16 출어표류		長門		
0481		1787.12.20	33, 1소	순천	어민	11.8 출어 12.14 경상도 장기차 12.17 홍해 출어중표류	경상도 홍해	筑前		출어 경상도
0482	1788.1 0.4	1788.10.8	14, 1소	삼척 13 북청1 (함경도)		경상도 영일		石見 淺利浦		미곡조달차 경상도
0483	1788.1 2.2	1788.12.5	12, 1소	울진		경상도 울진		長門 須佐浦		
0484	1789,1 2.28	1789.1.3	9, 1소	덕원		경상도 울산		長門 大浦		곡물구입차 경상도
0485		1789.1.22	7, 1소	강잔(제주)	어민	1.19 출어중 표류		肥前		
0486		1789.1.26	6, 1소	강진	어민	1.23 출어중 표류		五島		
0487		1789.2.2	12, 1소	동래	거민	1.21 출선 함경도기근 홍해미곡적재 기장운항 1.26 기장출선 표류		壹岐		
0488	1789.9. 23	1789.9.29	15, 1소	안변		경상도 영일				곡물구입차 강원도 경상도
0489		1789.10.12	9, 1소	진도	어민	10.6 출어중 표류		五島		
0490	1789.1 2.21	1789.12.24	10, 1소	평해				長門 見島郡		
0491		1790.10.22	10, 1소	홍양	거민	10.18 출어중 표류		肥前		
0492		1790.11.2	9(익사1), 1소	홍양	거민	10.29 출어중 표류		肥前 五島		
0493		1791.10.13	8, 1소	순천		9.29 상매용 蛸 구입차 (강원도 평해항) 10.9 표류		出雲		상매차 (강원도)
0494		1791.11.25	1, 1소(傳間선)	진도	어민	10.27 출선(乾漁) 경상도 가덕 11.23 가덕표류		대마		출어 경상도
0495	1788.1 2.하순	1792.1.2	8(동사 2), 1소	평해				長門 見島		
0496		1792.윤11. 7	5, 1소	덕원		경상도 장기		長門 湯玉浦		魚구입차 경상도
0497		1792.10.20	2. 1소	동래	어민	10.17 (동래항) 표류		대마		
0498		1792.10.24	12(남8,여3,아), 1소	진도	어민	6.상순 경상도 가덕 출어 10.11 귀로표류		五島		출어 경상도
0499		1793.12.23	13, 1소	장흥	백성	진헌물 영암헌납 12.상순 장흥향 귀로표류		大隅		
0500		1794.1.15	6, 1소	해남	백성	93.12.하순 공납차		五島		
0501		1794.1.晦日	7(사망1), 1소	해남	백성	1.중순 關文전송(제주항) 출선		五島		
0502		1794.10.27	6, 1소	해남(제주)	어민	10.하순 출어표류		五島		

번호	출선일	표착일	표착인원	출신지(출항지)	신분(직업)	목적지	조난지	표착지	출전	기타
0503		1794.윤11.18	8, 1소	강진		울산착 대두.건어 구입 윤11.중순 귀로표류		長門		구매차 경상도
0504		1794.12.15	6, 1소	경주	어민	12.11 흥해출어 표류		대마		
0505		1795.1.23	9, 1소	장흥	거민	11.상순 곡물구입 경상도울산 윤11.중순 귀로표류		長門		구매차 경상도
0506	1795.1 1.1	1795.11.3	13, 1소	삼척 11 평해 2		경상도 영해		長門 大津郡 大浦		건어구입 차 경상도
0507		1795.11.4	24, 1소	강진	거민	9.하순 출선 관문·전송 (제주항) 표류		五島		
0508		1795.12.5	16(익사1), 1소	추자도 (제주)	거민	11.상순 영암 진헌물 운반 귀로표류		薩摩		
0509		1796.1.3	4, 1소	밀양	거민	魚구입차 다대포 12.하순 귀로표류		대마		구매차 경상도
0510	1796.1. 9	1796.1.12	7(익사 2, 병사 1),1소	울진 5 강릉 2		경상도		長門 見島		魚상매차 경상도
0511		1796.1.12	7, 1소	순천	거민	출어표류		대마		
0512		1796.1.12	8, 1소	순천	거민	출어표류		대마		
0513		1796.1.25	15, 1소	영흥		경상도 영해	장기	長門 阿武郡 須佐浦		건어구입 차 경상도
0514		1796.10.9	8, 1소	강진	거민	9.하순 출선 10.상순 흥양 출어중표류		五島		
0515		1796.12.22	8, 1소	기장	거민	12.중순 출어표류		長門		
0516		1796.12.23	12, 1소	기장	거민(어민)	12.중순 출어표류		筑前		
0517		1796.12.23	14, 1소	기장	거민	출어표류		대마		
0518		1796.12.23	9, 1소	기장내 두모포	거민	12.20 헌상 魚 출어표류		대마		
0519		1797.2.8	7, 1소	추자도 (제주)	거민	2.상순 출어표류		五島		
0520		1797.10.15	8, 1소	울산	거민	10.1 장사차(울진항) 10.11 도중표류		長門		장사차 강원도
0521		1797.11.11	8, 1소	강진(제주)	거민	9.21 추자도착 매매 11.2 귀로표류		肥前		매매차 전라도
0522		1799.1.15	10, 1소	기장 6 (함)북청 3 (전)장흥 1		1.상순 米.염상매차(영일항) 출선표류		長門		상매차 경상도
0523		1799.3.10	8, 1소	영해	어민	3.상순 영해출어 표류		石見		
0524		1799.3.10	10, 1소	추자도 (제주)	어민	3.상순 출어표류		五島		
0525		1799.3.11	4, 1소	영암	거민	3.상순 출어표류(前洋)	전라도	薩摩		
0526		1799.6(7).13	3(어민1, 해녀1), 1 소(筏)	제주	어민	6.중순 출어표류		대마		
0527		1799.11.5	8, 1소	삼척		경상도 영덕·울산		대마도 豊浦		鹽상매차 경상도

번호	출선일	표착일	표착인원	출신지(출항지)	신분(직업)	목적지	조난지	표착지	출전	기타
0528		1799.11.6	6(병사1), 1소	울진	상매	경상도 영덕		長門 大津郡 黃波戶浦		상매차 전라도 경상도
0529		1800.2.22	9, 1소	거제 4 웅천 5	어민			대마		
0530		1800.9.13	6, 1소	부산	거민	8.3 薪상매차 거제 9.10 거제출선 표류		대마		상매차 경상도
0531		1800.9.23	5, 1소	부산	거민	8.3 薪상매차 거제 9.10 거제출선 표류		대마		상매차 경상도
0532		1800.9.23	6(익사 1), 1소	다대포	거민	9.21 출어표류		대마		
0533		1800.10.22	10, 1소	곤양 6 울산 3 부산 1	거민	5.25 곡물적재 부산 10.10 영덕(장기향) 표류		隱岐		
0534		1801.1.2	7, 1소	평택 5 전라도 병영 2		부산		대마도 刈생포		청어상 매차 경상도
0535		1801.3.13	6, 1소	울산 5 부산 1	거민	00.8.24 영덕 鹽상매차 3.1 표류	장기 포구	長門		상매차 경상도
0536		1801.11.26	3, 1소	제주	거민	11.중순 涯月 선박구입 귀로표류		五島		매매
0537	1801.1 1.하순	1801.12.1	5(동사 1), 1소	평해	어민			長門 阿武郡 須佐浦		
0538		1801.12.18	9, 1소	울산	어민	12.14 출어표류		筑前		
0539		1802.1.23	8(익사2), 1소	추자도	거민	1.18 薪매입차 출선 표류		五島		매득차 (전라도)
0540		1802.2.晦日	4, 1소	영암(제주)	거민	1.상순 출선 추자도에서 粟구입 2.26 귀로표류		五島		매득차 전라도
0541		1802.2.13	10, 1소	부산	거민	2.상순 울산에서 鹽적재 2.11 귀로표류		長門		
0542		1802.2.14	10, 1소	부산	거민	2.상순 울산에서 鹽적재 2.11 귀로표류		長門		
0543		1802.11.3	8, 1소	장기	거민	10.하순 출어표류		石見		
0544		1802.12.23	5, 1소	영암(제주)	거민	12.중순 출어표류(前洋)	전라도	五島		
0545		1802.12.26	14, 1소	함흥 5 덕원 3 영흥 3 홍원 1		경상도 창원	울산	石見 美濃郡 飯浦		
0546		1803.10.29	3, 1소	다대포	거민	10.하순 출어류		대마		
0547		1804.2.5	15(남13, 여2), 1소	나주	거민	04.3.12 출선 나주에서 목면.곡물 구입 1.27 귀로표류	전라도	薩摩		구매차 전라도
0548		1805.2.7	7, 1소	동래	거민	2.6 동래출어 표류		대마		
0549		1805.2.7	9, 1소	동래	거민	2.6 동래출어 표류		대마		
0550		1805.2.8	7, 1소	기장 6 동래 1	거민	2.6 기장출어 표류		대마		
0551		1805.2.8	10, 1소	기장	거민	2.6 기장출어 표류		대마		

번호	출선일	표착일	표착인원	출신지(출항지)	신분(직업)	목적지	조난지	표착지	출전	기타
0552		1805.2.8	7, 1소	기장	어민	2.상순 기장출어 표류		長門		
0553		1805.4		동래 기장				불명		
0554		1805.5.24	2, 1소(筏)	제주	거민	귀로표류		대마		
0555		1805.윤6		기장				불명		
0556		1805.10.23	5, 1소	기장	거민	10.10 출어표류		대마		
0557		1805.11.10	8, 1소	홍해	거민	11.상순 출어표류		長門		
0558		1805.11.24	9, 1소	울산	거민	11.상순 鹽적재 울산 11.하순 귀로표류		石見		
0559		1805.12.2	10(병사 1), 1소	삼척		경상도 울산		石見 高津浦		상매차 경상도
0560		1806.1.11	26, 1소	해남(제주)	거민	051.2.1 출선 揭帖전송 1.상순 표류		五島		
0561		1806.12.6	4, 1소	경주	거민	12.상순 출어표류		長門		
0562		1806.12.13	10, 1소	강진	거민	11.상순 경상도 울산에서 鹽 구입 12.중순 귀로표류		대마		구매차 경상도
0563		1807.2.13	7, 1소	영암	거민	2.상순 제주에서 귀로시 표류		대마		상매차 전라도
0564		1807.11.11	13, 1소	부산	거민	11.10 출어표류		대마		
0565		1808.11.7	13, 1소	영흥	상인			但馬 美含郡		
0566		1808.11.12	7, 1소	옥포				대마		
0567		1808.11.23	6, 1소	거제	거민	11.초 울산 11.20 미곡적재 귀로표류		筑前		
0568		1808.12.21	8, 1소	통영	거민	12.중순 출어표류		五島		
0569		1809.1.3	6, 1소	진도	거민	08.12.28 출선 南桃착 12.29 귀로표류		五島		
0570		1809.1.8	7, 1소	해남	거민	1.3 출어표류		五島		
0571		1809.4.22	10, 1수	고성	거민	4.21 출어표류		대마		
0572		1809.4.22	10, 1소	고성	거민	4.21 출어표류		대마		
0573		1809.12.28	22(남12, 여10), 1소	강진	거민	11.21 출선 경상도 고성향 11.26 고성포구 표류	경상도	대마		
0574		1810.1.3	3, 1소	진주	거민	09.12.11 출선 상매차 거제 1.2 거제출선 표류		대마		장사차 경상도
0575		1810.1.24	12, 1소	강진	거민	1.18 출어표류		五島		
0576		1810.4..3	17(남9,여8), (남1, 여2 병사), 1소	순천	거민			대마		
0577		1810.10.27	9, 1소	장기	어민	10.중순 장기출어 표류		石見		
0578		1810.10.29	7, 1소	울산	거민	10.하순 鹽 상매차 영덕 표류		出雲		장사차 경상도
0579		1810.10.29	10(익사 1), 1소	울산	거민	鹽상매차 영덕 10.하순 귀로표류		出雲		장사차 경상도
0580		1810.11.28	11, 1소	거제	거민	10.하순 영덕에서 乾魚구 입 11.하순 귀로표류		長門		장사차 경상도

번호	출선일	표착일	표착인원	출신지(출항지)	신분(직업)	목적지	조난지	표착지	출전	기타
0581	1810.12.3	7, 1소	고성	거민	장사차 영덕 11.하순 귀로표류		石見		장사차 경상도
0582	1810.12.4	5, 1소	고성	거민	11.하순 장사차 장기 11.29 표류		石見		장사차 경상도
0583	1810.12.4	7, 1소	고성				대마		
0584	1810.12.5	10, 1소	순천	거민	11(10).상순 상매차 (강원도 영덕 항) 표류		石見		상매차 (강원도, 경상도)
0585	1810.12.5	8, 1소	고성	거민	11(10)하순 장사차 (강원도항) 표류		長門		장사차 강원도
0586	1810.12.26	6(남4,여2), 1소	강진	거민	12.하순 발선		長門		울산이주 도중표류
0587	1811.2.17	4, 1소	두모포	거민	2.중순 두모포출어 표류		대마		
0588	1811.2.18	11, 1소	두모포	거민	2.중순 두모포출어 표류		대마		
0589	1811.3.29	9, 1소	제주	거민	3.중순 前洋표류	제주도	대마		
0590	1811.10.19	7, 1소	울산	거민	10.중순 울산출어 표류		대마		
0591	1812.2		장기 울산				불명		
0592	1812.3		울산				불명		
0593	1812.3		울산 고성				불명		
0594	1812.12(11).3	32(영암12, 추자도20, 남녀), 1소	영암 추자도	거민	10.하순 魚商차 영암 - 추자도		五島		상매차 전라도
0595	1812.12(11).17	3(익사 1), 1소	율포	거민	12.중순 장사차(다대포 항) 표류		대마		
0596	1813.9.29	9, 1소	강진(제주)	어민	9.25 前洋출어 표류	(전라 도)	五島		
0597	1813.10.晦 日	1, 1소	진주	거민	京에 공미운송 충청도		대마	공무	
0598	1813.윤11.17	10, 1소	영덕	어민	윤11.중순 출어표류		長門		
0599	1813.12.24	5(익사1, 병사 1), 1 소	거제	거민	12.중순 (가덕항) 출선표류		대마		
0600	1814.7.11	15(익사2), 1소	흥양	거민	2.초 乾海菜 구입차 강원도 평해착 6.중순 경상도 장기착 7.중순 귀로표류		대마		구매차 강원도 경상도
0601	1814.8.27	7, 1소	평해 6 울산 1		경상도 울산		대마도 鰐浦		
0602	1814.8(3).27	3, 1소	다대포	거민	8.26(3.23) 출어표류		대마		
0603	1814.10.6	10, 1소	영덕	어민	10.3 출어표류		長門		
0604	1814.10.6	13, 1소	진포	거민	10.3 진포출어 표류		대마		
0605	1814.10.8	6, 1소	영광	거민 상인	7.중순 어.건해채 구입 차 경상도 울산 10.초 표류		대마		구매차 경상도
0606	1814.10.16	13, 1소	울산	거민	10.9 鹽판매차 (강원도 항) 표류		出雲		

번호	출선일	표착일	표착인원	출신지(출항지)	신분(직업)	목적지	조난지	표착지	출전	기타
0607	1814.11.4	2, 1소	하동	거민	10.17 출어 10.28 표류		筑前		
0608	1814.11.8	9(익사2), 1소	장흥	거민	9.22 건어 구득차 경상도 평해착 귀로표류		肥前		구득차 경상도
0609	1814.11.12	16, 2소	천성	거민	11.중순 천성출어 표류		대마		
0610	1814.11.14	5, 1소	창원	어민	8.중순 울산 11.초순 울산출어 표류		대마		
0611	1814.11.21	20(남녀, 남1.여1병사), 1소	강진	거민	제주착 11.중순 귀로표류		壹岐		
0612	1814.11.21	12(남7, 여5), 1소	강진	거민	11.중순 이사차 제주항 11.15 표류		대마		
0613	1814.11.22	16(남9, 여5아2), 1소	강진	거민	10.6 출어 11.16 귀로표류		肥前		
0614	1814.11.23	9(남6, 여3), 1소	강진	거민	11.중순 (제주항)표류		肥前		
0615	1814.12.1	3, 1소	두모포	어민	11.하순 출어표류		대마		
0616	1814.12.6	8, 1소	두모포	어민	12.4 두모포 출어 표류		대마		
0617	1814.12.10	6,(동사 1), 1소	두모포	어민	12.초순 출어		대마		
0618	1814.12.14	20(남녀), 1소	나주	거민	10.중순 건어싣고 道境 12.초순 표류		薩摩		상매
0619	1814.12.15	7, 1소	김해	거민	11.중순 거제에 재목운반 12.13 출선표류		대마		
0620	1814.12.16	4, 1소	두모포	거민	12.13 해물구입차 (절영도항) 표류		대마		구매차 경상도
0621	1814.12.21	7, 1소	울산	어민	12.중순 출어표류		長門		
0622	1814.12.24	3(동사 1), 1소	거제	거민	(가덕항) 표류		대마		
0623	1815,1.3	7, 1소	통영	거민	14.12.27 어류구입차 (울산항) 표류		대마		구매차 경상도
0624	1815.1		흥양 동래 평해				불명		
0625	1815.2		동래 강진 창원				불명		
0626	1815.3.4	7(익사1), 1소	순천	거민	2.하순 출어표류		대마		
0627	1815.3.8	10(남녀, 병사 1), 1소	통영	거민	남해이사차 2.하순 출선표류		肥前		
0628	1815.3.27	9(남녀,익사1), 1소	천성	거민	거제이사차 3.10 출선 3.25 표류		대마		
0629	1815.3		거제.김해 고성.동래				불명		
0630	1815.8.20	4, 1소	통영	어민	8.17 출어표류		대마		

번호	출선일	표착일	표착인원	출신지(출항지)	신분(직업)	목적지	조난지	표착지	출전	기타
0631		1815.8		울산.하동 장흥.강진 영덕				불명		
0632		1815.9.27	36, 1소	제주정의	관인 일행	9.25 출선표류		五島		정의현감 이종덕 상경차
0633		1815.10.9	6, 1소	제주정의	어민	10.4 출어표류		五島		
0634		1815.10.25	3(익사 1), 1소	통영	어민	10.23 통영출어 표류		壹岐		
0635		1815.10		울산.고성. 웅천.강진 나주.순천				불명		
0636		1815.11.14	10, 1소	고성	어민	10.26 출어 11.11 귀로표류		五島		
0637		1815.11.21	11, 1소	평해	어민			石見 美濃 土田浦		
0638		1815.11.26	6, 1소	경주	어민	11.하순 출어표류		壹岐		
0639		1815.12.2	11, 1소	장흥	거민	6.초순 麥상매차 강원도 평해착 경상도 영해에서 乾魚구입 11.22 귀로표류		長門		상매.매득차 강원도 경상도
0640		1815.12.5	9, 1소	이성 1 덕원 1 명천 6 석성 1 (충청도)		경상도 울산		長門 阿武郡 田万鄕		건어상매차 경상도
0641		1815.12(11).8	12, 1소	거제	거민	9.하순 강원도평해 乾魚구입 12(11).5 귀로표류		대마		구매차 강원도
0642		1816.1.晦日	5, 1소	해남	거민	1.26 쌀 매득차 (진도항) 표류		대마		매득차 전라도
0643		1816.1.29	8, 1소	나주	거민	15.12.하순 곡물상매차 駄砂島 1.24 귀로표류		五島		상매차 전라도
0644		1816.11.16	13, 1소	강진	거민	11.초순 건해채.잡어 발매차 출선표류		筑前		매매
0645		1817.3.8	20, 1소	전라우수영 (제주) 제주	거민	3.초순 (우수영에서 제주항) 표류		五島		
0646		1817.7.3	11, 1소	홍원		경상도 창원		대마도 志多留浦		魚상매차 경상도
0647		1817.11.29	27(이중 전라해남 승려는 15), 1소	함경도 홍원	거민	경주에서 해남향		筑前		
0648		1817.11.29	27, 1소	홍원 5 창원 7 (경상도) 해남 15 (전라도)	승려 등	전라도 해남		筑前 大嶋		상매차 경상도

번호	출선일	표착일	표착인원	출신지(출항지)	신분(직업)	목적지	조난지	표착지	출전	기타
0649		1818.1.26	15, 1소	강진(5) 영암(10)		1.15 강진에서 (충청도항) 표류		五島		
0650		1818.3.16	15, 1소	밀양	거민	1.20 관선제작차 거제 3.14 승선 귀로표류		대마		
0651		1818.9.29	5, 1소	영덕	거민	9.중순 울산 鹽적재 9.하순 귀로표류	장기 근처	出雲		
0652		1818.12.8(9)	11, 1소	기장	어민	12.5 출어표류		長門		
0653		1818.12.12	6, 1소	울산	어민	12.9 출어표류		筑前		
0654		1819.1.12	12, 1소	평해	건어 판매			伯耆 八橋浦		
0655		1819.4.14	20, 1소	강진	거민	2.3 馬 구입차 제주착 4.5 귀로표류		대마		매득차 제주
0656		1819.10.1	9, 1소	함흥		경상도 홍해·울산	영덕	出雲 野波浦		魚상매차 경상도
0657		1820.10.17	11(병사 1), 1소	삼척		경상도 울산		隱岐		鹽구입차 경상도
0658		1820.11.3	8, 1소	평해		경상도 울산		長門 大津郡 井上浦		鹽구입차 경상도
0659		1820.11.4	8, 1소	영암(6) 평해(2)	거민	轉漕米를 강원도 평해에 10.28 평해출선 표류		隱岐		공무
0660		1821.1.24	7, 1소	강진(제주)	어민	1.18 前洋출어 표류	(전라 도)	五島		
0661		1821.12.16	7(병사 1), 1소	간성				石見 大浦		
0662		1821.12.16	7, 1소	울산	거민	12.12 공미적재 (기장항) 12.14 표류		대마		공무
0663		1821.12.27 (28)	11, 1소	평해	어민			長門 豊浦郡 角嶋		
0664		1821.12.28	11, 1소	평해	어민			長門 大津郡 大浦		
0665		1822.2.11	5, 1소	영암	어민	윤1.상순 출어표류		五島		
0666		1822.2.12	4, 1소	영암	어민	윤1.상순 출어표류		五島		
0667		1822.2.13	14(병사 1), 1소	평해		경상도 울산		石見 飯浦		鹽구입차 경상도
0668		1822.2.14	3(병사1), 1소	영암	거민	2.상순 전양출어 표류	(전라 도)	五島		
0669		1822.5.12	7, 1소	영덕	거민	4.중순 울산에서 鹽구입 4.25 강원도평해 5.8 표류		대마		구매차 경상도
0670		1822.10.25	7, 1소	진도	어민	10.20 출어표류		壹岐		
0671		1822.11.晦日	9, 1소	울산	거민	11.하순 출어표류		대마		
0672		1822.12.14	11(익사1, 병사1), 1소	강진(제주)	거민	12.상순 공납물적재 출선 표류		薩摩		공무
0673		1823.1.晦日	9, 1소	수영	거민	1.25 수영출어 표류		石見		

번호	출선일	표착인원	출신지(출항지)	신분(직업)	목적지	조난지	표착지	출전	기타
0674	1823.10.3	21(남녀), 1소	영암	거민	3. 상매차 제주 9.하순 제주출선 표류		肥前		상매차 제주
0675	1823.12.10	27(익사1), 1소	해남	거민	12.6 공납물		五島		공무
0676	1823.12.14	28(익사25, 아사2), 1소	강진	거민	12.6 공납물		薩摩		공무
0677	1824.2.8	16, 1소	울산	거민	1.하순 鹽상매차 영덕 2.초순 귀로표류		石見		상매차 경상도
0678	1824.9.26	7, 1소	은진		전라도 영암		五島 曾根崎		상매차 전라도
0679	1824.11.26	11, 1소	울산	어민	11.23 출어표류		대마		
0680	1825.1.25	6, 1소	거제 3 부산 3	거민	거제출선 부산착 1.하순 귀로표류		대마		
0681	1825.9.22	2, 1소	천성	거민	薪채취차 隣里 귀로표류		대마		
0682	1826.2.14	8, 1소	부산	거민	2.13 (울산향) 출선표류		대마		
0683	1826.3.6	9, 1소	울진		경상도 울산·영덕		長門 大津郡 青海島		鹽구입및 판매차 경상도
0684	1826.7.4	4, 1소	해남	거민	6.29 근처 薪적재		대마		
0685	1826.10.25	8, 1소	울산	거민	10.24 출어표류		대마		
0686	1827.3.8	12, 1소	울산	거민	2.중순 공미납부차 부산 3.상순 기장출선 표류		隱岐		공무
0687	1827.8.24	8(병사 1), 1소	창원	거민	8.22 薪상매차 부산		대마		상매차 경상도
0688	1827.9.12	11, 1소	강진	거민	9.초 상매차 충청도(은진향) 표류		오도		상매차 충청도
0689	1827.9.15	7, 1소	제주정의	어민	9.중순 출어표류		五島		
0690	1827.9.15	5, 1소	평해		경상도 울산		長門 管田磯		鹽구입차 경상도
0691	1827.9.22	11, 1소	진도	어민	9.16 출어표류		대마		
0692	1827.10.9	13, 1소	영암	거민	10.초순乾魚상매차 충청도(은진향) 표류		五島		상매차 충청도
0693	1828.10.7	7, 1소	해남	어민	9.하순 前洋 출어표류	(전라도)	壹岐		
0694	1828.12.21	11, 1소	평해	어민			대마도 富浦		
0695	1828.12.23	14(병사 2), 1소	함흥		함경도 利城		丹後 竹野郡		상매차 함경도
0696	1829.1.10	10(병사 2), 1소	함흥		함경도 북청		出雲 河下村		상매차 함경도
0697	1829.1.12	7, 1소	울산	거민	1.초순 鹽상매차 (부산향) 표류		대마		상매차 경상도
0698	1829.1.17	5, 1소	울산	거민	28.10.하순 鹽상매차 영덕 1.14 귀로표류		대마		상매차 경상도
0699	1829.11(12), 3	10, 1소	홍해	어민	11.초순 출어표류		長門		

번호	출선일	표착일	표착인원	출신지(출항지)	신분(직업)	목적지	조난지	표착지	출전	기타
0700		1829.11.4	12, 1소	홍해	어민	11.초순 출어표류		出雲		
0701		1829.12.5	15, 1소	천성	어민	12.상순 출어표류		대마		
0702		1829.12(11), 12	6, 1소	부산	거민	11.상순 선박구입차 울산 11.9 귀로표류		石見		
0703		1830.1.9	8, 1소	兵營	거민	29.11.초 진헌물 경기도 수원착 12.22 귀로표류		五島		공무
0704		1830.1.9	6, 1소	흑산	거민	1.초순 매입차 (나주항) 표류		肥前		구입차 전라도
0705		1830.5.11	13, 1소	장흥	거민	2.초순 상매차 강원도 평해착 5.초순 귀로표류		대마		상매차 강원도
0706		1830.10.25	7(병사 1), 1소	장기	거민	10.중순 출어표류		長門		
0707		1830.11.5	2(병사1), 1소(筏)	강진	어민	10.하순 출어표류		五島		
0708		1830.11.6	10, 1소	울산	거민	9.하순 강원도 양양 鹽판매 11.1 (함경도 함흥항) 표류		隱岐		장사차 강원도 함경도
0709		1830.11.18	11(익사 9), 1소	동래	거민	장사차 울산 6.17 함경도북청 乾魚적재 7.상순 영해 11.중순 (동래항)표류		但馬		상매차 함경도
0710		1830.11.29	8, 1소	부안	거민	11.초순 青魚매입차 경상도 (부산항) 11.22 표류		대마		매입차 경상도
0711		1830.12.29	8, 1소	울산	거민	4.하순 鹽상매차 함경도북청 乾魚구입 12.25 영해착 12.26 표류		石見		상매차 함경도
0712		1831.1.28	9, 1소	경주	어민	1.19 울산출어 1.25 출어중표류		筑前		
0713		1831.1.29	7, 1소	울산	거민	1.10 鹽상매차 영덕 1.26 귀로표류		石見		상매차 경상도
0714		1831.3.23	5, 1소	강진	거민	3.21 출어표류		五島		
0715		1831.3.27	6, 1소	해남	어민	3.20 출어표류		대마		
0716		1831.3.29	9, 1소	제주	어민	3.19 출어표류		薩摩		
0717		1831.3.29	2(익사1), 1소(筏)	강진	어민	3.21 출어표류		五島		
0718		1831.4.2	10, 1소	강진	어민	3.21 출어표류		五島		
0719	1831.9.16	1831.9.22	11, 1소	평해 9 동래 2		전라도 낙안		대마도 琴浦		건어구입차 전라도
0720		1831.10.15	13(병사 1), 1소	함흥		경상도 영덕 귀로표류		石見郡 那賀郡 唐鐘浦		건어판매차 경상도
0721		1831.11.21	10, 1소	강진	거민	魚매입차 추자도 11.2 귀로표류		五島		매입차 전라도

번호	출선일	표착일	표착인원	출신지(출항지)	신분(직업)	목적지	조난지	표착지	출전	기타
0722	1831.11.22	10, 1소	강진	거민	9.2 미곡목면적재, 충청도 은진착 11.5 귀로표류		五島		상매차 충청도
0723	1832.3.10	9, 1소	해남	어민	3.6 출어표류		五島		
0724	1832.3.10	14, 1소	밀양	거민	31.12.28 관선제작차 경상도 장포 3.9 귀로표류		대마		
0725	1832.9.4	18, 1소	거제	거민	9.3 신조관선 (김해항) 표류		대마		
0726	1832.10.12	7, 1소	강진	어민	10.7 출어표류		五島		
0727	1832.윤11.6	7, 1소	진도	어민	윤11.2 출어표류		五島		
0728	1832.12.4	7, 1소	장흥	거민	11.6 청어매입 경상도 부산착 12.2 표류		대마		구매차 경상도
0729	1833.3.27	10, 1소	해남	어민	3.21 출어표류		肥前		
0730	1833.10.16	12, 1소	해남	어민	10.8 출어표류		五島		
0731	1833.10.17	5, 1소	해남	거민	10.8 장사차 (무안항) 표류		五島		장사차 전라도
0732	1833.10.28	11, 1소	영안(영암)	거민	10.15 말.魚구입차 출선 표류		五島		매매
0733	1833.11(10).22	5, 1소	울산	어민	10.하순 출어표류		대마		
0734	1833.12.19	10, 1소	장기	어민	12.15 출어표류		筑前		
0735	1833.12.24	9, 1소	기장	어민	12.23 출어표류		대마		
0736	1833.12.24	12, 1소	기장	어민	12.23 출어표류		대마		
0737	1833.12.24	5, 1소	옥포	거민	12.23 장사차 부산출선 귀로표류		대마		장사차 경상도
0738	1833.12.28	21, 1소	영안(영암)	거민(賈人)	10.15 강진에서 쌀.목면 구입 12.18 귀로표류		肥前		매매
0739	1834.11.11	2, 1소	흥양	거민	11.4 장흥에서 곡물적재 11.8 귀로표류		肥前		(교역차) 전라도
0740	1834.12.7	15, 1소	간성		함경도 함흥		長門 大津郡 黃浦		건 어 구 입차 함경도
0741	1834.12.9	7, 1소	창원 5 부산 2	거민	9.15 거제 12.8 부산출선 표류		대마		
0742	1834.12.22	11, 1소	기장	어민	12.21 기장출어 표류		대마		
0743	1834.12.24	8, 1소	기장	거민(어민)	12.21 출어표류		대마		
0744	1835.3.5	4, 1소	해남	거민	1.24 板石적재 영암착 3.1 귀로표류		五島		(교역차) 전라도
0745	1835.8.29	5, 1소	영일	어민	8.26 출어표류		長門		
0746	1835.8.29	2, 1소	흥해	어민	8.20 출어 8.26 표류		長門		
0747	1835.9.2	2, 1소	기장	거민	8.17 강원도평해 선박구입 8.26 귀로표류		長門		선 박 구 입 강원도

번호	출선일	표착일	표착인원	출신지(출항지)	신분(직업)	목적지	조난지	표착지	출전	기타
0748	1835.10.10 (6)		5, 1소	영해	거민	7.15 울산鹽적재 10.3 귀로표류		隱岐		소금교역 경상도
0749	1836.2.20		29, 1소	영광	어민	2.18 흥양 출어중표류		대마		
0750	1836.2.20		4, 1소	순천수영	거민	2.15 防踏에서 薪구입시 표류	(전라도)			매입차 전라도
0751	1836.10.25		8(병사 1), 1소	흥해	어민	10.22(23) 출어표류		대마		
0752	1836.10.26		11, 1소	울산	거민	9.29 강원도평해 乾魚구입 10.23 귀로표류		石見		구입차 강원도
0753	1836.12.21		6(병사1), 1소	영일	거민	12.17 (부산항) 12.20 표류	울산 외양	대마		
0754	1837.3.17		7(남녀), 1소	거제	거민	3.16 출어표류		대마		
0755	1837.6.17		7, 1소	강진	거민	6.9 薪재취차 (근처 도서항) 표류		대마		
0756	1837.10.1		5(익사 1), 1소	창원	거민	9.22 출선 9.24 기장에서 乾魚구입 9.29 귀로표류		대마		구매차 경상도
0757	1837.10.11		5, 1소(筏)	해남	어민	10.5 출어표류		五島		
0758	1837.10.23		5, 1소	강진	거민	8.4 출선 小麥상매차 경상도통영 8.12 통영출선 울산에서 鹽적재 9.23 울산출선 강원도 평해착 평해에서 鹽 판매 10.10 귀로표류		石見		장사차 경상도 강원도
0759	1837.11.8		2(병사 1), 1소	진주	거민	장사차 통영 10.29 귀로표류		五島		장사차 경상도
0760	1837.11.8		10, 1소	부산	거민	10.19 薪구입차 거제 11.6 귀로표류		대마		구매차 경상도
0761	1838.1.14		10, 1소	간성	어물 상매			長門 阿武郡 木与浦		
0762	1838.4.25		2, 1소(筏)	해남	어민	4.13 출어표류		대마		
0763	1838.4.26		2, 1소(筏)	해남	어민	4.13 출어표류		대마		
0764	1838.4.29		2, 1소(筏)	제주	어민	4.20 출어표류		대마		
0765	1838.윤4.1		9, 1소	강진	거민	4.23 경작차(근처섬항) 표류		대마		
0766	1838.10.5		3, 1소	창원	거민	9.13 거제에서 어물구입 10.4 귀로표류		대마		구매차 경상도
0767	1838.10.13		7(익사 2), 1소	울산	거민	9.26 鹽적재 장기 10.6 표류		因幡		장사차 경상도
0768	1838.10.13		7(익사 1), 1소	옥포	어민	10.9 출어표류		長門		
0769	1838.12.16		12, 1소	기장 1 통영 11	거민	12.15 公米적재 (부산항) 표류		대마		
0770	1839.3.4		5, 1소	해남	거민	3.1 薪운송차 근처섬표류		대마		

번호	출선일	표착일	표착인원	출신지(출항지)	신분(직업)	목적지	조난지	표착지	출전	기타
0771	1839.9.29	6, 1소	해남 5 거제 1	거민	6.10 魚구입차 경상도거제 9.27 거제출선 (부산항) 표류		대마		구매차 경상도
0772	1839.10.13	4(익사 1), 1소	통영	어민	11.11 출어표류		肥前		
0773	1839.10.20	3, 1소	해남	어민	10.16 출어표류		五島		
0774	1839.11.17	9, 1소	기장	어민	11.5(6) 출어표류		筑前		
0775	1839.12.7	5, 1소	영광	거민	8.11 魚상매차 경상도 부산 12.6 (거제항) 표류	경상도	대마		상매차 경상도
0776	1839.12.8	13(병사 1), 1소	함흥		경상도 창원 귀로표류		筑前 勝浦浜		魚판매차 경상도
0777	1839.12.14	4, 1소	부산	어민	12.13 漁所에 식량운반차 출선표류		대마		*장기출 어?
0778	1840.1.9	6(동사 1), 1소	경주	어민	魚物획득차 (장기항) 출선표류		대마		(구매차) 경상도
0779	1840.2.12	7, 1소	삼화		경상도 영일		대마도 琴浦		곡물구입차 경상도
0780	1840.5(6).16	2(아사1), 1소(筏)	梁津	거민	6.9 採藻표류		대마		
0781	1840.5(6).19	2, 1소	이진	어민	5(6).10 출어표류		대마		
0782	1840.9.29	7, 1소	통영	거민	9.22 출선 販魚차 9.28 표류		대마		장사차
0783	1840.10.14	10, 1소	다대포	어민	9.28 출어표류		대마		
0784	1840.10.29	5, 1소	영암	거민	10.27 魚구입차 경상도(부산항) 표류		壹岐		구입차 경상도
0785	1840.11.7	13, 1소	아산		경상도 거제 · 사천		대마도 志多留浦		건어구입차 경상도
0786	1840.11.10	8, 1소	나주	거민	10.27 米운송차 (순천항) 표류		五島		공무
0787	1841.8.晦日	10, 1소	강진	거민	5.20 薪구입차 경상도거제 8.27 (부산항) 표류		대마		구입차 경상도
0788	1841.9.19	12, 1소	흥양	어민	9.16 출어표류		대마		
0789	1841.10.14	11, 1소	울산	어민	10.11 출어표류		長門		
0790	1841.11.17	11, 1소	순천	거민	11.13 청어구입차 경상도(부산항) 표류		대마		구입차 경상도
0791	1841.11.17	6, 1소	경주	어민	11.11 출어표류		대마		
0792	1841.12.29	6, 1소	장흥	거민	12.15 魚物구입차 부산착 12.27 귀로표류		대마		구입차 경상도
0793	1842.1.1	9, 1소	울산	어민	41.12.27 출어표류		長門		
0794	1842.2.晦日	8, 1소	해남(제주)	어민	2.23 출어표류		五島		
0795	1842.7.17	1, 1소(筏)	해남(제주)	거민	麥적재 근처섬표류		대마		

번호	출선일	표착일	표착인원	출신지(출항지)	신분(직업)	목적지	조난지	표착지	출전	기타
0796	1842.7.27	1, 1소		당진 (제주)				石見 飯浦		
0797	1842.9.8	3, 1소		해남 1 통영 1	거민	3.28 상매차출선 7.15 경상도통영 8.26 거제에서 薪적재 9.1 부산착 9.5 귀로표류		대마		상매차 경상도
0798	1842.11.9	3, 1소(筏)		영암	어민	11.1 출어표류		五島		
0799	1842.12.1	10, 1소		강화		경상도 영일		五島 飯良村		관물구 입차 경상도
0800	1842.12.29	6, 1소		영암	거민	12.21 근처섬표류		五島		
0801	1843.8.26	10, 1소		해남	어민	8.22 출어표류		五島		
0802	1843.윤9.5	6, 1소		강진	거민	윤9.1 출어표류		대마		
0803	1843.10.11	4, 1소		부산	거민	5.10 출선 5.11 울산 10.7 귀로표류		石見		
0804	1843.10.19	5, 1소		영암	거민	10.7 출선 10.10 구매차 경상도 거제착 10.12 柴薪적재 (부산항) 표류		壹岐		장사차 경상도
0805	1843.11.19	9, 1소		강진	어민	11.15 출어표류		肥前		
0806	1844.1(2).19	21, 1소		강진	거민	1.16 馬상매차 (충청도항) 표류		肥前		상매차 충청도
0807	1844.2.2	4, 1소		강진	거민	1.14 미곡적재 추자도착 1.28 추자도출 귀로표류		肥前		
0808	1844.8.12	4, 1소		해남(제주)	어민	8.5 출어표류		五島		
0809	1844.10.8	15, 1소		강진(제주)	거민	2.6 출선 2.15 진도에서 미곡판매 9.29 귀로표류		五島		상매차 전라도
0810	1845.11.11	11, 1소		영암	어민	10.5 출어표류		대마		
0811	1845.11.15	8, 1소		은진		전라도 강진 경상도 장기		대마도 佐須奈浦		어물구 입차 전라도 경상도
0812	1846.4.16	3, 1소(筏)		해남(제주)	어민	4.9 출어표류		대마		
0813	1846.10.28	26(익사6), 1소		해남(제주)	거민	10.20 진헌목재 적재		대마		공무
0814	1846.11.24	4, 1소		영암	거민	7.22 출선 12.2 경상도거제 12.22 귀로표류		대마		(상매차) 경상도
0815	1847.3.晦日	4, 1소		거제	거민	2.29 해초薪 판매차(부산항) 표류		대마		판매차 경상도
0816	1847.10.29	10, 1소		울산	어민	10.27 출어표류		筑前		
0817	1847.10.晦日	9, 1소		울산	어민	10.27 출어표류		長門		
0818	1847.11.1	10, 1소		울산	어민	10.27 출어표류		長門		

번호	출선일	표착일	표착인원	출신지(출항지)	신분(직업)	목적지	조난지	표착지	출전	기타
0819		1847.12.29	2(익사 1), 1소	진주	거민	9.28 장사차 출선 11.10 전라도영광 魚구입 12.17 귀로표류		五島		장사차 전라도
0820		1848.1.25	43(익사13), 1소	해남 경기관인	거민 관인	1.21 公物운송차 (전주항) 표류		대마		공무
0821		1848.1.26	8, 1소	영암(제주)	거민	1.15 장사차(京항) 표류		五島		장사차 京
0822		1848.1.26	23, 1소	해남(제주)	거민	1.21 장사차(京항) 표류		五島		장사차 京
0823		1848.2.21	15, 1소	영암	거민	2.2 미곡판매차 강원도평창 2,20 표류		대마		장사차 강원도
0824		1848.11.8	7, 1소	울산	거민	10.15 鹽판매차 영덕 10.21 장기 11.3 출선표류		出雲		장사차 경상도
0825		1849.3.12	3, 1소	좌수영	거민	3.5 출선 薪적재 순천착 3.9 순천출선 표류		대마		
0826		1849.10.6	2, 1소	해남(제주)	거민	9.28 薪매입차 (근촌항) 표류		五島		
0827		1849.10.25	5, 1소	부산	거민	10.12 薪구입차 거제 10.19 귀로표류		대마		구입차 경상도
0828		1849.12.1	17, 1소	흥양	거민	3.26 출선 함경도 덕원 魚物매입 7.20 경상도영해 11.25 귀로표류		石見		구매차 함경도 경상도
0829		1849.12.1	3, 1소	김해	거민	11.23 가덕 11.28 귀로표류		대마		
0830		1849.12.4	12, 1소	흥양	거민	9.6 魚상매차 경상도장기 11.6 강원도평해 11.28 귀로표류		長門		구매차 경상도 강원도
0831		1849.12.8	9, 1소	남해	거민	12.6 魚판매차 부산 12.7 표류	절영도	대마		장사차 경상도
0832	1849.12.10	1849.12.23	10, 1소	강릉		함경도 함흥		石見 熱田浦		미곡판매차 함경도
0833		1850.2.25	5, 1소	강진(제주)	거민	2.20 장사차 근촌 귀로표류		肥前		장사차 전라도
0834		1850.2.25	2, 1소(筏)	해남(제주)	거민	1.28 근도출어 2.20 귀로표류		五島		
0835		1850.11.19	8, 1소	울산	거민	11.17 鹽판매차 (부산항) 출선표류		대마		장사차 경상도
0836		1850.12.5	21, 1소	함흥		경상도 사천 · 기장		대마도 志多留浦		魚판매차 경상도
0837		1851.1.29	18, 1소	창원	거민	1.25 출선(전라도 태인항) 미곡운송 1.26 표류		대마		운송차 전라도
0838		1852.4.16	3, 1소(筏)	해남(제주)	어민	4.2 출어표류		肥前		

번호	출선일	표착일	표착인원	출신지(출항지)	신분(직업)	목적지	조난지	표착지	출전	기타
0839	1852.9.6	9, 1소	장흥	거민	8.7 건어구입차 경상도장기 9.1 귀로표류		隱岐		구매차 경상도
0840	1852.9.6	6(병사1), 1소	장흥	어민	8.17 출어표류		五島		
0841	1852.9.11	5(병사2), 1소	해남	거민	8.29 출선 수완도에서 麥구입(선박수리) 9.1 표류		肥前		구매
0842	1852.10.4	6, 1소	해남(제주)	거민	9.21 곡물적재(진도항) 9.22 표류		大隅		
0843	1852.11.5	11(익사 1), 1소	함흥		公米운반		丹後 此大村		
0844	1853.1.19	4, 1소	순천	거민	1.15 薪매입차 방답착 1.16 (광양항) 표류		肥前		매입차 전라도
0845	1853.12.17	46(행불6, 익사20,병 사1), 1소	강진.해남.이 진. 경기관인		평양 京(전라도항) 표류		五島		이주 상매
0846	1854.2.3	24, 1소	홍원		경상도 창원		대마도 府中浦		魚상매차 경상도
0847	1854.3.28	7, 1소	해남(제주)	어민	3.21 출어표류		五島		
0848	1854.4.1	1, 1소(筏)	해남(제주)	어민	3.21 출어표류		五島		
0849	1854.11.14	6, 1소	창원 5 서평 1	거민	11.7 魚物판매차(서평항) 11.13 부산에서 鰕적재 11.14 출선표류		대마		장사차 경상도
0850	1854.12.4	7, 1소	울산	어민	12.2 출어표류		長門		
0851	1854.12.4	7, 1소	울산	어민	12.2 출어표류		長門		
0852	1854.12.7	7, 1소	울진	상매	전라도		長門 大津郡 大浦		상매차 전라도
0853	1854.12.10	8, 1소	영해	거민	12.6 장사차 乾魚적재 (전라도항) 출선표류		筑前		장사차 전라도
0854	1854.12.17	9, 1소	남해	어민	12.11 출어표류		대마		
0855	1854.12.19	16, 1소	간성	상매	경상도		長門 大津郡 通浦		상매차 경상도
0856	1854.12.28	7, 1소	강진(제주)	거민	11.7 출선 진헌물적재 11.21 京착 12.2 표류		五島		공무
0857	1855.3.19	5, 1소	해남(제주)	거민	2.20 출어 3.10 귀로표류		五島		
0858	1855.9.21	3, 1소	홍해	거민	9.17 구입선박 홍해출선 9.18 장기출선 표류		長門		선박구입 차 경상도
0859	1855.12.1	5, 1소	평해		경상도 延日		대마도 緒方浦		板木적재 차 경상도
0860	1855.12.12	9, 1소	창원	어민	11.15 출선 어로차 홍해해향 12.8 장기출선 표류		石見		

번호	출선일	표착일	표착인원	출신지(출항지)	신분(직업)	목적지	조난지	표착지	출전	기타
0861		1856.11.25	14, 1소	울진 10 부산 2 김해 1 홍양 1				石見 大浜浦		新造船 시승시 표류
0862		1856.11.16	8(병사1), 1소	홍양	거민	9.28 출선 10.6 강원도평해 乾魚매입 11.11 귀로표류		隱岐		매입차 강원도
0863		1858.2.5	4, 1소	지세포	거민	2.4 薪상매차(부산항) 출선표류		대마		상매차 경상도
0864		1858.2.6	11, 1소	순천	거민	2.2 상매차 출선 百嶋계선중 표류	(전라도)	대마		상매차 전라도
0865		1858.10.13	10(병사1), 1소	해남	어민	10.10 출어표류		五島		
0866		1858.10.16	7, 1소	강진	어민	10.9 출어표류		肥前		
0867		1858.10.17	3, 1소	강진	어민	10.1 출어표류		肥前		
0868		1858.11.2	6, 1소	창원	어민	11.21 거제 11.28 출어표류		대마		
0869		1858.11.14	5(병사 2), 1소	장기	어민	11.10 출어표류		長門		
0870		1859.1.20	19, 1소	진주	거민	8.29 함경도북청 魚物구입 12.29 귀로표류		筑前		장사차 함경도
0871		1859.1.29	7(병사2), 1소	장흥	거민	1.15 魚상매차 경상도(울산항) 표류		대마		상매차 경상도
0872		1859.3.2	73(말3), 1소	해남 69 순천 4	거민	2.28 출선표류		壹岐		
0873		1859.3.13	2, 1소	해남	거민	3.5 표구출어 표류	(전라도)	대마		
0874		1859.4.12	8, 1소	울진		경상도 울산·양산		長門 見嶋郡		장사차 경상도
0875		1859.4.14	10, 1소	홍양	거민	2.16 출선 3.4 강원도삼척 乾海菜 구입 4.13 귀로표류		대마		구매차 강원도
0876		1859.8.26	5(남녀), 1소	홍양	거민	8.23 출선 조어표류		五島		
0877		1859.10.2	3, 1소	해남	거민	9.28 출선 수영에 물건 운송 출선표류		五島		
0878		1859.11.17	8, 1소	강진(제주)	거민	7.13 출선 8.14 울산착 白鹽구입 11.8 귀로표류		但馬		구매차 경상도
0879		1859.12.5	3, 1소(筏)	해남	어민	11.29 출어표류		五島		
0880		1859.12.8	6, 1소	영암 2 울산 3 부산 1	거민	8.2 울산착 어물매각 12.5 (부산항) 표류		長門		매각차 경상도
0881		1859.12.18	7, 1소	진도 6 부산 1	거민	11.28 출선 海難적재 12.3 부산착 12.18 (기장항) 출선		대마		장사차 경상도
0882		1859.12.20	7, 1소	강진	거민	11.晦日 장사차출선 통영착 12.16 귀로표류		肥前		장사차 경상도

번호	출선일	표착일	표착인원	출신지(출항지)	신분(직업)	목적지	조난지	표착지	출전	기타
0883		1860.3.12	8, 1소	암남	어민	2.11 출어표류		대마		
0884		1860.9.24	5, 1소	영광	거민	8.25 출선 9.23 귀로표류	동래근처	대마		(장사차) 경상도
0885		1860.9.25	9, 1소	영광	거민	8.25 출선 魚상매차 9.23 귀로표류	절영도 외양	대마		상매차 경상도
0886		1860.10.14	5, 1소	홍해	어민	10.12 홍해출어 표류		대마		
0887		1860.11.11	9, 1소	창원	거민	11.2 魚物구입차 천성 11.10 귀로표류	가덕 전양	대마		구매차 경상도
0888		1860.12.24	6, 1소	평해		경상도 영일		石見 浜田浦		鹽구입차 경상도
0889		1861.2.4	7, 1소	평해 4 대구 1 창원 1 함흥 1	상매	경상도 울산		長門 阿武郡 大井浦		상매차 경상도
0890		1861.10.28	5, 1소	양산	거민	10.14 炭적재(부산항) 출선표류		대마		
0891		1861.12.24	6, 1소	평해	상매	경상도 영일		石見 浜田浦		상매차 강원도
0892		1862.1.2	9, 1소	강릉	상매	함경도 북청 경상도 연일	경상도 영해	長門 大津郡 大浦		상매차 함경도 경상도
0893		1862.3.1	11, 1소	해남(제주)	어민	2.26 출어표류		五島		
0894		1862.3.7	2, 1소(筏)	해남(제주)	어민	2.26 출어표류		五島		
0895		1862.10.9	10, 1소	울산	어민	10.8 출어표류		대마		
0896		1862.10.10	7, 1소	울진	상매	전라도 낙안	경상도 울산 방어진	대마도 鴨居瀬		장사차 전라도
0897		1862.10.10	13(병사 1), 1소	명천 11 경주 2 (경상도)		덕원		石見 善阿美浦		海菜판매 함경도
0898		1862.11.2	9, 1소	삼척 7 사천 1 고성 1		경상도 사천·울산 영덕	평해	長門 阿武郡 大島		
0899		1863.3.24	2, 1소(筏)	해남(제주)	어민	3.16 출어표류		五島		
0900		1863.12.8	6, 1소	지세포	거민	11.24 松 판매차 부산 12.5 귀로표류		대마		장사차 경상도
0901		1863.12.22	7, 1소	진도	거민	12.1 출선 상매차 12.12 거제착 12.20 표류	동래근처	대마		장사차 경상도
0902		1864.1.27	2, 1소	영해	어민	1.22 출어표류		出雲		
0903		1864.9.2	11, 1소	진도	어민	8.20 출어표류		五島		
0904		1864.9.3	8(병사1), 1소	진도	어민	8.24 출어표류		大隅		
0905		1864.9.12	8, 1소	광양	거민	9.7 출선 후박상매차 9.8 표류		肥前		매매
0906		1864.10.7	4, 1소	은진		전라도 순천		대마도 貝鮒津浦		魚구입차 전라도
0907		1864.10.8	4, 1소	김해 3 지세포 1	거민	10.4 松 판매차 지세포 출선표류		대마		장사차 경상도

번호	출선일	표착일	표착인원	출신지(출항지)	신분(직업)	목적지	조난지	표착지	출전	기타
0908	1864.12.15	12, 1소	강진		4.5 출선 해남착 4.12 해남출선 6.28 함경도길천 8.1 길천발 8.13 영덕착 12.10 발선 12.13 표류		長門		장사차 함경도 경상도
0909	1865.12.3	7, 1소	영암(제주)	거민	10.29 출선 나주 11.27 나주에서 곡물적 재 귀로표류		五島		
0910	1865.12.22	9, 1소	평양 4 전라도 임성 3 경상도 부산 2		전라도 임성 경상도 부산 · 울산 · 기장		長門 豊浦郡 松谷浦		선박구 입차 전라도
0911	1865.12.29	15, 1소	강진(제주)	어민	12.26 출어표류		五島		
0912	1866.1.24	9, 1소	장기				대마		
0913	1866.9.9	6, 1소	고성				대마		
0914	1866.9.28	10, 1소	흥양				대마		
0915	1866.10.16	6, 1소	영암(제주)				五島		
0916	1867.2.11	6, 1소	강진(제주)	거민	2.5 상매차(영암향) 출선표류		대마		장사차 전라도
0917	1867.4.16	2, 1소	진도(제주)		4.10 출어표류		五島		
0918	1867.9.2	4, 1소	순천	거민	8.하순 薪매입차 돌산도 상륙시표류	(전라 도)	대마		매입차 전라도
0919	1867.9.5	12, 1소	영해	거민	7.20 출선 함경도덕원 魚物적재 8.6 덕원출선 8.27 표류	강원도 울진	石見		장사차 함경도
0920	1867.10.8	8, 1소	천성 7 울산 1		9.12 출선 경상도학동 松木구입 10.5 귀로표류		대마		구매차 경상도
0921	1867.10.9	5, 1소	장기		10.6 출어표류		筑前		
0922	1867.10.15	6, 1소	장기		10.3 출어표류		長門		
0923	1867.10.17	10, 1소	영암 9 해남 1		9.11 곡물적재 咸悅출선 10.12 표류		五島		
0924	1867.10.17	6, 1소	영일	거민	9.27 출선 10.12 강원도삼척 곡물적재중 표류		隱岐		강원도
0925	1867.10.25	12, 1소	사천		8.17 울산에서 鹽구입 8.19 (영덕향) 출선표류		但馬		구매차 경상도
0926	1867.12.4	57(익사2), 1소	강진(제주)		11.28 (이진항) 출선표류		肥前		
0927	1867.12.7	17, 1소	해남		海菜차 추자도 12.1 귀로표류		五島		
0928	1868.1.22	5, 1소	해남(제주)		官米적재 부산착 1.19 귀로표류		대마		공무
0929	1868.9.1	11(남녀), 1소	강진(제주)	거민	8.29 수곡차 (진도항) 표류		五島		공무
0930	1868.9.3	10, 1소	영암(제주)	거민	7.15 장사차 해남착 8.29 귀로표류		五島		장사차 전라도

번호	출선일	표착일	표착인원	출신지(출항지)	신분(직업)	목적지	조난지	표착지	출전	기타
0931	1868.10.3	11(남녀), 1소	강진(제주)	거민	種麥차 완도착 9.20 귀로표류		大隅		
0932	1868.12(11).17	5, 1소	강진(제주)	거민	3.7 출선 순천착 10.8 경상도거제 11.10 부산착 11.16 杉板매차 (울산항) 표류		대마		장사차 경상도
0933	1869.3.11	10(병사3), 1소	영암(제주)	거민	3.6 출어표류		五島		
0934	1869.10.29	10, 1소	흥양		10.25 魚상매차(동래항) 표류		대마		장사차 경상도
0935	1869.11.7	10, 1소	기장		10.20 출선 魚商차 사천 10.29 거제지세포 11.6 표류	다대포 전양	대마		장사차 경상도
0936	1869.12.25	5, 1소	흥양		12.3 보성 12.20 귀로표류		五島		
0937	1870.2.10	11, 1소	장기		2.6 출어 표류		長門		
0938	1870.2.11	3, 1소	해남(제주)		2.7 米상매차 출선표류		五島		
0939	1870.3.8	2, 1소	해남(제주)		3.4 前洋 출어표류	(전라도)	五島		
0940	1870.9(10).19	5, 1소	장흥		9.29 출선 10.16 경상도 가덕 표류	경상도 가덕전양	대마		
0941	1870.윤10.4	3, 1소	기장		10.25 기장출어 표류		長門		
0942	1870.윤10.20	10, 1소	창원		9.15 강원도울진 魚物구입 윤10.14 울진출선 윤10.16 표류	강원도 평해	長門		구매차 강원도
0943	1870.윤10.25	12, 1소	영광법성포 10 낙안 2		9.10 출선 9.29 강원도울진 魚구입 윤10.15 귀로표류		出雲		구매차 강원도
0944	1870.11.2	10(9), 1소	해남(제주)		4.15 출선 임파현 5.5 출선 8.22 부산 8.25 울산 魚구입 11.2 귀로표류		대마		구매차 강원도
0945	1870.12.2	2, 1소	영광				五島		
0946	1870.12.6	3, 1소	영암		12.2 (보길도항)출선표류		五島		
0947	1870년중	5, 1소	영암				福江藩 佐護		
0948	1871.2.10	5, 1소	영광		1.26 柴木상매 영암완도 2.6 귀로표류		대마		장사차 전라도
0949	1871.9.3	27, 1소	해남(제주)		8.24 제주목 8.28 귀로표류				
0950	1871.11.2	10, 1소	기장		11.1 기장출어 표류		대마		
0951	1871.11.3	9, 1소	거제군 옥포		10.14 출선 10.18 울산에서 미곡구입 11.1 귀로표류		대마		구매차 경상도
0952	1871.11.7	9, 1소	해남 5 강진 4 (추자도 9)		10.12 출선 10.16 해남 미곡구입 10.27 귀로표류		鹿兒島 縣		구입차 전라도

번호	출선일	표착일	표착인원	출신지(출항지)	신분(직업)	목적지	조난지	표착지	출전	기타
0953	1872.4.15	1, 1소	제주			4.8 우도향 출선표류		대마		
0954	1872.7.29	3, 1소	제주 重事			7.25 전양출어 7.26 귀로표류		대마		
0955	1872.12.22	5, 1소	한성부			평안도 增南浦		薩摩州 中之島		목화구 입차 평안도
0956	1873.1.17	10(익사 6), 1소	의주			전라도 임파 경상도 동래		대마도 佐須奈浦		우피구 입차 경상도
0957	1873.2.21	5, 1소	영광			1.10 출선 경상도사천 2.10 울산향 2.17 艮功浦 전양표류	艮功浦 전양표류	筑前		(장사차) 경상도
0958	1873.2.22	6, 1소	강진			2.13 상매차출선 2.16 순천방답 2.17 출선표류		대마		(장사차) 전라도
0959	1873.3.5	3, 1소	제주정의			2.23 위미포 2.25 귀로표류		肥前		
0960	1873.3.27	2, 1소	해남(제주)			3.21 출어표류		대마		
0961	1873.3.27	3, 1소	해남(제주)			3.21 출어표류		대마		
0962	1873.3.27	2, 1소	해남(제주)			3.21 출어표류		대마		
0963	1873.3.27	2, 1소	해남(제주)			3.21 출어표류		대마		
0964	1873.3.28	2, 1소	해남(제주)			3.21 출어표류		대마		
0965	1873.9.17	5, 1소	장기			9.13 장기출어 표류		石見		
0966	1873.9.18	5, 1소	장기			9.13 장기출어 표류		筑前		
0967	1873.9.22	19, 1소	부산 1 (전)강진 16 (전)장흥 2 (제주)			9.17 출선 상매차 9.18 余鼠島 전양표류	여서도 전양	肥前 五島		
0968	1873.11.5	19, 1소	해남(제주)			10.26 제주금녕포 11.1 출선표류		肥前		
0969	1874.4.5	3, 1소	강진			3.31 전양출어 표류		平戸		
0970	1874.4.6	3, 1소	강진			3.31 전양출어 표류		五島		
0971	1878.1.15	17(익사4), 1소	해남(제주)			77.12.23 출선표류		鹿兒島領		
0972	1878.3.11	39(사망3), 1소	강진(제주)			77.12.23 출선 12.24 추자도표류	추자도 표류	鹿兒島		
0973	1878.12.1	27, 1소	제주			11.27 (강경포향) 출선표류		長崎		
0974	1878.12.9	20, 1소	해남(제주)			11.26 상매차 출선표류		薩摩領		매매
0975	1879.7.3	8(행불7), 1소	진도(제주)			6.25 순천향 출선표류		대마		
0976	1879.10.25	25, 1소	해남(제주)			10.22 출선표류		五島		
0977	1879.12.3	4, 1소	제주			7.27 상매차 강경포 12.24 경상도 (장기향) 표류		島根		상매차 경상도
0978	1883.11.21	10, 1소	해남			4.17 출선 선재구입차 5.2 충청도착 11.3 귀로 진도해상 표류	진도해상	鹿兒島		매매
0979	1883.12.3	11, 1소	제주			11.29 魚商차 출선표류		長崎		매매

번호	출선일	표착일	표착인원	출신지(출항지)	신분(직업)	목적지	조난지	표착지	출전	기타
0980	1883.12.5	8, 1소	강진			11.23 출선 선재구입차 111.29 귀로표류		長崎		매매
0981	1883.12.21	8, 1소	제주			6.29 출선 7.20 부산 8.15 충청도은진 장사 11.14 부산 12.18 거제외양 표류		長門		장사차 충청도 경상도
0982	1884.2.2	2, 1소	영해			1.20 출선 선재구입 1.20 강원도평해 板적재 1.26 출선표류		대마		
0983	1884.4.30	3(병사1), 1소	영암			4.23 출어표류		五島		
0984	1884.8.15	2, 1소	제주			8.6 전양출어 표류		長崎縣 北松浦		
0985	1884.9.9	3, 1소	제주			9.3 전양출어 표류		長崎縣		
0986	1884.10.20	1, 1소(일 본선 편 승)	울릉도			부산		長崎縣 府中浦		
0987	1884.12.5	11, 1소	덕원			경상도 창원	강원도 강릉	石見 溫泉津		북어판 매차 경상도
0988	1885.1.5	7, 1소	제주			84.12.9 교역차 (낙안항) 출선표류		鹿兒島		
0989	1885.10.12	5, 1소	제주			10.2 출선표류		五島		
0990	1885.11.1	12, 1소	제주			10.20 장사차 (나주항) 출선표류		대마		장사차 전라도
0991	1885.12월 중	7, 1소	제주					長崎縣		
0992	1885.12.15	9, 1소	삼척					島根縣 知夫郡		
0993	1885.10?	6, 1소	장기			10.10 출어표류		長門		
0994	1885.10.20	6, 1소	경주	거민		10.17 출어표류		出雲		
0995	1885.10.24	6, 1소	경주	거민		10.21 출어표류		出雲		
0996	1886.1?	7, 1소	강릉			경상도 영일포항	장기	山口縣 豊浦郡 阿川村		魚상매 차 경상도
0997	1886.1.8	6, 1소	울산	거민		1.3 출어표류		出雲		
0998	1886.1.11	10, 1소	영덕	거민		85.10.8 북어구입차 출선 11.6 함경도북청 북어구입 12.6 영일포항에서 북 어판매차 신포출선 1.17 표류	강원도 강릉 주문진 외양	出雲		구매차 함경도
0999	1886.1.14	8, 1소	기장	거민		1.13 출어표류		대마		
1000	1886.1.14	5, 1소	울산	거민		1.13 출어표류		대마		
1001	1887.10.28	8, 1소	두모포 2 (전)해남 3 울산상인 2 일본인 1	거민		10.23 출선 울산 魚物 구매차 10.24 표류	울산근 처	出雲		구매차 경상도

번호	출선일	표착일	표착인원	출신지(출항지)	신분(직업)	목적지	조난지	표착지	출전	기타
1002		1887.11.19	6, 1소	영덕	거민	11.9 출선 魚상차 강원도평해 11.10평해착 11.13 출선 (부산항) 11.16 표류	영일포항	出雲		장사차 강원도
1003		1887.11.20	7, 1소	사천	거민	11.1 장사차출선 11.6 강원도울진 11.14 출선 11.16 표류	영일포항	出雲		장사차 강원도
1004		1887.12.1	11, 1소	강진 6 부산 5		9.23 출선 10.3 창원 11.28 (부산항) 출선표류		대마		경상도
1005		1887.12.10	13, 1소	진주	거민	12.3 출선 부산 12.7 귀로 12.8 표류	가덕 전양	대마		
1006		1887.12.13	8, 1소	제주		12.3 출선 魚상매차 (강진항) 출선표류		鹿兒島		
1007		1887.12.22	5, 1소	해남		11.8 출선 11.29 경상도울산 12.29 (부산항) 오륙도표류	오륙도	長崎縣		경상도
1008		1887.12.30	7, 1소	울진		부산	장기	長門州 山口縣 見島		
1009		1887.12.30	7, 1소	양산		11.27 출선 11.28 부산 12.10 (영일항) 출선표류	장기 전양	長門		
1010		1888.1.1	9, 1소	양산	거민			長門		
1011		1888.2.23	6, 1소	창원	거민	2.6 출선 2.18 부산 2.19 귀로표류		長門		
1012		1888.10.28	6, 1소	해남		10.10 (부산항) 출선표류 10.27 거제 구조라포 외양표류	거제 구조라포 외양	대마		경상도
1013		1888.11.2	10, 1소	장기	거민	8.18 출선 강원도강릉 주문진 10.27 귀로표류		島根		강원도
1014		1888.11.27	2, 1소	동래	거민	11.26 출어표류		대마		
1015		1888.12.5	5, 1소	양산 1 격군 3 일본인 1	거민	10.5 부산출선 진주사천에서 魚商 11.30 (부산항) 12.3 표류	남해근처 미조항	筑前		장사차 경상도
1016		1888.12.8	6, 1소	강진		12.3 출어표류		長崎縣		
1017		1888.12.25	4, 1소	해남		10.5 출선 11.1 부산 12.6 울산 기장전양 표류	기장전양	대마		경상도

3) 명치기 이후 조선인의 일본 표착

번호	출선일(최종)	표착일	표착인원	출신지(출항지)	신분(직업)	목적지	조난해역	표착지	기타
1	1868.1.19	1868.1.22	5, 1소	전라도 해남 (제주)	관미 수송			대마도 伊奈鄕 琴浦	
2	1868.8.29	1868.9.1	11(남녀), 1소	전라도 강진	수곡차	진도		五島 女島	
3	1868.8.29	1868.9.3	10, 1소	전라도 영암 (제주)	상매			五島 玉浦	
4	1868.9.20	1868.10.3	11(남녀,익사 1), 1소	전라도 강진 (제주)	種麥차			大隅 屋久島	
5	1868.12.15	1868.12.17(11)	5, 1소	전라도 강진 (제주)	杉 판매	울산		대마 鰐浦	
6	1869.3.6	1869.3.11	10(병사 3), 1소	전라도 영암 (제주)	출어			五島 玉浦	
7	1869.10.25	1869.10.29	10, 1소	전라도 흥양현 三島	魚상매	동래		대마도 內院浦	
8		1869.11.7	10, 1소	경상도 기장	魚상매		다대포	대마도 佐須奈浦	
9	1869.12.20	1869.12.25	5, 1소	전라도 흥양				福江藩 五島 宇久神浦	
10		1870.2.10	11, 1소	경상도 장기	출어			長門阿武郡 須佐浦	
11	1870.2.7	1870.2.11(12)	3, 1소	전라도 해남 (제주)	米 상매			福江藩 五島 玉浦	
12	1870.3.4	1870.3.8	2, 1소	전라도 해남 (제주)	출어			福江藩 五島 三井樂	
13	1870.9.29	1870.9.19(10)	5, 1소	전라도 장흥			가덕도	대마도 鰐浦	
14	1870.10.25	1870.윤10.4	3, 1소	경상도 기장	출어		·	長門 見島郡 本村湊	
15	1870.윤10.14	1870.윤10.20	10, 1소	경상도 창원	魚구입		평해	長門 見島	
16		1870.윤10.25	12, 1소	전라도 영광 10 낙안 2	魚구입		평해	松江藩 出雲州 宇龍浦	
17		1870.11.2	10(9), 1소	전라도 해남 (제주)	魚구입			대마도 鰐浦	
18		1870.12.2	2, 1소	전라도 영광				五島	
19	1870.12.2	1870.12.6	3, 1소	전라도 영암군 추자도				福江藩 玉浦	
20		1870	5, 1소	전라도 영암				福江藩 佐護久呂鎭	
21		1871.2.10	5, 1소	전라도 영광	柴木 상매			대마도 中山村	
22		1871.9.3	27, 1소	전라도 해남 (제주)				五島靑方村	

번호	출선일(최종)	표착일	표착인원	출신지(출항지)	신분(직업)	목적지	조난해역	표착지	기타
23	1871.11.1	1871.11.2	10, 1소	경상도 기장	출어			대마도 鰐浦	
24		1871.11.3	9, 1소	경상도 거제군 옥포	米구입			대마도 伊奈鄕	
25	1871.10.27	1871.11.7	9, 1소	전라도 해남 5 강진 4	米구입			鹿兒島縣 硫黃島	
26	1872.4.8	1872.4.15	1, 1소	전라도 제주		우도		대마도 豆酘浦	
27	1872.7.26	1872.7.29	3, 1소	전라도 제주 重寧	출어			대마도 佐須鄕	
28	1872.11.6	1872.11.11	3, 1소	경상도 남해				대마도 大浦	
29		1872.12.22	5, 1소	한성부 1 평안도 三和 4	면화 구입		황해도 康翎	薩摩 中之島	
30	1873.12.25	1873.1.17	10(익사 6), 1소	평안도 의주			가덕	대마도 佐須奈浦	
31	1873.2.10	1873.2.21	5, 1소	전라도 영광		울산	艮功浦	筑前 北左浦	
32	1873.2.17	1873.2.22	6, 1소	전라도 강진	상매			대마도 鰐浦	
33	1873.2.25	1873.3.5	3, 1소	전라도 제주 정의군				肥前 五島	
34	1873.3.21	1873.3.27	2, 1소	전라도 해남 (제주)	출어			대마도 尾浦	
35	1873.3.21	1873.3.27	3, 1소	전라도 해남 (제주)	출어			대마도 久田浦	
36	1873.3.21	1873.3.27	2, 1소	전라도 해남 (제주)	출어			대마도 豆豆浦	
37	1873.3.21	1873.3.27	2, 1소	전라도 해남 (제주)	출어			대마도 久和浦	
38	1873.3.21	1873.3.28	2, 1소	전라도 해남 (제주)	출어			대마도 小浦	
39	1873.9.13	1873.9.17	5, 1소	경상도 장기	출어			石見 浜田縣	
40	1873.9.13	1873.9.18	5, 1소	경상도 장기	출어			筑前州 팽진도	
41	1873.9.17	1873.9.22	19, 1소	부산 1 강진 16 장흥 2	상매		余鼠島	肥前州 五島	
42	1873.11.1	1873.11.5	19, 1소	전라도 해남 (제주)				肥前州 五島	
43	1874.3.31	1874.4.5	3, 1소	전라도 강진	출어			平戶島野崎島	
44	1874.3.31	1874.4.6	3, 1소	전라도 강진	출어			五島宇久島	
45	1875.11.8	1875.1.25	15, 1소	불명	상선			石見 美濃郡	
46	1877.12.23	1878.1.15	17(익사 4), 1소	전라도 해남 (제주)				鹿兒島領 屋久島	
47	1878.3.8	1878.3.11	39(사망 1), 1소	전라도 강진 (제주)				鹿兒島領 与論島	
48	1878.11.27	1878.12.1	27, 1소	전라도 제주		江鏡浦		長崎 棠兒島	
49	1878.11.26	1878.12.9	20, 1소	전라도 해남	상매			薩摩中之島	
50	1879.6.25	1879.7.3	8(행불 7), 1소	전라도 진도 (제주)				대마도 豆酘浦	

번호	출선일(최종)	표착일	표착인원	출신지(출항지)	신분(직업)	목적지	조난해역	표착지	기타
51	1879.10.22	1879.10.25	25, 1소	전라도 해남 (제주)				五島 靑方村	
52	1879.11.24	1879.12.3	4, 1소	전라도 제주	상매	장기		島根縣 石鏡島	
53		1883.11.21	10, i소	전라도 해남	선재 구입		진도	薩摩州 鹿兒島 口永良部浦	
54	1883.11.29	1883.12.3	11, 1소	전라도 제주목	어상			長崎縣 三井樂村	
55	1883.11.29	1883.12.5	8., 1소	전라도 강진현	선재 구입			長崎縣靑方村	
56	1883.11.14	1883.12.21	8, 1소	전라도 제주목	상매	부산	거제	長門州 湯玉浦	
57	1884.1.26	1884.2.2	2, 1소	경상도 영해	선재 구입			대마도 五根浦	
58		1884.4.30	3(병사 1), 1소	전라도 영암				長崎縣 五島	
59	1884.8.6	1884.8.15	2, 1소	전라도 제주목	출어			長崎縣 北松浦	
60	1884.9.3	1884.9.9	3, 1소	전라도 제주목	출어			長崎縣 久賀島	
61		1884.10.20	1, 1소	강원도 울릉도				長崎縣 府中浦	
62		1884.12.5	11, 1소	함경도 덕원부	건어 판매			石見州 溫泉津	
63		1885.1.5	7, 1소	전라도 제주목	교역	낙안		鹿兒島縣 与論島	
64	1885.10.2	1885.10.12	5, 1소	전라도 제주목	출어			長崎縣 五島 玉浦	
65		1885.10월중	6, 1소	장기	출어			長門州山口縣 魚島	
66	1885.10.17	1885.10.20	6, 1소	경주 감포	출어			출운주 松江浦	
67	1885.10.21	1885.10.24	6, 1소	경주부 水令浦	출어			出雲州 飯石郡	
68	1885.10.20	1885.11.1	12, 1소	제주목 朝天浦	상매	나주 濟倉		대마도 豆酘浦	
69		1885.12월중	7, 1소	제주목 終達里				長崎縣 松浦郡	
70	1885.12.7	1885.12.15	9, 1소	강원도 삼척				島根縣 知夫郡	
71	1886.1.3	1886.1.8	6, 1소	울산부				出雲州 神門郡	
72		1886.1.11	10, 1소	경상도 영덕	북어 구입			出雲州 神門郡	
73	1886.1.13	1886.1.14	8, 1소	경상도 기장	출어			대마도 佐須奈浦	
74	1886.1.13	1886.1.14	5, 1소	경상도 울산	출어			대마주 小島	
75		1886.1	7, 1소	강원도 강릉	魚상매		장기	山口縣 豊浦郡	

번호	출선일(최종)	표착일	표착인원	출신지(출항지)	신분(직업)	목적지	조난해역	표착지	기타
76		1887.10.28	8, 1소	부산 두모포 2 전라도 해남 3 울산 상인 2 일본인 1	魚구입			出雲州 宇龍浦	
77		1887.11.9	6, 1소	경상도 영덕	魚상매			出雲州 宇龍浦	
78		1887.11.20	7, 1소	경상도 사천	상매	영일 포항		出雲州 近地浦	
79		1887.12.1	11, 1소	전라도 강진 6 경상도 부산 5		부산		대마주 西津屋村	
80	1887.12.7	1887.12.10	13, 1소	경상도 진주			가덕	대마주 佐須奈浦	
81	1887.12.3	1887.12.13	8, 1소	전라도 제주	魚상매	강진		薩摩州 鹿兒島	
82		1887.12.22	5, 1소	전라도 해남		부산	오륙도	長崎縣 大島村	
83	1887.12.25	1887.12.30	7, 1소	강원도 울진			장기	長門州山口縣 見島	
84		1887.12.30	7, 1소	경상도 양산			장기	長門州山口縣 見島	
85		1888.1.1	9, 1소	경상도 양산				長門州山口縣 鵜料村	
86	1888.2.19	1888.2.23	6, 1소	경상도 창원				長門州大津郡 下村浦	
87		1888.10.28	6, 1소	전라도 해남현		부산	거제근처 舊助羅浦	대마주 久原村	
88	1888.10.27	1888.11.2	10, 1소	경상도 장기			강릉	島根縣 田中浦	
89	1888.11.26	1888.11.27	2, 1소	동래부 부산면	출어			대마주 佐須浦	
90		1888.12.5	5, 1소	경상도 양산군 거민 1 격군 3 일본인 1	魚상매		남해군 弥助項	筑前州 安藝浦	
91	1888.12.3	1888.12.8	6, 1소	전라도 강진	출어			長崎縣 大義浦	
92	1888.12.24	1888.12.25	4, 1소	전라도 해남			기장	대마주 佐須奈浦	

* 위의 <부표>는 池內敏씨의 「近世朝鮮人の日本漂着年表」『近世日本と朝鮮漂流民』(臨川書店, 1998)을 가공한 것임.

2. 일본인의 조선표착과 송환

1) 조선전기 일본인의 조선 표착과 송환

번호	송환년도	표류민 및 출신지	표착지	송환여부	기 타
1	1436(세종 18)	왜인 태랑좌위문 등, 15명	울산		송환을 결정했으나 행방 불명
2	1440(세종 22)	대마도인 표온고로 등, 6명	장흥 (전라도)	○	
3	1443(세종 25)	一岐인	제주		왜적 행위
4	1443(세종 25)	왜인 파선익사		○	생존자 송환 결정
5	1454(단종 2)	중국 경유 왜선 1척	내예표	○	
6	1469(예종 1)	대마도 왜인, 7명	전라도		
7	1478(성종 9)	명에서 귀국하는 일본선	제주 대정현	○	
8	1554(명종 9)	왜인	제주		송환 논의
9	1559(명종 14)	왜인	원산도		왜선의 송환 약속

* 「朝鮮王朝實錄」

2) 조선후기 일본인의 조선표착

번호	출선일	표착일	표착인원	출신지(출항지)	신분(직업)	목적지	조난지	표착지	기타
1		1607.겨울							
2		1614.7.17 이전	7인					제주	
3		1618.7	7, 1소	出雲 三尾關			울릉도 출어중표류	강원도 평해?	
4		1627.7	3, 1소	대마도				경상도 다대포	
5		1630.5	4, 1소	대마도	어민			경상도 기장현	
6		1633.6	7, 1소	대마도					
7		1634.7.5	6, 1소	대마도					
8		1637.6.29	30, 1소	伯耆 米子	어선		울릉도 도해	울산 방어진	
9		1642.5.24	4, 1소	대마도 豊崎鄕				경주	
10		1653.7	6, 1소	대마도	어선			울산	
11		1654	1, 1소	대마도				경상도 가덕	
12		1655.5	124, 18소	대마도				경상도 초량(10소) 남천(8소) 기장	

번호	출선일	표착일	표착인원	출신지(출항지)	신분(직업)	목적지	조난지	표착지	기타
13		1662.6.14	3, 1소	五島				울진	
14		1665.8.4	11, 1소	和泉 佐野	어상	대마도		기장	
15		1666.7.6	21, 1소	伯耆 米子	상선			장기	
16		1666.7.12	1, 1소	隠岐 (出雲)	어선			삼척	
17	1671.7.13	1671.7.20	3, 1소	幡州 飾磨津	어상	오도		거제도	
18	1672.3.19	1672.3.24	14, 1소	讃州 塩飽島	加賀守 米積船			울산 방어진	
19		1675.6	2, 1소	豊前 小倉		대마도	五路島	장기	
20		1675.8	1	대마도				울산	
21		1678.8.11	8, 2소	和泉 佐野	어선		대마도부근	울산 · 기장	
22		1681.8	21, 1소	대마도	제16선 격왜			제주도	
23	1687.5.16	1687.5.19	28, 1소	越前 新保浦州	재목 구입			거제현 長木浦	
24		1691.윤7.26	일본선의 표착가능성						행방 불명
25	1692.5.2	1692.5.4	13, 1소	備前 岡山	미적선			절영도 (다대포?)	
26		1692.6.18		대마도	1 특 송 1호선			남천	등록
27		1692.6.18		대마도	1특송 2호선			기장	등록
28		1693.11	3, 1소	長門 (對馬小峰)				제주도	
29		1707.6.4	3, 1소	筑前	상매	대마도		김해 鳴旨島	
30	1711.6.17	1711.6.22	3,(익사 2), 1소	薩摩 취訪島	어상	屋久島		제주도	
31		1712.7.9	15, 1소	攝陳 尼崎	상매		長州津之島	경주부 水營浦	
32		1712.7.10	11, 1소	唐津				영일근처 기장	
33	1713.6.2	1713.6.19	18, 1소	大坂 傳法村			長州津之島	울산근처 개운포	
34		1714.4.3	2, 1소	壹岐 渡良	상매	壹岐湯浦		거제도	
35		1715.3.28	13, 1소	幡磨	상매			동래부 다대포	
36	1717.10.7	1717.10.10	7, 1소	大坂城(1) 幡州明石(6)		大坂		울산 방어진	
37	1725.8.26	1725.9.6	28, 2소	和泉堺(12,1) (大坂13 · 松前 3, 1)				경상도 흥해두모포	
38	1725.8.26	1725.9.7	14, 1소	大坂 9 出羽 2 下關 1	상매			삼척	

번호	출선일	표착일	표착인원	출신지(출항지)	신분(직업)	목적지	조난지	표착지	기타
39	1726.5.23	1726.5.25	12, 1소	肥前 五島福江	어선	五島		경상도 舊助羅浦 (다대포)	
40	1726.5.20	1726.5.29	14, 1소	攝津 神戸	상매			동래부 朝島	
41	1726.7.3	1726.7.6	15, 1소	攝津 二茶屋浦				장기 沙只津	
42	1735.7.7	1735.7.20	4, 1소	隱岐	상매			경주 禾念浦	
43	1736.7.9	1736.7.18	14,(익사 2), 1소	能登 輪島			長州津之浦	장기	
44		1742.6.17	6, 1소	筑前 姪浜	상매		能登	울산염포	
45	1756.4.11	1756.5.4	4, 1소	奧州 津輕	미적선	酒田		강릉	
46	1764.7.21	1764.8.3	21, 1소	薩摩 種子島	미적선	鹿兒島		거제	
47	1767.3.23	1767.3.24	3, 1소	壹岐島 蘆動浦	백미 등 상매	대마도		古다대포	
48	1770.3.21	1770.3.38	12, 1소	越後 新發田			長門 下關	古다대포	
49	1770.6.21	1770.7.5	48, 2소	薩摩 種子島 25, 1소 鹿兒島 23, 1소		鹿兒島		남해 彌助項	
50	1771.8.2	1771.8.8	10(익사 1), 1소	紀州 名高浦	미적선			경상도 고성	
51	1774.3.19	1774.3.26	9, 1소	加賀 石川郡 粟崎村	미적선			경주 甘浦	
52	1775.7.4	1775.7.16	16, 1소	薩摩 種子島	사탕 적재	大坂		제주 가파도	
53	1777.7.4	1777.7.13	28, 1소	薩摩 指宿郡 山川浦	흑사탕 적재			영광 露兒島	
54	1777.8.18	1777.8.27	17, 1소	攝津卯原郡 男 16 出羽秋田 女 1				삼척	
55	1782.4.3	1782.4.7	3, 1소	薩摩 秋目浦	염 등 구입			전라도 흥양 三島	
56		1786.6.6	1, 1소	加賀州 加島村				순천부 防踏鎭 栗浦	
57	1791.5.20	1791.6.3	5, 1소	加賀 本吉島	미적선			경주 감포	
58	1794.4.3	1794.4.5	6, 1소	대마도 如蓮村				다대포	
59	1798.5.13	1798.6.1	6, 1소	石見銀 山御料 江津村	건어 상매			경주 감포	
60	1799.6.26	1799.7.3	26(익사 7), 1소	薩摩 鹿兒島	미적선			제주 七島	
61	1801.4.1	1801.4.15	10(16), 1소	攝津 大坂 玉手村	상매			가덕 長林浦	
62	1802.6.8	1802.6.29	13(12), 1소	松前 箱館		大坂		거제도 지세포	
63	1804.2.9	1804.2.26	5, 1소	加賀 本吉	미적선			울산 방어진	
64		1809.6	2	대마도 佐須奈				串浦	
65	1810.7.22	1810.7.29	25(익사 1), 1소	薩摩	公用荷物 적재			제주 八禽島	
66	1812.3.29	1812.4.8	7, 1소	薩摩		薩摩 阿久根村		남해현 미조항	

번호	출선일	표착일	표착인원	출신지(출항지)	신분(직업)	목적지	조난지	표착지	기타
67	1818.7.26	1818.8.5	4, 1소	대마도 府中		府中		경주 감포	
68	1819.6.14	1819.7.3	25	薩摩	번사 豊後守 公用荷物 적재			충청도 비인현	
69	1821.8.8	1821.8.28	42, 1소	薩摩	수부	山川		제주도 정의현 爲美浦	
70	1823.6.24	1823.7.5	25, 1소	薩摩	번사 등			전하도 홍양	
71	1823.6.15	1823.7.17	11, 1소	筑後 山門郡	미적선			경주 감포	
72	1823.6.28	1823.7.23	10, 1소	薩摩 種子島	상매			전라도 부안 弓項里	
73	1823.7.2	1823.8.3	6, 1소	薩摩 鹿兒島	번사			충청도 태안 安興鎭新鎭里	
74	1824.6.11	1824.6.20	25, 1소	薩摩 鹿兒島				조도 (동래부조도)	
75		1824.윤7		和川州				장기	
76	1831.7.24	1831.7.29	48(병사 4), 1소	薩摩 25 大隅 23	豊後守 荷物			제주도 정의현 위미포	
77	1834.9.7	1834.9.9	6, 1소	長門 3 對馬 3	승려 (대마)			울산 西生鎭	
78	1841.4.19	1841.4.25	8, 1소	加賀 能美郡 安宅浦	흑사탕 적재			강원도 평해	
79	1843.8.5	1843.8.15	2, 1소	肥後 天草郡 小宮地村	매각			경상도 고성	
80	1848.4.22	1848.4.25	5, 1소	平戸 生月浦	어선			제주도	
81	1849.7.3	1849.7.12	10(병사 1), 1소	越前 坂井郡 三國鎭		大坂		장기	
82	1853.7.24	1853.8.7	23, 1소	薩摩	歲米 운송	山川		제주도	
83		1854	불명	불명	불명			불명	송환 확인
84	1858.8.2	1858.8.7	24, 1소 26, 1소 44(琉球 17), 1소	薩摩	鹽·목면 적재			제주 대정현	
85	1861.7.28	1861.8.2	30, 1소	薩摩 山辺郡秋目浦 24 鹿兒島 4 琉球 3	번사 등			제주 대정현 沙溪浦	
86	1861.7.28	1861.8.2	9, 1소	薩摩 高城郡	하물			제주 대정현 浮？浦	
87	1861.7.28	1861.8.2	11, 1소(藩主 手船)	薩摩 高城郡	하물 적재			제주 대정현 竹島	
88	1861.7.27	1861.8.4	13, 1소	越後 11 長州 1 長崎 1				경주	
89	1864.2.2	1864.2.6	20, 1소(藩主 手船)	薩摩 鹿兒島	年貢米 적재	鹿兒島		제주 정의현 法還浦	

번호	출선일	표착일	표착인원	출신지(출항지)	신분(직업)	목적지	조난지	표착지	기타
90		1865.11.13	10, 1소	肥前 平戶 2 편승자 8 (肥前 1, 筑前 1 阿波 1, 壹岐 7)				제주목 無注浦	
91	1867.7.24	1867.9.18	7, 1소	安藝 大崎島	鹽판매			경상도 흥해 曲江鎭	
92	1867.8.23	1867.9.18	14, 1소	越前 三國浦	鹽적재	大坂		경상도 청하 松羅浦	
93	1871.3.11	1871.3.26	10, 1소	薩摩 鹿兒島	사탕 적재			제주 明月浦	
94		1872.7.1	2, 1소	丹後 加佐郡 神崎村	茶판매			불명	
95	1873.6.12	1873.6.18	10(익사 1), 1소(8)	薩摩 鹿兒島 秋目浦	흑사탕 적재	大坂		제주	
96	1878.8.13	1878.8.24	9, 1소	鹿兒島	사탕 구입			제주 정의현 方頭浦	
97	1878.8.20	1878.8.25	6, 1소	鹿兒島	사탕 구입			제주 대정군 和順浦	
98	1879.11.14	1879.11.15	6, 1소	대마도 嚴原	공무	沖繩		순천 防踏鎭	
99	1883.6.28	1883.7.2	4, 1소	薩摩	大豆 적재	熊本		제주	
100		1883.10.15	5, 1소	長門 阿武郡 鶴江村	어선			제주	
101	1884.2.2	1884.2.10	5, 1소	대마도 嚴原	상매	부산		제주	
102	1884.4.18	1884.4.22	13, 1소 8, 1소	대마도 嚴原	어선	제주		제주	
103	1884.4.27	1884.4.27	10, 1소	대마도 嚴原	어선	제주		제주	
104	1884.5.10	1884.5.26	5, 1소	山口縣 久賀村	어선		전라도 三島	제주	

* 위의 <부표>는 池內敏씨의 「近世日本人の朝鮮漂着年表」『近世日本と朝鮮漂流民』(臨川書店, 1998)을 가공·
보충한 것임.

3) 명치기 이후 일본인의 조선 표착(1868~1884)

번호	출선일(최종)	표착일	표착인원	출신지(출항지)	신분(직업)	목적지	조난해역	표착지	기타
1	1871.3.11	1871.3.26	10, 1소	薩摩 鹿兒島	사탕 적재			제주 明月浦	
2		1872.7.1	2, 1소	丹後 加佐郡 神崎村	茶판매			불명	
3	1873.6.12	1873.6.18	10(익사 1), 1소 (8)	薩摩 鹿兒島 秋目浦	흑사탕 적재	大坂		제주	
4	1878.8.13	1878.8.24	9, 1소	鹿兒島	사탕 구입			제주 정의현 方頭浦	
5	1878.8.20	1878.8.25	6, 1소	鹿兒島	사탕 구입			제주 대정군 和順浦	
6	1879.11.14	1879.11.15	6, 1소	대마도 嚴原	공무	沖繩		순천 防踏鎭	
7	1883.6.28	1883.7.2	4, 1소	薩摩	大豆 적재	熊本		제주	
8		1883.10.15	5, 1소	長門 阿武郡 鶴江村	어선			제주	
9	1884.2.2	1884.2.10	5, 1소	대마도 嚴原	상매	부산		제주	
10	1884.4.18	1884.4.22	13, 1소 8, 1소	대마도 嚴原	어선	제주		제주	
11	1884.4.27	1884.4.27	10, 1소	대마도 嚴原	어선	제주		제주	
12	1884.5.10	1884.5.26	5, 1소	山口縣 久賀村	어선		전라도 三島	제주	

* 위의 <부표>는 池內敏씨의 「近世日本人の朝鮮漂着年表」『近世日本と朝鮮漂流民』(臨川書店, 1998)을 가 공한 것임.

조선시대 한일 표류민 연구

인쇄일 초판 1쇄 2001년 02월 05일
　　　　 3쇄 2015년 02월 20일
발행일 초판 1쇄 2001년 02월 10일
　　　　 3쇄 2015년 02월 23일

지은이 한일관계사학회
발행인 정 찬 용
발행처 국학자료원
등록일 1987.12.21, 제17-270호

서울시 강동구 성내동 447-11 현영빌딩 2층
Tel : 442-4623~4 Fax : 6499-3082
www. kookhak.co.kr
E- mail : kookhak2001@hanmail.net
ISBN 978-89-8206-546-0 *93910
가 격 12,000원